Gruter · Rechtsverhalten

Rechtsverhalten

Biologische Grundlagen mit Beispielen aus dem Familien- und Umweltrecht

von

Dr. iur. Margaret Gruter

mit einem Geleitwort von

Prof. Dr. Wolfgang Fikentscher

Verlag Dr. Otto Schmidt · Köln

Übersetzung des Buches
Margaret Gruter, Law and the Mind. Biological Origins of Human Behavior.
Sage Library of Social Research No. 184, Newbury Park/London/New Delhi
1991: Sage Publications
von Dr. Elmar R. Gruber

Die Deutsche Bibliothek – CIP-Einheitsaufnahme

Gruter, Margaret: Rechtsverhalten: biologische Grundlagen mit Beispielen aus dem Familien- und Umweltrecht / von Margaret Gruter. Mit einem Geleitw. von Wolfgang Fikentscher. – Köln: O. Schmidt, 1993.

Einheitssacht.: Law and the mind <dt.>
Aus dem Amerikan. übers.

ISBN 3-504-06107-3

Die Abbildung auf dem Schutzumschlag ist eine 3000 Jahre alte Felszeichnung vom Brandberg in der Namib-Wüste.

Verlag Dr. Otto Schmidt KG
Postfach 51 10 26, 50946 Köln
Tel.: 02 21/9 37 38-01, Fax: 02 21/9 37 38-9 21

Druck: Bercker Graphischer Betrieb GmbH, Kevelaer

Printed in Germany

Gewidmet
meinen Kindern und deren Kindern

Inhaltsverzeichnis

3. Der Ursprung sozialer Organisation: Verwandtschaftsbande und Familienstrukturen in der Tierwelt

4. Rechtsverhalten, Gruppenordnung und Gerechtigkeitsgefühl

Teil II. Menschliches Verhalten und Rechtsnormen des Familienrechts und des Umweltrechts

„Das Mögliche nur soll sich der Staatsordner zum Ziele setzen;
was aber das Unmögliche anbelangt, so soll er nicht vergebliche Wünsche hegen und zu verwirklichen suchen."

Plato, Gesetze V 746b

Vorwort zur deutschen Ausgabe von Margaret Gruter

Die Übersetzung des englischen Begriffes *Mind* ins Deutsche ist insofern schwierig, weil *Mind* nicht nur den Verstand umfaßt sondern auch das Gefühlsleben. *Mind* umfaßt die Funktionen der drei Teile des menschlichen Gehirns: das alte Reptilienhirn; das *limbic system,* in dem das Gefühlsleben wohnt; und der Neokortex, der Sitz des Verstandes. Sicher werden verschiedene Ansichten vorhanden sein, wie man *Mind* am besten übersetzen kann. Ich habe im Text das Wort *Geist* gewählt, das mir aus meinen Erinnerungen an meine Schulzeit als das treffendste Wort erscheint. Es ist der menschliche Geist, der über die Materie siegt, der den Menschen von Tieren unterscheidet. Ich habe mir damals wenig Gedanken gemacht über den Sitz des Geistes im Menschen. Heute weiß ich, daß der lebende Geist im Gehirn des Menschen wohnt. Sicher würde auch Goethe heute nicht mehr von den zwiespältigen Seelen in seiner Brust sprechen. Er wüßte heute, daß die Seele wie der Geist in unserem Gehirn lebt. Die zwei zwiespältigen Seelen (unsere Gefühlswelt), sie sind ein Teil des menschlichen Geistes. Die Begriffe *Geist* und *Gehirn* bedeuten im Folgenden meist dasselbe – Verstand und Gefühlsleben, beides ein Teil der Gehirntätigkeit.

Die Übersetzung meines Buches *Law and the Mind* in die deutsche Sprache erweckt bei mir viele Erinnerungen und Gedanken an den Zusammenhang zwischen den Einflüssen meiner deutschen Erziehung und meinen Erfahrungen während meines Lebens hier in den Vereinigten Staaten von Amerika. Diese Erinnerungen sind verknüpft mit den Begegnungen mit vielen interessanten Menschen in Deutschland wie in USA. Einige dieser Personen halfen mir, das zu verstehen, was diesem Buch zugrunde liegt. Es gab immer Situationen auf meinem Weg, wo eine bestimmte Person entscheidend war, deren Hilfe es ermöglichte weiterzukommen. Ihnen gilt mein Dank. Besonders danke ich allen, die mithalfen, die deutsche Ausgabe von *Law and the Mind* zu ermöglichen. Dr. Elmar Gruber hat den englischen Text mit den interdisziplinären Fachausdrücken für Fachleute und Laien verständlich ins Deutsche übersetzt. Ich danke ihm für seine zeitraubende Tätigkeit. Den deutschen Kollegen und Freunden, dem Verlag Dr. Otto Schmidt, allen, die Anteil nahmen an dem langen Werdegang meines Buches, gilt mein Dank.

1. Februar 1993 — Margaret Gruter
Portola Valley

Geleitwort zur deutschen Ausgabe von Wolfgang Fikentscher

Dieses Buch wendet sich an Juristen, Biologen und Verhaltensforscher. Es will in die Thematik und Arbeitsweise der Rechtsverhaltensforschung einführen. Dies geschieht zunächst in einem der Theorie der Rechtsverhaltensforschung gewidmeten ersten Teil. Diese Einführung wird in einem zweiten Teil an Beispielen vor allem aus dem Familien- und Erbrecht veranschaulicht.

Mit ihrem Buch „Die Bedeutung der Verhaltensforschung für die Rechtswissenschaft" von 1976 (Berlin: Duncker & Humblot) begründete Margaret Gruter einen Wissenschaftszweig, der heute Rechtsethologie oder Rechtsverhaltensforschung genannt wird. Weitere Publikationen aus ihrer Feder folgten. Ihr neues Werk „Law and the Mind", das hier in deutscher Übersetzung unter der Überschrift „Rechtsverhalten – Biologische Grundlagen mit Beispielen aus dem Familien- und Umweltrecht –" vorgelegt wird, zieht eine Zwischensumme. War die Schrift von 1976 die Programmschrift, könnte man „Law and the Mind" als Programmbestätigungsschrift bezeichnen. Der gegenwärtige Stand der Rechtsverhaltensforschung ist dem neuen Buch zu entnehmen.

Die erste Aufgabe der Rechtsverhaltensforschung ist, die sich rasch mehrenden neuen Forschungsergebnisse der Biologie im allgemeinen und der Verhaltensforschung im besonderen für die Rechtswissenschaft und die Rechtspraxis nutzbar zu machen. Das Bemühen ist nicht nur auf dem Hintergrund der Grundsatz-Thematik zu sehen, ob sich Natur- und Geisteswissenschaften einander annähern lassen oder ob sich diese auf *Wilhelm Dilthey* zurückgehende Unterscheidung überhaupt noch aufrechterhalten läßt. Anliegen der Rechtsverhaltensforschung ist damit auch die Verbesserung des Rechts. Was der Biologie des Menschen nicht entspricht, wird auf niedrige Rechtsakzeptanz stoßen, muß also, wenn in Rechtsnormen oder Entscheidungen gekleidet, im

Zweifel neu überdacht werden. Umgekehrt werden Norm und Normanwendung, soweit sie der Natur des Menschen ein Stück weit entgegenkommen, mit einem höheren Grad von Rechtsgehorsam rechnen können. Menschennahes Recht ist das Ziel der Rechtsverhaltensforschung.

Die Verwandtschaft der Rechtsverhaltensforschung mit *Eugen Ehrlichs* Begriff des „lebenden Rechts" im Unterschied zum formalen Recht oder Bücherrecht ist nicht zu verkennen. Da das Verhalten im Tier-Mensch-Übergangsfeld und menschliches Verhalten „Tatsachen" sind, kann man die Rechtsverhaltensforschung auch als Teilgebiet der Rechtstatsachenforschung ansehen, die ihrerseits auf *Arthur Nußbaum* zurückgeht. Auch Verbindungslinien zum amerikanischen Rechtsrealismus, vor allem Llewellynscher Prägung, lassen sich ziehen.

Mit den Gedanken des „lebenden Rechts", der Rechtstatsachenforschung und des Rechtsrealismus hat die Rechtsverhaltensforschung die kritische Haltung gegenüber dem gesetzten Recht gemein. Zumindest seit dem großen Erfolg der Methode der Rechtsverhaltensforschung im „Baby M-Case" ist das von Margaret Gruter eröffnete Rechtsgebiet weiteren Kreisen bekannt geworden und hat sich als anerkannter Zweig der Rechtswissenschaft durchgesetzt. Im Fall des „Baby M" hatte das Gericht erster Instanz der Klage des Ehepaars aus einem Leihmuttervertrag gegen die natürliche Mutter auf Überlassung des Kindes stattgegeben. In dem Verfahren vor dem Appellationsgericht, an dem sich im Jahr 1988 das Gruter Institute mit einem Amicus-Curiae-Brief als Gutachter beteiligte, wurde die Entscheidung aufgehoben und der Leihmutter ein Recht an dem Kind zugesprochen. Die Argumentation im Amicus-Curiae-Brief war auf biologische Daten zur menschlichen Ontogenese gestützt.

Das Buch „Rechtsverhalten" gliedert sich in Theorie und Praxis. Die Theorie betrifft den historischen und begrifflichen Hintergrund. In vier Abschnitten wird die Entwicklung des Rechts in verhaltensforschungsmäßiger Perspektive, eine Reihe von biologischen Grundtatsachen mit Relevanz für das Recht, die Ursprünge sozialer Organisation und der Zusammenhang von

Rechtsverhalten, Ordnung menschlicher Gruppen und Rechtsgefühl/Rechtsbewußtsein behandelt. Der zweite Teil des Buches widmet sich Beispielsbereichen, in denen die Lehren der Rechtsverhaltensforschung konkrete Ergebnisse zeitigen, nämlich dem Familienrecht unter besonderen Berücksichtigungen der Funktionen der Sexualität sowie dem rechtsverhaltensmäßigen Hintergrund des Umweltrechts.

Darüber hinaus ist das Buch reich an Material dafür, wie humanethologische Daten Haltungen zum Recht beeinflussen. Nach Darlegungen über die drei grundsätzlichen biologischen Verhaltensmöglichkeiten des Handelns im Selbstinteresse, des Handelns im Verwandtschaftsinteresse (kin selection) und des reziproken Altruismus kommt Gruter zu einer neuentwickelten Begründung des Rechts: Die menschliche Fähigkeit, Regeln zu bilden und ihnen zu folgen, ergibt sich aus zwei Merkmalen der Evolution, nämlich aus einer unverkennbaren Neigung, im Eigeninteresse zu handeln, und aus einer ebenso starken – wenn nicht noch stärkeren – Neigung, altruistisch zu handeln. Diese Sichtweise erlaubt es uns, das Recht in einen evolutionären Kontext zu stellen. Das Recht vermittelt bei unseren Handlungen zwischen den Motiven, die durch Egoismus motiviert sind, und jenen Motiven, die durch das Bedürfnis, altruistisch zu handeln, angetrieben werden. Der Schlüssel zu diesem Geschehen liegt in unserer wechselseitigen Abhängigkeit beim Erreichen egoistischer biologischer Ziele; etwa wenn wir einen Gefährten suchen, um zu reproduzieren; Ressourcen erwerben, besitzen oder abstoßen; wenn wir in einer Umgebung mit optimaler Besiedlungsdichte leben; soziale Netzwerke unter Nicht-Verwandten schaffen und in Verwandte investieren.

Das bedeutet: Weil wir zwischen den zweifelsfrei nachweisbaren egoistischen und altruistischen Interessen, die uns die Natur mitgegeben hat, nicht *wahllos* hin- und hergehen können, brauchen wir Regeln. Die Befolgung dieser Regeln muß vorhersagbar sein, damit die menschliche Gemeinschaft nicht Schaden leidet (S. 78f.). Hieraus entsteht das Recht. Das Ergebnis deckt sich mit denjenigen rechtsanthropologischen Theorien, die besagen, daß

Recht notwendig zum kulturellen Dasein des Menschen gehört*. Die Begründung, warum das so ist, ist neu.

Bei der rechtsverhaltensmäßigen Betrachtung des Familienrechts bietet Gruter eine genaue Analyse der Funktionen der Sexualität in ihrer Bedeutung für das Recht. Sie unterscheidet vier Grundfunktionen: (1) Paarbindung, (2) Austausch genetischen Materials, (3) Fortpflanzung und (4) Sorge für die Nachkommenschaft. Die vier Funktionen werden unter Heranziehung zahlreicher Beispiele ausführlich erörtert. Aus den durchaus überzeugenden Darlegungen ergibt sich, daß z. B. manche moraltheologische Position überdacht werden muß: Die Biologie des Menschen ist nur z. T. auf Fortpflanzung angelegt. Gesichtspunkte wie Paarbindung und Fürsorge für die Nachkommenschaft treten hinzu.

Ähnlich aufschlußreich sind die Ausführungen über das Verhältnis von biologischer Ausstattung des Menschen und Umweltschutz. Auch hier ist die Spannung zwischen Eigen- und Fremdinteresse von grundlegender Bedeutung. Gruter entwickelt einen Begriff der indirekten Reziprozität, um eine weiter in die Zukunft planende Schonung der Umwelt nach Gesichtspunkten der Verhaltensforschung zu begründen. Ein lesenswertes Beiprodukt ist, was man „die Biologie der Wende" nennen könnte. Es gab rechtliche und erzieherische Versuche, diese egoistischen Verhaltensweisen einzudämmen, sie in ein kulturell eher akzeptables Verhalten umzuformen oder bestimmte anfallende Vorteile zu beschneiden (etwa diejenigen zu besteuern, die überschüssige Ressourcen erwerben). Dennoch bleiben diese Verhaltensweisen bestehen. Es scheint sogar so zu sein, daß ein hoher Prozentsatz von Leuten mit den Resultaten solcher Verhaltensweisen zufriedener ist als mit den Resultaten alternativer Verhaltensweisen. Die jüngsten Ereignisse in Osteuropa können aus dieser Perspektive betrachtet werden. Sie legen die Vermutung nahe, daß das Scheitern der sozialen Wirtschaftssysteme zum Teil auf die Un-

* Zum Beispiel *Leopold Pospišil,* Anthropologie des Rechts, Recht und Gesellschaft in archaischen und modernen Kulturen, München 1982, S. 32 ff.

willigkeit des Menschen zurückzuführen ist, mehr als einen gewissen Teil seiner persönlichen Bemühungen dem allgemeinen sozialen Wohl auf Kosten des eigenen materiellen Erfolges und Status zu widmen. Die Abkehr von der sozialistischen Wirtschaft und Hinwendung zur Marktwirtschaft signalisiert gleichzeitig die Abkehr von den sozialistischen und die Hinwendung zu individuellen Zielen im Hinblick auf den Erwerb von Ressourcen.

Es kommt nicht oft vor, daß ein einzelner Gelehrter oder eine einzelne Gelehrtin einen neuen Wissenschaftszweig begründet. *Iherings* Zweckjurisprudenz, *Roscoe Pounds* social jurisprudence, *Arthur Nußbaums* Rechtstatsachenforschung, *Norbert Wieners* Kybernetik und *Margaret Gruters* Rechtsverhaltensforschung sind Beispiele. Noch seltener ist es, daß der Begründer – in diesem Falle die Begründerin – dieses Wissenschaftszweigs in der Lage ist, fünfzehn Jahre nach der Begründung des neuen Gebiets eine Zwischensumme zu ziehen, die sich als theoretische und praktische Erfolgsbilanz darstellt.

1. Februar 1993 Wolfgang Fikentscher
München

Geleitwort
von E. Donald Elliott

Wir haben ein bedeutendes Buch einer bedeutenden Frau vor uns. Fast zwei Jahrzehnte lang war Margaret Gruter Hauptprophetin, Impresario, Patronin und der führende Geist bei den pionierhaften Bemühungen, die Erkenntnisse der modernen Verhaltenswissenschaft und insbesondere der Biologie in das Recht miteinzubeziehen. Das Zentrum, von dem aus sie daran arbeitete, Recht und Biologie sowohl in den Vereinigten Staaten als auch in Europa zu vermählen, ist das von ihr 1982 gegründete *Gruter Institute für Recht und Verhaltensforschung* (dessen Beratungsausschuß ich angehöre).

Das *Gruter Institute* sieht seine Mission darin, die wissenschaftliche Zusammenarbeit zwischen Forschern der Rechts- und Naturwissenschaften und verwandter Disziplinen, wie der politischen Wissenschaft und der Wirtschaftswissenschaft, anzuregen. Die wissenschaftlichen und persönlichen Ergebnisse waren eindrucksvoll. Über 100 Wissenschaftler haben an Konferenzen und anderen vom *Gruter Institute* geförderten Veranstaltungen teilgenommen. Margaret leitet das kleine Unternehmen zusammen mit einer Assistentin von zu Hause aus, und die Liste der Veröffentlichungen, die aus ihren Bemühungen hervorgegangen sind, umfaßt heute bereits mehr als ein Dutzend Bücher und wächst rasch weiter.

Mit diesem Buch leistet Frau Dr. Gruter einen persönlichen Beitrag zu dem sich neu entwickelnden Feld von Recht und Biologie, dem sie wie kein anderer mit zum Leben verhalf. Margaret stellt in diesem Buch ihre persönliche Vision der für das Recht besonders wichtigen Aspekte der modernen biologischen Theorie vor und versucht, diese Erkenntnisse auf zwei spezielle Rechtsbereiche anzuwenden, das Familienrecht und das Umweltrecht.

In den ersten drei Kapiteln werden einige Haupterkenntnisse der modernen Verhaltenswissenschaften, insbesondere der Evolutionsbiologie und der Ethologie (der Wissenschaft vom tierischen Verhalten, die auf der Arbeit von *Konrad Lorenz* fußt) zusammengefaßt. Es handelt sich nicht um die simple Evolutionsbiologie der „Zähne und Klauen", die uns in der Schule vermittelt wurde. Einfache Schlagwörter „Überleben der Stärkeren" sind verschwunden. Dagegen wurden Altruismus und Kooperation – die Entwicklung helfender Verhaltensweisen und wie diese es den Menschen ermöglichen, in großen, komplexen Sozialgruppen zusammenzuleben – zu wichtigen Themen der modernen Verhaltensbiologie.

Dank der Arbeiten von Biologen wie *Robert Trivers* und *Richard Alexander*, von Anthropologen wie *Lionel Tiger* und *Robin Fox* und von politischen Theoretikern wie *Roger Masters* können Ethologie und Evolutionsbiologie jetzt empirische Antworten auf Fragen nach der Herkunft und Natur menschlicher Werte vorlegen. Die Entwicklungen in der Evolutionstheorie lassen hoffen, daß diese bald mit parallelen Erkenntnissen, wie sie sich in den letzten Jahren in den Wirtschaftswissenschaften, der Spieltheorie und Jurisprudenz entwickelt haben, in einer Koordinationstheorie zusammengefaßt werden können. Die so entstehende Synthese, der „neue Naturalismus", könnte mit Natur- und Normfunktionen auf eine Weise umgehen, die auf wirklichen Fortschritt bei solchen Themen hoffen läßt, die bisher a priori und nicht empirisch behandelt wurden und die die Moralphilosophie 2000 Jahre lang verwirrt haben.

Eine wesentliche Frage, ja vielleicht *die* Frage überhaupt, der sich jede Arbeit auf dem Gebiet von Recht und Biologie stellen muß, lautet: „Welche Bedeutung haben Untersuchungen tierischen Verhaltens für die menschliche Gesellschaft?" Der Ansatz von Frau Dr. Gruter darf nicht mit gewöhnlicher Soziobiologie verwechselt werden. Sie behauptet nicht, daß alles menschliche Verhalten von der Biologie bestimmt wird, sie läßt vielmehr einen breiten Spielraum für kulturelle und andere Faktoren. Margaret ist sich auch der Diversität der Menschheit bewußt und trägt auf diesen Seiten immer wieder der Tatsache Rechnung, daß Variationen charakteristischer Eigenschaften, die bei einzelnen Mitgliedern einer Population auftreten, für die Erklärung bestimmter Probleme genauso wichtig sein können, wie die Gemeinsamkeiten, die eine gemeinsame Evolutionsgeschichte hervorgebracht hat. Margaret vermeidet den Fehler der Übervereinfachung, an der die Arbeiten vieler Juristen kranken, die ein wenig in die Biologie hineingeschnuppert haben, und beweist damit ihr kompetentes Verständnis der Biologie.

Sie beweist auch ihre Kompetenz als Rechtswissenschaftlerin, indem sie „naturalistische Trugschlüsse" vermeidet. Im Gegensatz zu einigen Professoren der Rechtswissenschaften, die über Soziobiologie und Recht schreiben, geht Frau Dr. Gruter nicht davon aus, daß den Verhaltensweisen, die in der Evolutionsbiologie begründet sind, unbedingt eine besondere normative oder privilegierte Stellung im Recht eingeräumt werden müsse. Sie nimmt im Gegenteil eine viel mildere und einfühlsamere Haltung ein, wenn sie davon ausgeht, daß der Mensch für bestimmte Verhaltensweisen durch sein evolutionäres Erbe prädisponiert – „programmiert", so ihr Lieblingswort – ist. Das Recht kann sich gegen die evolutionäre Wurzel stellen, hat dafür aber einen Preis zu zahlen. Der Gesetzgeber sollte, so erklärt sie, zumindest wissen, welche verhaltensmäßigen Prädispositionen unserer Spezies durch ihre evolutionäre Vergangenheit eingepflanzt worden sind, auch wenn wir uns dann vielleicht entscheiden, das Recht einzusetzen, um gegen diese natürlichen Tendenzen anzugehen.

Die Essenz von Margarets Vision ist ein gespaltenes Selbst. So wie sie es sieht, hat unsere evolutionäre Vergangenheit uns tatsächlich zwei widerstreitende Seelenanteile eingepflanzt, einen, der selbstsüchtig und gewalttätig, und einen, der altruistisch und liebevoll ist. Sie glaubt, daß die Menschen das Recht als ein Werkzeug entwickelt haben, um zwischen diesen beiden Seiten der menschlichen Seele vermitteln zu können.

In den beiden letzten Kapiteln veranschaulicht Frau Dr. Gruter ihren Ansatz, indem sie ihn auf zwei spezielle Rechtsgebiete anwendet, das Familienrecht und das Umweltrecht. Experten der beiden Rechtsgebiete werden sicher mit einigen Punkten ihrer Analyse nicht übereinstimmen. Diejenigen, die weise genug sind, aus dem Gelesenen auch lernen zu wollen, werden viele provokante und originelle Ideen finden. In meinem Fachgebiet, dem Umweltrecht, sieht Frau Dr. Gruter das zentrale und für dieses Gebiet kennzeichnende Problem darin, daß der Nutzen von Investitionen zum Schutz der Umwelt nicht innerhalb einer Lebensspanne erkannt werden kann.

Manch einer könnte spitzfindig bemerken, daß in bestimmten Bereichen des Umweltengagements schon in den letzten 20 Jahren ein deutlicher Fortschritt erzielt wurde; einstmals verseuchte Flüsse wie der Potomac bieten jetzt wieder Lebensraum für Fische, und man kann gefahrlos in ihnen baden; die Luft in einigen unserer großen Städte ist meßbar besser geworden und so weiter. Andere könnten aus einer anderen Richtung angreifen und darauf hinweisen, daß auch andere Rechtsgebiete, wie Eigentums- und Grundbesitzrecht, gar nicht zu reden vom Verfassungsrecht, sich ebenso mit Zeitperioden befassen, die über ein menschliches Leben hinausreichen.

Diese Punkte haben durchaus Gewicht, und man könnte sich noch in manch anderer Hinsicht mit den Einzelheiten von Margarets Argumentation auseinandersetzen. Manche würden vielleicht wünschen, sie hätte Zeit gefunden, jedes mögliche Gegenargument vorwegzunehmen und sich damit auf die für rechtliche Erörterungen typische sorgfältige und methodische Weise auseinanderzusetzen. Eine derart kritische und enge Art von Wissenschaftlichkeit wäre aber nicht mit Margarets Mission zu vereinbaren gewesen. Sie wollte uns eine Vision vorlegen, die zeigt, wie Recht und Biologie zusammengeführt werden können.

Der große Wert dieses Buches und eines großen Teils ihres Lebenswerkes liegt weniger in den Einzelheiten, als in der Vision selbst. Mit ihrer Ansicht, daß das für das Umweltrecht kennzeichnende Hauptproblem die Verantwortung gegenüber künftigen Generationen ist, liegt Frau Dr. Gruter grundsätzlich richtig. Sie betrachtet dieses Thema (das denjenigen, die auf diesem Gebiet arbeiten, durchaus vertraut ist) durch die Linse der Biologie des Altruismus und bringt damit eine besondere neue Sichtweise ins Spiel. Es bleibt anderen Wissenschaftlern überlassen, ihrem Ansatz zu folgen und zu erklären, wie und warum das Recht generationenübergreifende Probleme erfolgreich lösen kann.

Das Buch von Frau Dr. Gruter ist eine Pionierarbeit. Wie bei allen bahnbrechenden Bemühungen wird auch hier kein Feld umfassend behandelt, es wird vielmehr ein neues Feld eröffnet.

E. Donald Elliott
Professor der Rechtswissenschaften
Yale Law School

Einleitung

Dieses Buch wurde geschrieben, um Rechtswissenschaftlern und praktizierenden Juristen die Wichtigkeit der Biologie und ihre Bedeutung für eine Vielzahl von Rechtsproblemen vor Augen zu führen.

Welche Verbindung gibt es zwischen Biologie und Recht? Man könnte antworten, daß Recht zu den Schöpfungen des menschlichen Gehirns oder Geistes zählt (die Begriffe „Geist" und „Gehirn" werden in diesem Buch gleichgestellt). Das Gehirn, das den Bedürfnissen unserer Vorfahren mehrere Millionen Jahre lang genügte, hat sich im Laufe der Evolution zu einem Gebilde – dem dreigliedrigen Gehirn, wie *Paul MacLean* es nennt – entwickelt, das aus alten und neuen Teilen besteht. Es ist der Urheber von Regeln und hat im Laufe der Menschheitsgeschichte viele Verhaltensweisen geformt. Unsere Existenz beweist die Tatsache, daß der Geist die vielen Aufgaben gemeistert hat, die mit der Entwicklung, Veränderung und Anpassung von Regeln zusammenhingen, und Rechtssysteme geschaffen hat, mit denen man den Herausforderungen sich ständig wandelnder Umweltbedingungen begegnen kann. Im Rahmen dieses Buches ist jedoch am wichtigsten, daß der menschliche Geist ein Gleichgewicht zwischen Veränderung und Beständigkeit schaffen konnte, ein Gleichgewicht, das für das Überleben des Menschen und seinen erfolgreichen Wettbewerb mit anderen Spezies von entscheidender Bedeutung ist.

Aus der Sicht der Evolutionstheorie ist Recht eine Schöpfung, an der sich viele Menschen aus Vergangenheit und Gegenwart mit Hilfe ihres Geistes beteiligt haben. Wegen dieser Verbindung ist Recht untrennbar mit unserer biologischen Natur verbunden. Dieses Buch befaßt sich in erster Linie mit einem bestimmten Gebiet der modernen Biologie – der Untersuchung tierischen Verhaltens (der sogenannten Ethologie). Auch andere Teilbereiche der Biologie wirken sich in bedeutsamer Weise auf unser Rechtssystem aus. In der letzten Generation beispielsweise wurden wir Zeugen revolutionärer Veränderungen in der Auffassung von Verhaltensökologie, Ethologie, Genetik, Gentherapie, Neurophysiologie, Bevölkerungsgenetik und ontogenetischen Prozessen. Niemand kann für sich in Anspruch nehmen, fundierte Aussagen über alle diese Disziplinen machen zu können. Die Ethologie – mit der ich mich über 20 Jahre lang beschäftigt habe – ist von besonderer Bedeutung für das Recht, weil sie sich auf das Verhalten menschlicher und nicht-menschlicher Spezies konzentriert. Wenn wir beobachten, wie wir uns im Gruppenleben verhalten (womit sich das Recht in erster Linie befaßt), und dies mit dem Gruppenleben anderer Tiere vergleichen, so öffnen wir die Türen für ein Verständnis des menschlichen Rechts.

Das Wort „Recht" wird hier zur Bezeichnung des Rechtssystems, spezieller Gesetze und ihrer Durchsetzung und vor allem des Rechtsverhaltens verwendet. Im Laufe der Zeit hat das Recht ein „Eigenleben" entwickelt und wächst wie ein lebendiger Organismus, der auf ideologische und religiöse Glaubenssysteme und rationale Überlegungen reagiert, die aus verschiedenen Gehirnteilen stammen (z. B. aus dem limbischen System und dem Neokortex).

Es ist notwendig, sich dieser biologischen Verbindungen bewußt zu sein, wenn man die Sichtweise des Rechtssystems, so wie sie in diesem Buch entwickelt wird, verstehen will. Wissen ist neutral. Es kommt darauf an, was wir mit dem Wissen anfangen. Diesem Gesichtspunkt kommt nirgends mehr Bedeutung zu als bei den Interaktionen zwischen Biologie und Recht. Wir können das Verständnis und die Anwendung des Rechts erheblich verbessern, wenn wir die Erkenntnisse der Biologie und verwandter Wissenschaften assimilieren. Der Strom des Wissens fließt jedoch in beide Richtungen, und so kann auch das Recht die Biologen auf bestimmte Themen aufmerksam machen, die wegen ihrer sozialen und rechtlichen Relevanz angesprochen werden müssen. Dieses Zusammenspiel verdient eine genaue Beachtung und Würdigung. Recht und Biologie schreiten jedoch mit dem ihnen eigenen Tempo voran. Das Tempo der Biologie ist schneller als das des Rechts. Wir leben in einer Zeit, in der biologische Erkenntnisse fundamentale Rechtsfragen aufwerfen. Die Anerkennung biologischer Erkenntnisse und ihre Eingliederung in das Recht wird zu einer Thematik von immenser sozialer Bedeutung. Wissenschaftliche Forschungen, die mit Unterstützung des Rechts durchgeführt werden, versprechen uns eine enorme Lebensverbesserung. Wissenschaftliche Forschung, die nicht unter der Führung des Rechts steht, ist gefährlich.

Einer der Hauptvorschläge, die in diesem Buch gemacht werden, besagt, daß die rechtliche Forschung und Praxis viel besser mit den Veränderungen der menschlichen Gesellschaft Schritt halten kann, wenn sie die Erkenntnisse der biologischen Wissenschaften kennt, versteht und in das rechtliche Denken und die rechtliche Praxis miteinbezieht. Um diesen Vorschlag in die Tat umsetzen zu können, muß das „Kind unseres Geistes" – das Recht – wieder mit seinen Ursprüngen im menschlichen Verhalten verbunden werden. Die Biologie liefert uns Orientierung und Einsichten, mit deren Hilfe wir Regeln und Gesetze und ihre Funktion und Wirksamkeit in der Gesellschaft neu bewerten können.

Die Entstehung dieses Buches geht auf die 40er Jahre zurück und ist das Produkt meiner persönlichen Bemühung, die Kluft zwischen Biologie und Recht zu überbrücken und die menschliche Sehnsucht nach Gerechtigkeit und nach einer gerechten Gesellschaft mit den Realitäten dieses Jahrhunderts, wie ich sie erlebt habe, zu versöhnen.

Ich habe das Recht als meine Aufgabe gewählt, da ich von dem Wunsch beseelt war, etwas über Gerechtigkeit zu lernen. Ich begann meine Ausbildung als Jurastudentin an der Universität Heidelberg kurz vor Ausbruch des Zweiten Weltkrieges. Es war eine außergewöhnlich schwierige Zeit für eine junge Frau, die sich für philosophische Konzepte wie Fairneß, Gerechtigkeit und Ethik interessierte. Konfrontiert mit der grausamen, den Verstand raubenden Realität eines Diktators, der entschlossen war, die Welt zu regieren, mußten akademische Bemühungen oft als zweitrangig in den Hintergrund treten.

Mein Denken wurde durch zwei Erfahrungen geprägt. Einmal durch meine Erziehung am Humanistischen Gymnasium, ehe ich mich an der Ruprecht-Karls-Universität von Heidelberg immatrikulierte, und zum anderen durch meinen Vater, der seinem einzigen Kind die Vorteile einer liberalen Erziehung angedeihen lassen wollte. Das Gymnasium, das hauptsächlich von Jungen besucht war, vermittelte mir neun Jahre lang eine intensive Ausbildung. Während dieser neun Jahre gingen viele Schüler ab, und einige setzten ihre Ausbildung an weniger anspruchsvollen Schulen fort. Von den über 60 Schülern, die 1928 im Alter von 10 Jahren an dieses Gymnasium gekommen waren, schafften nur 14 (11 Jungen und 3 Mädchen) 1937 den Abschluß. Es gab keine Wahlfächer, wir wurden mit den Werken griechischer und lateinischer Schriftsteller, die wir in Originalsprache lasen, der Geschichte der Alten Welt und mit Philosophie und Ethik vertraut gemacht, auf denen unsere westliche Zivilisation aufbaut. In allen Fächern mußten vorrückungsfähige Noten erzielt werden.

Die Veränderungen, die zwischen 1933 und 1937 stattfanden, beeinflußten zwar den Stundenplan in einigen Fächern, der allgemein liberale Trend der griechisch-römischen Tradition setzte sich aber in unserer Erziehung fort. Nach 1933 wurden athletische und sportliche Leistungen höher bewertet, während der Unterricht in moderner Geschichte durch die Propaganda des neuen Regimes gefärbt wurde. Die Bücher jüdischer Schriftsteller wurden aus dem deutschen Literaturunterricht verbannt. Die Lehrer (mit Ausnahme einiger weniger, die allgemein unbeliebt waren, weil sie ihre Stellung aufgrund ihrer Parteimitgliedschaft erlangt hatten) bemühten sich, bei ihrem parteitreuen Unterricht Exzesse zu vermeiden. Dies gelang ihnen nur zum Teil. Die Anwesenheit eines Diktators, der die Nation der „Dichter und Denker" führte, ließ keinen unberührt. Während der 30er Jahre erfuhren wir in Deutschland die dunkle Seite des Lebens, wir erlebten militaristischen Geist und Grausamkeit. Wann immer die Partei rief, mußten wir im Gleichschritt marschieren.

Einige inspirierende Lehrer an diesem Gymnasium, später an der Heidelberger Universität und noch später an der Stanford University ermutigten meine Interessen und meinen Wunsch, ideologische und religiöse Werturteile und Realitätsbeurteilungen in Frage zu stellen. Durch all diese Erfahrungen hindurch blieb ich tief meinem Ziel verbunden, das flüchtige Ideal der Gerechtigkeit zu verfolgen.

Eine Reihe persönlicher Erlebnisse ließ mich 25 Jahre nach meiner Dissertation nochmals an die Universität zurückkehren. Es dürfte kaum überraschen, daß ich zu diesem Unternehmen viele Fragen mitbrachte, die während der vorhergehenden zweieinhalb Jahrzehnte unbeantwortet geblieben waren. Vor allem konnte ich die Widersprüchlichkeiten nicht lösen, die darin lagen, daß ich eine liberale Studentin der Geisteswissenschaften war, die einerseits von der Ethik und Philosophie einer klassischen Erziehung geprägt war, andererseits aber die Realitäten im Deutschland der 30er Jahre erlebt hatte.

Ich bin seit 1940 mit einem Arzt verheiratet. Unsere älteste Tochter, ebenfalls Ärztin, hat sich seit ihrer Collegezeit mit biologischer Forschung beschäftigt. Nach unserer Einwanderung in die Vereinigten Staaten im Jahre 1951 lebten wir 18 Jahre in intellektueller Isolation in einem ländlichen Gebiete von Ohio. Ich führte das Leben einer Landarztfrau, die ihrem Mann in seiner Praxis half, wo sie konnte.

Hauptsächlich aus reiner Langeweile übernahm ich die Verantwortung für den Aufbau und die Verwaltung einer medizinischen Einrichtung, die 1970 ungefähr 150 geistig zurückgebliebene Menschen jeden Alters beherbergte. Während der Jahre in Ohio erlebte ich die intellektuell aufregendsten Augenblicke dann, wenn ich mit meinem Mann und meiner Tochter über Biologie diskutierte. Diese Diskussionen waren oft unangenehm und verwirrend, denn sie bedrohten viele meiner Werte, besonders solche, die mit der Macht des Geistes und den menschlichen Fähigkeiten zu tun hatten. Ich war täglich von geistig Zurückgebliebenen umgeben. Diese Umgebung bestätigte die Wahrheit vieler biologischer Erkenntnisse aus der wissenschaftlichen Literatur, die regelmäßig ihren Weg auf unsere Schreibtische fanden. Das Leben in dieser Umgebung überzeugte mich, daß psychologische Erklärungen nicht genügten, um die geistigen Behinderungen, denen wir begegneten, verstehen und wirksam behandeln zu können. Es wurde deutlich, daß solche Erklärungen ebenso wie die sozialen Therapien darauf abzielten, die Fähigkeiten der Patienten durch Umweltveränderungen zu verbessern, was aber nur zu begrenzten Resultaten führte, auch wenn man diese Bemühungen durch die damals verfügbaren Medikamente unterstützte. Manchen Patienten konnte man nicht einmal die einfachsten Verrichtungen der Körperhygiene oder der Nahrungsaufnahme vermitteln. Einige erlernten einfache Aufgaben und entwickelten einen begrenzten Wortschatz. Noch seltener konnten die Patienten in die Lage versetzt werden, Tätigkeiten im Haushalt oder im Garten zufriedenstellend zu verrichten. Die Patienten erhielten jede nur mögliche Pflege, die Grenzen ihrer Fortschritte waren jedoch großenteils durch ihr Gehirn festgelegt. In dieser Umgebung begriff ich genauer, welch enge Beziehung zwischen Gehirn und Verhalten besteht. Ich konnte nicht länger behaupten, daß man menschliches Verhalten – und rechtliches Verhalten – wissenschaftlich erklären könne, ohne über grundlegende Kenntnisse der Biologie zu verfügen.

1969 verließen wir Ohio und zogen nach Kalifornien. Schon bald lockte mich die Möglichkeit, noch einmal Studentin zu werden. Nachdem ich als Gasthörerin Vorlesungen an der Stanford University Law School besucht hatte, wurde ich in das Master of the Science of Law (J.S.M.) Programm aufgenommen. Dort konnte ich mir ein Menü zusammenstellen, um meinen intellektuellen Appetit zu stillen.

Mein Interesse an den Schriften von *Konrad Lorenz* und anderen Ethologen brachte mich bald in Kontakt mit Mitgliedern der Abteilung für Psychiatrie und Verhaltenswissenschaften. Im Jahr 1969 war *David Hamburg* Leiter der Abteilung, und *Jane Goodall* fungierte als Gastprofessorin. Ihre Studien über Schimpansen gaben den Ausschlag für meine Entscheidung, mich mit anderen Spezies zu beschäftigen. 1972 besuchte ich *Konrad Lorenz* in Seewiesen. Er ermutigte mich, „eine Brücke zu schlagen zwischen Ethologie und Recht". In der Folge unterstützte er mich immer wieder bei meinen Bemühungen, durch die vielen Bereiche hindurchzunavigieren, die sich mit Recht und menschlichem Verhalten befaßten, um ein Konzept von Ethologie und Recht zu finden.

Im Rückblick scheint meine etwas naive Art des Rechtsstudiums notwendig gewesen zu sein, damit ich die Grundlagen des Rechts verstehen lernte. Ich konnte das Recht als Schöpfung des menschlichen Geistes betrachten, wie auch als Produkt biologischer Mechanismen, die den Menschen in seiner Suche nach Ordnung und Gerechtigkeit unterstützen und diese erst ermöglichen. Diese dualistische Ansicht leuchtete mir vollkommen ein, obwohl ich bald erfuhr, daß sie auch Gegner hatte. Für mich schien es klar zu sein, daß die Kenntnis der Evolutionsbiologie Voraussetzung für das Verstehen von Regeln und Gesetzen war. Ebenso klar erschien es mir, daß die frühen Errungenschaften der menschlichen Kultur unserer Vorfahren darauf hinwiesen, welche wichtige Rolle das Recht bei der Formung des Homo sapiens gespielt hatte. Auch die Schönheit des Rechts als Struktur war offenkundig und vergleichbar mit einem gekonnt entworfenen architektonischen Gebäude, einem Kunstwerk oder einem Werk der Natur, das uns ehrfürchtig macht. Ich strengte mich an, diese Phänomene zu verstehen, und erhielt eine Antwort auf meine Bemühungen, als ich erkannte, welch angenehme Gefühle mit Ausgewogenheit, Kontinuität und Harmonie verbunden sind; Gefühle, die mit Vorgängen im menschlichen Gehirn verknüpft sind, die durch die Sinne einen Zustand der Zufriedenheit im Zentralnervensystem induzieren. Die Menschen, die man als die vielseitigsten und angepaßtesten Primaten bezeichnen könnte, treffen sich auf einem gemeinsamen Boden, wenn es um den Wunsch nach Ordnung und Gerechtigkeit geht. Erkenntnisse aus Untersuchungen über die kindliche Entwicklung, die Ursprünge der Sprache und ihr Erlernen im Leben des einzelnen vertiefte mein Verständnis für das menschliche Bedürfnis, Regeln zu finden, um den verschiedenen Reizen der Welt gewachsen sein zu können. Das Aufstellen, Einbeziehen und Beachten von Regeln ist integraler Bestandteil der individuellen Entwicklung. Offensichtlich spielt eine Vielzahl von biologischen Mechanismen in den Stationen einer solchen Entwicklung eine Rolle. Das ist ein Thema, auf das ich noch zurückkommen werde.

Die Ansicht, daß ein Verhalten biologischen Ursprungs ist, impliziert nicht, daß das menschliche Verhalten ontogenetisch fixiert wäre, daß es kein Lernen gäbe oder daß die deterministischen Theorien über menschliches Verhalten zuträfen. In immer größerem Maße weist die Forschung auf einen erstaunlichen Grad an Verhaltensformbarkeit bei fast allen Spezies hin. Sie weist aber auch darauf hin, daß viele Verhaltensweisen durch unsere genetische Zusammensetzung vorgegeben sind und die Formbarkeit deshalb beschränkt ist. Diese Tatsachen unterstreichen, wie wichtig es ist, biologische Erkenntnisse heranzuziehen, wenn wir verstehen wollen, im Rahmen welcher realen Gegebenheiten Rechtssysteme operieren und was sie erreichen können.

1972 blätterte ich nochmals in meiner fast vergessenen Dissertation von 1944 über englisches Scheidungsrecht. Ich war überrascht und erfreut, als ich feststellte, daß ich schon damals zu der Schlußfolgerung gelangt war, daß

> trotz aller Änderungen des Scheidungsrechts, die durchgeführt werden, um Männern und Frauen Chancengleichheit zu gewähren, das Recht schon allein wegen der biologischen Unterschiede zwischen Männern und Frauen keine vollständige Gleichheit schaffen kann. Die Einstellungen und die Verantwortlichkeiten der Geschlechter gegenüber ihrem Nachwuchs unterscheiden sich und scheinen in bedeutsamer Weise auf den biologischen Unterschieden zu beruhen. Die Folgen auch der bestgemeinten Gleichbehandlung vor dem Gesetz werden für jedes Geschlecht anders ausfallen.

Was ich seit dieser Zeit beobachten konnte, hat meine Ansicht bestätigt. Dennoch ist Vorsicht angezeigt. Wenn man die möglichen rechtlichen Konsequenzen biologischer Unterschiede zwischen den Geschlechtern erforscht, bedeutet dies nicht a priori, daß ein Geschlecht besser behandelt werden sollte als das andere.

Ebensowenig bedeutet es, daß Frauen und Männer ihre Bemühungen, Gleichheit und Gerechtigkeit zu erreichen, einstellen sollten. Die Erforschung biologischer Unterschiede kann aber bedeuten, daß viele Rechtsgebiete (beispielsweise Familienrecht, Umweltrecht oder Vertragsrecht) durch biologische Erkenntnisse belebt werden und das Bemühen um Lösungen, die funktionieren und zum individuellen und sozialen Wohlergehen beitragen, viel eher Erfolg haben wird, wenn eben diese Erkenntnisse in die Diskussionen um geplante Reformen miteinbezogen werden.

Ob ich noch immer nach einer zufriedenstellenden Definition für Gerechtigkeit suche? Ja! Was hat mich meine 20jährige Suche gelehrt? Ich glaube, daß die verfügbaren Beweise und Ideen ausreichen, um eine biologische Erklärung von Gerechtigkeit vorzuschlagen. Der Weg zu dieser Schlußfolgerung führt allerdings über Umwege. Es ist beispielsweise wichtig, zwischen dem Gerechtigkeitskonzept der Gesellschaft und dem persönlichen Gerechtigkeitssinn zu unterscheiden. Ersteres entsteht aus der Interaktion vieler individueller Reaktionen auf Fragen der Fairneß und auf die soziale Realität, innerhalb derer diese Fragen gestellt werden. Letzteres ist das Ergebnis der persönlichen Erfahrung, der Kultur, der Umweltvariablen und der Gehirnchemie. Was eine Gesellschaft gerecht und fair nennt, muß nicht unbedingt weltweit gelten. Unter all diesen Unterschieden findet man aber gemeinsame biologische Eigenschaften, und es werden oftmals gesellschaftsübergreifende Vereinbarungen zu Fragen über das, was fair und was unfair ist, getroffen.

Die heutige Forschung auf dem Gebiet der Neuroanatomie, der Neurotransmitter und andere Felder der Gehirnforschung liefern uns Informationen über das anatomische Netzwerk, die Chemie und die Mechanismen, die bei individuellen Werturteilen eine Rolle spielen. Vermutlich wird uns diese Forschung in den nächsten Jahrzehnten Informationen liefern, die uns verstehen helfen, wie eine bestimmte Gesellschaft unter veränderten Umweltbedingungen jeweils das Gerechtigkeitskonzept gestaltet, nach dem sie leben will.

Zur Zeit entdecken wir – und hier kann die moderne Forschung von Nutzen sein –, daß es Gehirnmechanismen gibt, die großenteils erklären, warum Individuen einen Gerechtigkeitssinn entwickeln. Es gibt heute Ergebnisse, die die Ansicht zu untermauern scheinen, daß bestimmte Gehirnmechanismen das Individuum dazu bringen, Gleichgewicht und Struktur in seinem Leben erreichen zu wollen. Diese Bemühungen spiegeln sich im Rechtsverhalten. Das gilt auch für die Zufriedenheit, die dem einzelnen erwächst, wenn er innerhalb eines gegebenen sozialen Netzwerkes bleibt. Die Art der sozialen Eingliederung bestimmt das Rechtsverhalten. Geht man davon aus, daß die Mechanismen, die im Gehirn des einzelnen den Gerechtigkeitssinn formen, bei allen Menschen vorhanden sind, so hängt die Variante des Gerechtigkeitskonzepts, der ein Mensch sich zuwendet, von seinen früheren Erfahrungen, besonders seinen Erfahrungen vor dem Erwachsenenalter ab.

Ich begann in den frühen 70er Jahren an diesem Buch zu schreiben. Damals durchforschte ich die Bibliotheken auf der Suche nach Erkenntnissen, die meine Ideen unterstützen oder widerlegen würden. Die klassischen juristischen Autoren hatten offensichtlich keinen Zugang zu den Informationen, die Ethologie und Gehirnforschung damals aufbrachten, die Gebiete, auf die sich meine Schlußfolgerungen in erster Linie stützen. *Eugen Ehrlichs* „lebendes Recht", *Malinowskis* anthropologische Definition von Rechtsregeln, *Adamson Hoebels* Beschreibung von Recht als Verhaltensform und *Paul Bohannans* Arbeit über die Gerechtigkeitskonzepte der Tiv halfen, den Abstand zu überbrücken, der Recht und Naturwissenschaften von der rechtlichen Seite trennte. Unter den frühen Autoren des zwanzigsten Jahrhunderts (ebenso wie unter den zeitgenössischen Autoren, die Arbeiten auf den Gebieten Rechtsphilosophie, Rechtssoziologie, Rechtsanthropologie und ähnlichen Bereichen veröffentlicht haben) findet sich kaum einer, der sich auf biologische Rechtsansätze bezieht, und buchstäblich keiner, der die neurologischen Erkenntnisse berücksichtigt, die sich mit menschlichem Verhalten in Beziehung zum Recht befassen. *Aristoteles* stützte seine Gedanken über den

Menschen als ein *zoon politicon* auf die Erkenntnisse der Naturwissenschaften vor mehr als 2000 Jahren. Seine Intuition und seine Folgerungen scheinen vielfach noch immer relevanter zu sein als das meiste, was seither geschrieben wurde. Natürlich gibt es Ausnahmen. Das *Ethische Tier (Waddington)*, das *Imperiale Tier (Tiger* und *Fox)* und ähnliche seltene Funde sind Oasen in einer ansonsten leblosen Wüste. Diese Autoren anerkannten die biologische Natur der Menschheit und sprachen über den Einfluß dieser Natur auf die soziale Organisation.

Einige der Grundideen, die dieses Buch tragen, wurden 1976 in einer kurzen deutschen Version veröffentlicht. Im Rückblick scheint diese Veröffentlichung von 1976 das erste Buch zu sein, das sich ernsthaft mit dem Einfluß der modernen Biologie auf das Recht befaßt. In dieser Ausgabe habe ich neues Material hinzugefügt. Damals wie heute war es nicht meine Absicht, Biologie oder Recht erschöpfend abzuhandeln. Vielmehr möchte ich mein Wissen über die allgemeinen biologischen und rechtlichen Trends nach einem Jahrzehnt der Forschung und gedanklichen Auseinandersetzung mit diesem Gebiet zum Ausdruck bringen. Das Buch kann bestenfalls als Versuch verstanden werden, die Richtung und den Ton für weitere Forschung anzugeben.

Einige Freunde haben sich die Zeit genommen, meine frühen Entwürfe dieses Buches zu lesen. Ihre Reaktionen haben mir deutlich gemacht, wie kontrovers dieses Buch aufgenommen werden wird, sogar unter Wissenschaftlern. Ich habe versucht, mich auf belegbare Tatsachen zu stützen. Dennoch habe ich eine persönliche Sichtweise und Meinung bezüglich der wesentlichen Themen, die in diesem Buch erörtert werden. Es ist die Sichtweise einer Frau, Mutter, Ehefrau und Großmutter. Zum Teil ist es aber auch die Sichtweise eines Menschen, der mehr als 20 Jahre mit der Erforschung wissenschaftlicher Ergebnisse und deren Beziehung zum geltenden Recht verbracht hat. Ebenso ist es zum Teil die Sichtweise eines Menschen, der sich viele Gedanken über rechtliche Probleme gemacht hat, über Probleme, denen sich die Arztfrau in der Nachkriegszeit in Heidelberg und im ländlichen Ohio in den 50er und 60er Jahren gegenübersah. Während der

Zeit, in der ich mit meinem Mann zusammenarbeitete, kamen die weiblichen Patienten, die um Hilfe suchten, aus allen Gesellschaftssparten. In Heidelberg waren es sowohl Prostituierte, deren Geschäft während der amerikanischen Besatzungszeit florierte, als auch ganz gewöhnliche verheiratete Frauen der Mittelklasse, die meist gebildet waren und mehrere Kinder hatten, mitunter aber unwillig und unfähig waren, sich einer neuen Schwangerschaft zu stellen. In Ohio waren es vorwiegend Frauen der Bauern- und Arbeiterschicht. Diese Erfahrungen zusammen mit meiner Arbeit mit geistig Zurückgebliebenen haben meine Anschauungen geformt.

Die Wissenschaftler und Gelehrten *(Lawrence Friedman, Jane Goodall, David Hamburg, Manfred Rehbinder, Michael Wald* und *Wolfgang Wickler),* die den Entwurf meines ersten deutschen Buches gelesen haben, waren in den 70er Jahren meine Kollegen, und ich bin ihnen für ihre Hilfe während dieser frühen Jahre dankbar. Ohne die zusätzliche Unterstützung „verwandter Geister" wäre es nicht möglich gewesen, die enorm umfangreiche neue Forschung zu sichten, die in den 80er Jahren verfügbar wurde, und das Buch entsprechend umzuschreiben. Meine Kollegen am *Gruter Institute* haben mir intellektuelle Anregungen gegeben und mir geholfen, etwas den Schleier der Unwissenheit zu lüften, der allen Menschen gemeinsam ist. Die Teilnehmer an den Konferenzen des *Gruter Institutes* gehören alle zu dieser Gruppe, und ich bin ihnen für ihre Beiträge dankbar, die Licht auf verschiedenste Bereiche geworfen haben.

Die neuen Buchentwürfe wurden von *E. Donald Elliott, Roger Masters* und *William Rodgers* gelesen, die konstruktive Kritik und Vorschläge beisteuerten. *Paul Bohannan,* mein Mitherausgeber des Buches *Law, Biology and Culture* (1983), widmete mir viel Zeit und führte mich durch einen der vielen frühen Entwürfe dieses Buches. Für seine Hilfe an der Endversion dieses Buches schulde ich *Michael McGuire* großen Dank. Er war es, der mir viele Fragen zur Biologie beantwortete und mich bei meinem schier endlosen Bemühen, alles zusammenzufügen, ermutigte.

Schließlich wäre dieses Buch nicht ohne meinen Mann begonnen worden, der mir die Augen für die Naturwissenschaften öffnete, und ebensowenig ohne meine Tochter, die mich ermutigte, diesen Studienzweig zu wählen. Last but not least gilt mein Dank *Gerti Dieker,* meiner Assistentin seit mehr als zwei Jahrzehnten, die wieder einmal eine unerschöpfliche Geduld und großes Geschick bei der Vorbereitung dieses Buches zur Veröffentlichung an den Tag gelegt hat.

Teil I

Historischer und begrifflicher Hintergrund

1. Die Evolution des Rechts aus ethologischer Sicht

Die Ursprünge des Rechts[1] wurzeln ebenso wie die Ursprünge der sozialen Ordnung im Verhalten der frühen Menschen und ihrer Primatenvorfahren. Diese Beziehungen und ihre Auswirkungen auf das Recht sind die Hauptthemen dieses Buches. In diesem Kapitel soll der Rahmen für die Untersuchung festgelegt werden. Zunächst möchte ich mit einer Erörterung des vom Menschen geschaffenen Rechts beginnen.

Vom Menschen geschaffenes Recht und rechtliches Verhalten

Vom Menschen geschaffene Gesetze sind in Worte gefaßte Ideen und Anordnungen. Es sind Entwicklungen oder Produkte des Geistes.[2] Geist und Recht interpretieren Vergangenheit, Gegenwart und Zukunft und antizipieren sowohl bekannte Handlungen als auch nie dagewesene Ereignisse. Vom Menschen geschaffenes Recht ist einzigartig in seiner Komplexität, seiner Anwendungsbreite und seinem Einfluß auf organisatorische Strukturen und das Leben des einzelnen. Vom Menschen geschaffenes Recht vermag sich den Notwendigkeiten einer sich verändernden Welt anzupassen, wenngleich es bei raschen Veränderungen oft hinterherhinkt. Das Recht kann und wird Änderungen anordnen, wenn dies dem Gesetzgeber notwendig oder opportun erscheint. Die Wirksamkeit aller alten und neuen Gesetze hängt aber von der Fähigkeit und Bereitschaft einer großen Gruppe von Individuen ab, ihr Verhalten zu ändern und an Gesetze anzupassen, die oft von einer kleinen, Regeln gebenden Minderheit festgelegt werden. Wie wirksam man die Gesellschaft durch Gesetze verändern oder regulieren kann, hängt vom rechtlichen Verhalten ab. Das Rechtsverhalten ist eines von vielen Verhaltensmerkmalen, die sich beim Menschen herausgebildet haben. Der einzelne kann das Gesetz befolgen, ihm ausweichen, es ignorieren oder ihm zuwiderhandeln. Gehorsam und Zuwiderhandeln sind rechtliche Verhaltensweisen, sie stellen eine Interaktion des einzelnen mit dem Rechtssystem dar. Ein Gesetz ist dann wirksam, wenn die Mehrheit der Adressaten des Gesetzes dieses befolgt. Je größer diese Mehrheit ist, um so wirksamer ist das Gesetz.

Rechtsverhalten ist nicht in einem Vakuum entstanden. Es entwickelte sich in Verbindung mit anderen Verhaltensmerkmalen. Viele Jahrtausende lang – die Zeitspanne der jüngsten menschlichen Evolution – lebten die Menschen in Gruppen von 50 bis 200 Mitgliedern.[3] Um überleben zu können, mußten sie Wege finden, ihren Nachwuchs bis zur sozialen und biologischen Reife großzuziehen. Die Mütter mußten ihre Kinder unterstützen, sie lenken, lehren und sich ihnen anpassen. Es galt eine komplexe Sprache zu entwickeln. Informationen über die Umwelt, die zunächst nur einigen bekannt waren, mußten ausgetauscht werden, und es mußten Regeln für das Teilen (sharing) entwickelt und modifiziert werden.

In der Frühzeit der menschlichen Evolution war die Regel, daß Kinder zu gehorchen haben (und sei es nur, weil dies von ihren Müttern oder anderen Gruppenmitgliedern erzwungen werden konnte), von entscheidender Bedeutung für das Überleben. Das Befolgen von Regeln war also mit anderen Verhaltensweisen verwoben, die für das Überleben wichtig waren. Gemeinsam erwiesen sie sich als adaptiv. Regeln zu schaffen und sie zu befolgen gehört zu den Verhaltensweisen, die schon Millionen Jahre lang bei den Hominiden und vielleicht 100 000 Jahre lang beim Homo sapiens anzutreffen waren.[4] In späterer Zeit wurde die Disposition für ein Regeln formendes und Regeln befolgendes Verhalten vermutlich durch Selektion begünstigt. Die Prädispositionen für solche Verhaltensweisen wurden ein integraler Bestandteil der Genome unserer Spezies. *Fox* drückt es so aus: bei unseren Vorfahren wurde „nach sprechenden, klassifizierenden und Regeln schaffenden Geschöpfen selektiert, die diese Talente unmittelbar auf das Erziehungssystem anwenden konnten. Was erfolgreich blieb, wurde in die kortikalen Prozesse eingebaut. Dazu gehörte auch der intellektuelle und emotionale Apparat".[5] *Tiger* kommt bei seiner Erörterung der Interaktionen zwischen Verwandtschaft, Nahrungsteilung und früher Ethik zu ähnlichen Schlußfolgerungen: „Eingeprägte emotionale Komponenten des Fütterungsverhaltens der Säugetiere werden generalisiert und auf das breitere soziale Netzwerk ausgedehnt."[6] Zweifellos gab es auch zahlreiche andere Faktoren, die zu unserer Fähigkeit, nach Regeln zu suchen und sie zu befolgen, beitrugen. Sobald solche Regeln entwickelt waren, bestimmten sie die künftige Richtung der menschlichen Geschichte.

Rechtskonzepte und soziale Ordnung

Die Begriffe von Recht und sozialer Ordnung (Normen) werden oft verwechselt. Sie unterscheiden sich jedoch klar voneinander. Die Unterschiede im einzelnen sind nicht nur von oberflächlichem Interesse für das Studium der rechtlichen Ursprünge. *Bronislaw Malinowski* liefert im folgenden eine ausführliche Definition von Recht:

> Rechtsnormen unterscheiden sich von anderen Normen dadurch, daß sie zugleich als Verpflichtungen des einen Teils und als Berechtigungen des anderen Teils betrachtet werden. Sie werden nicht durch bloße psychologische Motive sanktioniert, sondern durch eine bestimmte soziale Maschinerie von bindender Kraft. Diese ist, wie wir wissen, auf der gegenseitigen Abhängigkeit aufgebaut und findet ihren Ausdruck in einer äquivalenten Anordnung der gegenseitigen Dienstleistungen sowie in der Kombination derartiger Forderungen, die in der Verflechtung der vielseitigen Beziehungen in Erscheinung tritt. Die Tatsache, daß die meisten Handlungen von Ze-

remonien begleitet sind, was öffentliche Kontrolle und Kritik mit sich bringt, verstärkt die bindende Kraft.

Nach dieser Definition ist die Existenz einer sozialen Maschinerie, die als bindende Kraft wirkt, ein wichtiger Faktor, durch den sich Gesetze von anderen Regeln oder Normen unterscheiden.

Zwar befolgen auch andere Spezies Regeln – nicht-menschliche Primaten beispielsweise kämpfen in voraussehbarer Weise um die dominierende Stellung und verletzen sich gegenseitig bei diesem Vorgang nur selten –, Rechtssysteme, die individuelles und Gruppenverhalten regulieren, sind jedoch das Ergebnis von Interaktionen zwischen denjenigen, die die Gesetze schaffen und verwalten, und denjenigen, an die die Gesetze sich richten. Manche Menschen finden es vorteilhaft, sich an die Gesetze zu halten, zumindest übertreten sie sie nicht in offener Weise. Andere können auf andere Weise reagieren. Schon die Anzahl der Experten, die sich mit dem einen oder anderen Aspekt des Rechtssystems beschäftigen (die besonders in der westlichen Gesellschaft schon immer zahlreich waren und sich auch weiterhin rasch vermehren), legt Zeugnis ab für die Komplexität und Wichtigkeit rechtlichen Verhaltens. Die Menschen verlangen nach Regeln, sie entwickeln sie und feilen sie aus. Sie evozieren das Symbol von Gerechtigkeit. Sie predigen das Dogma der Gleichheit vor dem Gesetz. Und in den meisten Fällen gehorchen sie auch dem Gesetz. Um effektiv bleiben zu können, darf das Gesetz sich aber nicht zu weit vom Verhalten entfernen. Regeln, deren Zweck sich gegen starke biologische Prädispositionen richtet – solche Regeln werden oft aus ideologischen oder religiösen Gründen eingeführt –, sind entweder kurzlebig, werden mißachtet oder beides. Das Schicksal des Volstead-Gesetzes veranschaulicht dies. Das Volstead- oder Nationale Prohibitionsgesetz wurde 1917 als achtzehnte Ergänzung zur Verfassung der Vereinigten Staaten im Kongreß gebilligt. 1919 wurde das Gesetz formell vom Kongreß verabschiedet und am 16. Januar 1920 in Kraft gesetzt. Die Verfassungsergänzung wurde 1933 wieder aufgehoben. Das Gesetz erwies sich als Musterbeispiel für eine fehlgeschlagene rechtliche Bemühung, eine Verhaltensänderung zu erzwingen. Das beabsichtigte Ziel, nämlich die sozialen Folgen exzessiven Alkoholkonsums auszumerzen, konnte nicht erreicht werden. Trotz enormer Anstrengungen, das Gesetz durchzusetzen, kollaborierten Tausende von Bürgern aus allen sozialen Schichten mit Schiebern, um Alkohol kaufen zu können. Dieser Versuch, menschliches Verhalten zu verändern, erwies sich nicht nur als weitgehend undurchsetzbar, er zeitigte auch unvorhergesehene Folgen, da das Bemühen, den Alkoholkonsum zu verbieten, viele normalerweise rechtstreue Bürger ermutigte, außerhalb des Rechts zu arbeiten.[8]

Naturrecht

Seit mindestens 3000 Jahren bemühen sich Philosophen und Juristen darum, ein Rechtssystem zu formen, das die Schaffung einer vernünftigen, friedlichen und berechenbaren Sozialordnung erleichtert. Die von Menschen geschaffenen Gesetze waren in diesem Bemühen die Hauptwerkzeuge. Tägliche Erfahrungen und philosophische, religiöse und ideologische Dogmen haben zusammen mit den von den Naturwissenschaften entwickelten Erkenntnissen zu dieser Entwicklung beigetragen.

Gewisse Theorien, die sich mit der Natur und den Ursprüngen des Rechts befassen, kennzeichnen die unterschiedlichen geschichtlichen Perioden. Diese Theorien beeinflussen noch immer die moderne Rechtstheorie, Gesetzgebung und Rechtsverwaltung. Auch eine kurze Zusammenfassung dieser Theorien würde schon den Rahmen dieses Buches sprengen. Es könnte aber nützlich sein, ausgewählte Beispiele aus der Geschichte zu untersuchen, weil sie einen Einblick in heutige Einstellungen und Ansichten zum Recht vermitteln können. Die Theorien, die wir besprechen werden, befassen sich mit der Rolle des Rechts und den Konzepten von Natur und Evolution. Bei diesem Rückblick gilt es aber zu beachten, daß die Autoren, wenn sie die Begriffe Natur oder Naturrecht verwenden und aus ihren Vorstellungen über Evolution und Natur Schlüsse ziehen, oft nicht mit den Erkenntnissen der Biologie vertraut waren.

Im vorsokratischen Griechenland definierten und betonten frühe Kosmologen wie *Thales* und *Antiphon* den Unterschied zwischen Natur (Physik) und Recht oder Konvention (Nomos). Frühere religiöse oder soziale Traditionen hatten den fundamentalen Status einer solchen Unterscheidung nicht erkannt, diese griechischen Denker aber betonten, daß die verschiedenen Bräuche und Gesetze der Gesellschaften sich grundsätzlich von den Regeln der Natur unterscheiden, die überall die gleichen sind.[9] Wie *Aristoteles* es in der ihm eigenen Einfachheit in seiner Ethik ausdrückte, sind die Bräuche, etwa hinsichtlich der Summe, die für die Auslösung eines Gefangenen zu zahlen ist, von Ort zu Ort verschieden, wenngleich „die Feuer sowohl hier, als auch in Persien brennen".

Die Sophisten (dargestellt durch Thrasymachos in *Platos* Republik) argumentierten, daß menschliche Gesetze nur Konventionen oder Vereinbarungen seien, die sich auf Eigeninteresse gründen. Also gab es keine natürliche Basis für Gesetze und Bräuche, die eine Gesellschaft annahm (außer dem Eigeninteresse der Herrscher und der Notwendigkeit, daß die Machtlosen überleben mußten). *Plato* und sein Schüler *Aristoteles* stellten sich dem entgegen und behaupteten, daß die wirkliche Definition von Recht oder Gerechtigkeit „der Natur entspricht".[10] Diese Tradition ließ das Konzept des Naturrechts, des *jus naturale* im alten Rom entstehen. Aufbauend auf den Ansichten von *Plato* und *Aristoteles* findet sich dieses Konzept auch im Justinianischen Kodex, im römischen *corpus civilis,* in der stoischen Tradition und wurde schließlich von *Cicero* berühmt gemacht. Einer der frühesten Schriftsteller, der sich dieses Themas annahm, war *Ulpian* (3. Jh. v. Chr.). Er definierte das Konzept des Naturrechts, indem er erklärte: „Naturrecht ist das, was die Natur allen lebenden Wesen (animalia) lehrt." In dieser Anschauung spiegelt sich die damals bei den römischen Philosophen vorherrschende Denkweise, daß unter Naturrecht die Gesetze menschlicher Natur zu verstehen sei.[11]

Im Mittelalter gab es eine neue Interpretation des Naturrechts, die dem Bedürfnis der Kirche, innerhalb des herrschenden politischen Systems zu überleben, diente. *Thomas von Aquin* entwikkelte eine Rechtsphilosophie, die das Naturrecht zum Symbol christlicher Gerechtigkeit machte. Die egalitäre Haltung, die im christlichen Dogma zum Ausdruck kam, stammte aus dem Judentum. Das Alte Testament besagt, daß seine Gesetze von jedem befolgt werden können, der guten Willens ist. „Die Heilung, die jedes Gemeindemitglied erfährt, das dem Gesetz von Jahwe gehorcht, führt zur Gleichheit aller Menschen."[12] Nach dieser Anschauung erweist sich Naturrecht als allgemeine Norm, die dem positiven Recht übergeordnet ist, und rechtfertigt als solche die Aufrufe an die Gläubigen, das Supremat der Kirche anzuerkennen. *Thomas von Aquins* Konzept eines unveränderlichen Naturrechts, das die „ewigen Wahrheiten" der wahren Religion unterstreicht, wurde bis weit ins achtzehnte Jahrhundert hinein gelehrt.

Biologie und Recht

Die moderne Ära der Interaktionen zwischen Biologie und Recht begann mit den Schriften von *Charles Darwin.* Diese Periode ist deshalb besonders interesssant, weil *Darwins* Vorstellungen von den Rechtsgelehrten häufig fehlinterpretiert wurden. Die Arbeit eines Zeitgenossen *Darwins, Sir Henry Sumner Maine,* liefert hierfür ein Beispiel.[13] Wie die meisten Rechtsgelehrten in den Jahrzehnten nach der Veröffentlichung von *On the origin of species* (1859)[14] verwendete er den Begriff „Evolution", ohne dessen biologische Bedeutung wirklich zu verstehen. Er wendete seine Interpretation auf das Recht an und sah einen in den Kulturen feststellbaren, natürlichen Fortschritt des Rechts von niederen zu höheren Stufen, woraufhin er behauptete, daß dieser Fortschritt durch die allmähliche Auflösung der familiären Abhängigkeit und der an deren Stelle tretenden größeren individuellen Verpflichtung gekennzeichnet war (1885).

Die moderne Anthropologie hat *Maines* Theorie weitgehend verworfen, da es an bestätigenden Daten fehlt. Neue Studien legen eher die Vermutung nahe, daß Veränderungen der sozialen Organisationen und der Rechtssysteme oder neue legislative Bemühungen keine notwendigen Schritte für das Fortschreiten zu höheren Stufen sind. Eher sind sie bei genauer Betrachtung als Beispiele von Veränderungen zu interpretieren. Auch die Theorien von *Bachofen,* die Ende des neunzehnten Jahrhunderts einen starken Einfluß auf die Anthropologie ausübten, können zur weiteren Veranschaulichung herangezogen werden.[15] Heute ist *Bachofen* hauptsächlich für sein Werk *Mutterrecht* (1869) bekannt, in dem er die herrschende patriarchalische Theorie der sozialen Evolution in Frage stellt. Auf der Grundlage seiner Interpretation der nachweislich matrilinearen Abstammungsbeispiele, wie sie in Griechenland, Afrika und Amerika zu finden sind, formulierte er eine Theorie der sozialen Evolution, die eine Folge universaler Schritte umfaßte: zuerst Promiskuität, dann Matriarchat und schließlich eine dauerhafte Errichtung des Patriarchats. Auch seine Theorien wurden verworfen, da sie sich nicht auf verfügbare Kenntnisse stützten.

In den Vereinigten Staaten haben Rechtswissenschaftler sich gelegentlich *Darwins* Theorien zu eigen gemacht.[16] Einige amerikanische Rechtstheoretiker haben hinsichtlich der historischen Entwicklung des Rechts eine ausgesprochen evolutionäre Haltung eingenommen. In seiner Übersicht über diese Tradition hat *Elliott* gezeigt, daß *Oliver Wendell Holmes* das Gewohnheitsrecht als ein in Evolution befindliches System verstand, das sich verändert und damit auf die Interaktionen zwischen neuen Bedingungen und den „tiefsten menschlichen Instinkten" reagiert.[17] Es überrascht nicht, daß diese Haltung in der Öffentlichkeit mit den ideologischen Versionen des sozialen Darwinismus assoziiert wurde. Es überrascht ebensowenig, daß die wissenschaftliche Kritik an den Naturrechtstheorien sich auf praktisch alle Versuche erstreckte, über das hinauszugehen, was als „naturalistic fallacy" oder „Abgrund" zwischen Tatsache und Werturteil bezeichnet wurde.[18]

Seit 1950 hat es in der Biologie spektakuläre Entwicklungen gegeben, die *Darwins* Theorie stützen und erhellen.[19] In den 80er Jahren wurde hier und da versucht, evolutionäres Denken in das

Rechtsdenken einzuführen.[20] Diesen Versuchen war nur ein teilweiser Erfolg beschieden. Die Langsamkeit, mit der das Recht evolutionäre Ideen, die sich mit dem Verhalten befassen, assimiliert hat, ist teilweise auf die intellektuelle Isolation zurückzuführen, die als unvermeidliches Nebenprodukt entsteht, wenn verschiedene akademische und professionelle Disziplinen ihre Interessen- und Fachgebiete definieren. In den Vereinigten Staaten lassen sich die Wurzeln dieser Isolierung bis zur Mitte des neunzehnten Jahrhunderts zurückverfolgen, als sich die liberalen Geisteswissenschaften von den Naturwissenschaften trennten. Dies hatte für Biologie und Recht klare Folgen: Die meisten Gelehrten nutzten die fundamentalen Erkenntnisse der Biologie nicht aus und interpretierten häufig die Implikationen solcher Erkenntnisse falsch.

Wenn man behauptet, daß den biologisch fundierten Erklärungen des menschlichen Verhaltens bei den gegenwärtigen Debatten um Rechtstheorien und die Rolle des Rechts in der Gesellschaft eine zentrale Bedeutung zukommen sollte, so mag dies zunächst den Eindruck erwecken, als würde man einer Fortsetzung der unproduktiven intellektuellen Debatte das Wort reden. Eine solche Debatte könnte aber letztlich die Kluft zwischen den widerstreitenden Ansichten verringern. Der Istzustand der biologischen Realität braucht sich nicht in jeder normativen Vorschrift widerzuspiegeln, die ein gewünschtes Verhalten definiert, und Elemente des Sollzustandes ausschließen. Das Rechtssystem wird die biologischen Ansichten filtern, wie es das vom Anbeginn seiner Existenz an getan hat und wie es auch *Freuds* Theorien und andere einflußreiche Anschauungen gefiltert hat. Schließlich werden sich die Elemente des Sollzustands mit dem vermischen, was gefiltert worden ist. Diese Interpretation wird in den Schriften von *Bodenheimer* erörtert, der Recht als Brücke zwischen Ist- und Sollzustand beschreibt. Er bezeichnet das Rechtssystem als „Vermengung seiner Ist- und Soll-Elemente. Das Recht wirkt teilweise als lebendes Recht tatsächlichen menschlichen Verhaltens und teilweise als Instrument, mit dessen Hilfe unerfüllte soziale Ideale oder Ziele in Realität umgewandelt werden sollen."[21]

Aus dieser Sicht wird die Rechtsethik nicht gefährdet, wenn wir das aktualisieren, was wir das Ist-Element nennen, indem wir obsolete wissenschaftliche Ansichten durch neuere wissenschaftliche Erkenntnisse ersetzen, die menschliches Verhalten erklären.

Soziale Theorien

Nach den schlecht konzipierten Versuchen des neunzehnten Jahrhunderts, die Evolutionstheorie in das rechtliche Denken einzubeziehen, war auch in den nächsten Jahrzehnten kein kontinuierlicher Einfluß biologischer Erkenntnisse zu verzeichnen. Gegen Ende des letzten Jahrhunderts tauchten bei europäischen und amerikanischen Denkern neue Rechtskonzepte auf, die die Rechtssoziologie begründeten. Diese Konzepte wurden als Gegenmittel gegen die herrschenden positivistischen Theorien begrüßt.[22] Ihr Einfluß wirkte noch bis in dieses Jahrhundert hinein und ist besonders in den Schriften von *Emile Durkheim, Eugen Ehrlich, Max Weber* und *Roscoe Pound* zu spüren. Die drei letztgenannten sind bedeutende Rechtswissenschaftler. Sie alle befürworteten eine Rechtssoziologie, die die soziale Umwelt und das soziale Verhalten als Richtlinien für rechtliche Theorien in ihre Betrachtungen miteinbezieht.

Der französische Anthropologe und Soziologe *Durkheim* stellte eine Entwicklungstheorie des Rechts vor, die der früheren Theorie von *Maine* ähnelte.[23] Für *Durkheim* war Arbeitsteilung das Hauptcharakteristikum der modernen Gesellschaft. Nach seiner Ansicht läßt die wechselseitige Abhängigkeit der vielen Teile komplexer sozialer Ordnungen den Vertrag zum wichtigsten Anliegen des modernen Rechts werden. *Weber* vertrat eine andere Ansicht, er betrachtete die formale Rationalität als Hauptcharakteristikum der modernen Rechtswelt.[24] Bei der Formulierung seiner Grundlegung der Soziologie des Rechts, unmittelbar vor dem Ersten Weltkrieg, bekannte sich *Ehrlich,* der österreichische Rechtsgelehrte, zu einer wiederum anderen Ansicht.[25] Er führte das Konzept des lebenden Rechts ein und beschreibt damit die Interaktionen der Menschen mit dem Rechtssystem – das Recht in Aktion im Gegensatz zum Recht in Büchern.[26]

Ehrlichs Vorstellungen basieren auf seinen Beobachtungen des Rechts in Aktion, also der sozialen Interaktion. Die Beobachtung ist das wissenschaftliche Werkzeug, mit dessen Hilfe Ethologen ihre Theorien über tierisches Verhalten gestalten. Bei der Analyse des beobachteten Verhaltens von Menschen oder anderen Spezies stoßen die Wissenschaftler auf individuelle Interaktionsmuster. *Ehrlich* verwendete den Begriff „Rechtstatsachen" für die Muster menschlichen Verhaltens, die die Grundtatsachen der täglichen sozialen und rechtlichen Transaktionen ausmachten. Er legte vier Rechtstatsachen fest: Übung, Herrschaft, Besitz und Willenserklärung.[27]

Für *Ehrlich* ist Recht die innere Ordnung der Gesellschaft. Zwar hat das Recht viele Funktionen, die Organisationsfunktion ist jedoch die wesentlichste. Das Recht bietet dem einzelnen alternative Wahlmöglichkeiten und verweist auf die Wahlmöglichkeiten, die in der jeweiligen Gesellschaft als akzeptabel oder richtig gelten. Der einzelne kann sich entscheiden, ob er handeln oder nicht handeln (unterlassen) möchte. Kennt der einzelne den moralischen Mehrheitskonsens, was in diesem Fall mit dem Gerechtigkeitskonzept der Gesellschaft vergleichbar ist, so kann er mit einem gewissen Genauigkeitsgrad die Folgen einer bestimmten Wahl vorhersagen.

Eine zweite Funktion des Rechts ist der Schutz der sozialen Ordnung, eine Funktion, die von der Entscheidungsnorm getragen wird. Diese Funktion ergänzt oder füllt eine Lücke in der Rechtsstruktur und gestaltet das Recht damit effektiver. Typischerweise kommt die Entscheidungsnorm in der Gesellschaft durch den *Rechtsspruch* zum Ausdruck, der das Recht flexibel werden läßt und die strengen *Gesetzgebungsregeln* den einzelnen Fällen anpaßt. Ein ähnlicher Gesichtspunkt befaßt sich mit dem Recht, das obsolet geworden ist oder die Ansichten der sozialen Mehrheit nicht mehr widerspiegelt. Die entsprechenden Gesetze werden in den seltensten Fällen gleich aufgehoben. Gewöhnlich fristen sie in Büchern viele Jahre lang weiterhin ihr Dasein, auch wenn sie nicht mehr vollzogen werden. Veraltete Gesetze können jedoch von solchen Menschen weitergetragen oder wiedererweckt werden, die stark an gewisse Traditionen oder Religionen gebunden sind. Diese Traditionalisten reagieren vielleicht viel stärker auf die Regeln ihrer gesellschaftlichen Untergruppe und befolgen deren Gesetze viel strenger als durchschnittliche gesetzestreue Bürger.

Die vorgenannten Anschauungen lassen den eindeutigen Schluß zu, daß das Recht, welcher Ansicht man auch immer zuneigen mag, anpassungsfähig sein mußte. Der Inhalt der Gesetze konnte sich mit der Zeit und den Umständen verändern. Darüber hinaus war es möglich, das Recht als Instrument sozialer Veränderung einzusetzen. Diese Sichtweise kam den auf Ideologie basierenden Rechtstheorien zugute, die sich zwischen 1900 und 1950 entwickelten und die soziale Änderungen zum Ziele hatten. Solche Vorstellungen üben auch heute noch Einfluß aus, besonders dort, wo das Recht seine Identität als Instrument zur Veränderung und als Reformwerkzeug behalten hat. Ähnlichen Anschauungen begegnet man auch in den Ideen moderner Rechtsphilosophen wie *Rawls* und *Dworkin.*[28] Wenngleich ihre Philosophien sich in Einzelheiten unterscheiden, so sind doch beide Gelehrte der Ansicht, daß menschliche Ungleichheit von sozialen Faktoren abhängt. Ungleichheit ist vom Menschen gemacht, sie ist weder von der Natur auferlegt noch liegt sie im Willen Gottes. Daraus folgt, daß die Reform des Rechts mit Hilfe der vom Menschen geschaffenen Gesetze eine Gleichheit der Menschen bewirken kann.[29] Auch wenn man diese Anschauungen anerkennt, so muß man doch betonen, daß es ihnen an einem modernen Verständnis der biologischen Grundlagen menschlichen Verhaltens fehlt. Es fehlt an einem Verständnis der Konzepte, die die Vorstellungen von sozialem Verhalten und Verhaltensänderung mit der Biologie in Verbindung bringen, ebenso wie an einem Verständnis der Implikationen, die die genetischen Unterschiede und die Interaktionen zwischen Mensch und Umwelt mit sich bringen.

Psychiatrie und Psychologie

Nicht nur die Sozialtheorien haben die Rechtstheorie während der frühen Jahre dieses Jahrhunderts beeinflußt. Auch Psychiatrie und Psychologie hatten ein Wort mitzureden. Die Schriften von *Freud* und anderen boten neue Erklärungen für menschliches Verhalten, besonders im Bereich des Familien- und Strafrechts. Wenn diese Erklärungen auch durchaus einflußreich bleiben, so wird ihre Gültigkeit doch durch neueste Erkenntnisse der Biologie in Frage gestellt. Die Forschung über Neurotransmitter hat beispielsweise gezeigt, daß diese Substanzen für spezifische Verhaltensweisen zuständig sind (z. B. Aggression, impulsives Verhalten), daß es möglich ist, anhand physiologischer Profile bestimmte Verhaltensarten genau vorauszusagen[30], und daß die genetische Zusammensetzung eines Menschen seine Persönlichkeit und seine Fähigkeit, bestimmte Arten sozialer Interaktion zu verzögern oder sich auf diese einzulassen, festlegt. Solche Erkenntnisse haben nur langsam ihren Weg ins rechtliche Denken gefunden. Gewiß braucht es Zeit, um neue Gesetze zu machen, Regelungen zu vervollständigen und diejenigen zu informieren, die in diesen Prozeß verwickelt sind. Manchmal sorgen Notfälle dafür, daß sich die Maschinerie schneller bewegt, besonders dann, wenn in der Öffentlichkeit das Bedürfnis nach sofortigem Handeln besteht, wie im Falle steigender Gewaltkriminalität oder wenn die Menschen atomarer Strahlung ausgesetzt sind. Im Endeffekt erweisen sich solche Bemühungen oft als planlos und unterscheiden sich in ihrer Art und ihrem Ergebnis von dem, was eine systematische Einbeziehung neuen Wissens in das Rechtsdenken bewirken kann. Die Folgen dieses Umstandes werden noch durch die Tatsache unterstrichen, daß die Wissenschaft gegenwärtig viel schneller voranschreitet als je zuvor in der menschlichen Geschichte.

Einige der vorgenannten Punkte lassen sich anhand des prämenstrualen Syndroms (PMS) erklären. Beim PMS handelt es sich um Beschwerden unterschiedlichen Schweregrades, für die Schmerzen, Spannungsgefühle, Depressionen, Wut und unangenehme physiologische Veränderungen typisch sind. Man schätzt, daß etwa 20% der erwachsenen Frauen vor den Wechseljahren von dieser Störung betroffen sind. Das Syndrom ist biologischen Ursprungs. Bei einem gewissen Prozentsatz von Frauen sind die physiologischen Veränderungen während der vormenstrualen Periode jedoch mit drastischen Verhaltensänderungen verbunden, die so weit gehen können, daß Frauen, die sonst ein normales Verhalten zeigen, zu physischem Mißbrauch oder Mord in der Lage sind. Diese Verhaltensänderungen geschehen auf einer vorhersehbaren Grundlage und sind als unabsichtlich zu betrachten. Damit tauchen naheliegende Fragen zu Themen wie Normalität und Verantwortlichkeit für das eigene Verhalten auf, und man muß sich zahllose rechtliche Fragen bezüglich der Art, wie man mit den Auswirkungen der Störung umgehen soll, stellen. Rechtsexperten und Mediziner konnten in Zusammenarbeit mit Gelehrten verwandter Gebiete das Syndrom definieren und spezifische Vorschläge zur medizinischen und rechtlichen Behandlung machen.[31] Dazu gehören bestimmte Arten der Hormonbehandlung, medizinische Überwachung und eine erhöhte persönliche Verantwortung der Frauen, die vor der Menstruation gewalttätig werden.

Anthropologie (Ethnologie)

Ich möchte nochmals kurz zu den Entwicklungen auf dem Gebiet der Anthropologie (Ethnologie) zurückkehren, die gegen Ende des neunzehnten Jahrhunderts stattgefunden haben. Diese Entwicklungen schlagen eine Brücke zur Ethologie. In den letzten Jahren des neunzehnten Jahrhunderts und den ersten Jahren dieses Jahrhunderts wurden die ersten Ergebnisse der anthropologischen Forschung, die sich mit dem Recht und den sozialen Veränderungen bei primitiven Gesellschaften befaßte, bekannt. Bei fast allen Gesellschaften, die untersucht worden waren, fand man eine Beziehung zwischen Verhalten, Umwelt und sozialen Regeln. *Malinowskis* Studien über die Bewohner der Trobriand-Inseln können als Beispiel dienen.[32] Seine Entdeckungen widerlegten die von vielen früheren Anthropologen vertretene Ansicht, daß primitives Recht ausschließlich strafend wäre. Obwohl diese Studien wichtig waren, um die herrschenden falschen Vorstellungen auszuräumen, fehlten fast immer entscheidende Erkenntnisse, die die Lehre für einige Jahrzehnte hätten beeinflussen können. Das Konzept, wonach das Verhalten für das Recht von zentraler Bedeutung ist, liefert dafür ein Beispiel. Dieses Konzept ist in *Malinowskis* Schriften zwar mitenthalten, er stellt aber nicht fest, daß das Verhalten die zentrale Bewegkraft des Rechts ist. Auch andere versäumten es, den Faden aufzunehmen, und so ist dieses Konzept seit den 20er Jahren nur spärlich erforscht worden.[33]

Dennoch bleiben anthropologische Rechtsstudien hilfreich, in erster Linie deshalb, weil durch sie potentielle, das Verhalten beeinflussende Merkmale erkannt wurden, wie Sitten, Sozialnormen und formalisiertes Recht. Es gibt zahlreiche und verschiedenartige Merkmale, aber das vielleicht für unsere Zwecke wichtigste findet sich in *Malinowskis* Definition von Recht. Wie schon erwähnt, beschreibt er darin auch das Vorhandensein einer sozialen Maschinerie, die abweichendes Verhalten sanktionieren kann. Dieses Merkmal unterscheidet das Befolgen von Regeln der Primaten vom Rechtsverhalten der Menschen, was wiederum nicht besagt, daß vom Menschen gemachtes Recht frei von Biologie zu verstehen wäre. Es gibt in jeder menschlichen Gesellschaft Regeln und Normen, nach denen die Menschen leben und die selten gebrochen werden. Die meisten dieser Regeln und Normen stehen nicht im Widerspruch zu den formalen Gesetzen der Gesellschaft (zumindest nicht in dem Maße, daß sie in den Augen des Gesetzes als illegal oder kriminell gelten und der rechtlichen Verfolgung unterliegen würden). Die Rechtsmaschinerie wird nur selten in Gang gesetzt, wenn jemand von diesen Normen oder Regeln abweicht. Das Konzept eines lebenden Rechts – eines Rechts, das die täglichen Interaktionen der einzelnen bestimmt und sich im Einzel- und im Gruppenverhalten ausdrückt – trägt diese Element in die technischen Gesellschaften hinein. Das formale Recht wäre am effektivsten, wenn es dem lebenden Recht folgte. Seine Hauptfunktion wäre es, den bestehenden Fluß der

Ereignisse zu erleichtern, Exzesse einzudämmen und, wo nötig, das Gleichgewicht wiederherzustellen. Um bei dieser Aufgabe erfolgreich sein zu können, müßte der Gesetzgeber nicht nur wissen, welche Handlungs- und Verhaltensneigungen beim Menschen vorhanden sind, er müßte auch die biologischen Neigungen und Beschränkungen bedenken, die der menschlichen Verhaltensstruktur innewohnen.

Ethologie

Was ist Ethologie? Lexika sind bei der Beantwortung dieser Frage nicht besonders hilfreich, sie teilen wenig mehr mit, als daß Ethologie die Wissenschaft von der Eigenart ist, eine Definition, die auf die Verwendung dieses Begriffs im letzten Jahrhundert zurückgeht. Sucht man nach einer modernen Definition, so muß man sich an die Ethologen selbst wenden. Bei ihnen findet man ein erstaunliches Maß an Übereinstimmung: Ethologie ist die biologische Untersuchung des Verhaltens.[34]

Ethologie ist ein Zweig der Biologie, der sich in erster Linie mit der Beobachtung von Tieren in ihrer natürlichen Umgebung befaßt. Durch die unmittelbare Beobachtung versuchen die Ethologen, Verhaltensregeln zu erkennen, die für das Überleben und den reproduktiven Erfolg der studierten Spezies wesentlich sind. Die Ethologie konzentriert sich auf vier Hauptbereiche: Grundursächlichkeit, Entwicklung, Funktion und Primärmechanismen.

Bei der Grundursächlichkeit geht es um die Auslesefaktoren, die zu den für die Art typischen Verhaltensprädispositionen geführt haben. Als Entwicklung bezeichnet man die Interaktionen zwischen Genen und Umwelt, einschließlich des Lernens. Der Bereich Funktion informiert uns darüber, wie es im Weg der natürlichen Auslese zur Bevorzugung verschiedener Verhaltensweisen kam und weshalb sich Tiere auf berechenbare Weise verhalten. Unter Primärmechanismen sind die verhaltensmäßigen, physiologischen und psychologischen Ereignisse zu verstehen, die kurzfristig Verhaltensänderungen initiieren. Das Verständnis für diese vier Bereiche, die die Hauptanliegen der Evolutionstheorie umgrenzen, erleichtert es, die Forschungsergebnisse zusammenzufügen, die in verschiedenen Sparten der Biologie entwickelt worden sind.

Für Rechtsgelehrte werden vermutlich die Studien über die Funktion am relevantesten sein. Wir sprechen von Verhaltensfunktionen und Rechtsfunktionen, aber auch von der Funktion bestimmter Gesetze oder Gesetzgebung. Der Begriff wird in Recht und Biologie allerdings unterschiedlich verwendet. Die Erforschung dieses Unterschieds kann uns zu Einsichten in zahlreiche Bereiche des Rechts führen. Für die Wichtigkeit der Grundursächlichkeit lassen sich jedoch ebenso starke Argumente anführen. Zunächst aber nochmal zurück zur Ethologie.

Der Begriff Ethologie geht auf die Schriften von *Sainte-Hilaire* (1854) und *Haeckel* (1866) zurück, die in ihren Abhandlungen sowohl über Ethologie wie auch über Ökologie sprachen, sowie auf die Werke von *Espinas* (1878)[35], in denen er die Beziehungen zwischen sozialem Verhalten und sozialer Ordnung untersucht. Natürlich war *Darwin* ein Ethologe, obwohl diese Bezeichnung selten mit seinem Namen assoziiert wird und er diesen Begriff auch selbst nie verwendet hat. Um die Jahrhundertwende verwendete *Louis Dollo*, ein belgischer Paläontologe, diesen Begriff in seinen Untersuchungen über die Adaptivität des Verhaltens bezüglich der Umwelt. Ein anderer Belgier, *Emile Waxweiler*, bedarf besonderer Erwähnung, denn er schlug 1906 vor, eine interdisziplinäre Forschung zu betreiben, durch die eine Synthese der menschlichen und nicht-menschlichen Sozialethologie geschaffen werden könnte. Den Begriff Ethologie gibt es also seit fast einem Jahrhundert, und seit *Darwin* haben die Forscher Tiere in ihrer natürlichen Umgebung studiert. Doch bis heute haben nur wenige Rechtsforscher ein Interesse an der Ethologie bekundet. Eine rühmliche Ausnahme sollte erwähnt werden: mehr als zehn Jahre lang hat eine kleine Gruppe von Politologen die Verbindungen zwischen den verhaltensmäßigen Aspekten der sozialen Organisation und deren biologischen Wurzeln erörtert. Das ist das Gebiet der Biopolitik, auf dem Theorien entwickelt wurden, die Evolutionstheorie, soziale Psychologie, Linguistik und Spieltheorie zur Politik in Beziehung setzen. Dieser Bereich hat führende Gelehrte der politischen Wissenschaften angezogen.[36]

Die moderne Ethologie wurde in den 30er Jahren unter der Ägide von *Karl v. Frisch, Konrad Lorenz* und *Niko Tinbergen* ins Leben gerufen. Für ihre Bemühungen erhielten sie 1973 den Nobelpreis. Wenngleich nicht alle Ethologen dieselben Anschauungen teilen, so stimmen sie doch darin überein, daß die Gene einen wichtigen und wesentlichen Beitrag zum Verhalten der Arten leisten und daß in kritischen Entwicklungsphasen die Interaktionen zwischen Genen und Umwelt Ausmaß und Art des genetischen Ausdrucks und so den Phänotypus beeinflussen, und daß Verhalten und individuelle Fähigkeiten sich infolge von Epigenese (eigene Entwicklungsmuster) und Lernen weiter modifizieren lassen.

Die Ethologie kann sich auf reichhaltige und vielseitige Erkenntnisse stützen, hat aber dennoch ihre Gegner. Die Anwendung der Ethologie auf den Menschen ruft immer wieder starke Überzeugungen und Gefühle auf den Plan, insbesondere von Leuten, die darauf bestehen, daß der Homo sapiens sich so sehr von allen anderen Spezies unterscheidet, daß ein Vergleich mit anderen Tieren unzutreffend oder blasphemisch wäre. Diese Ansichten finden mitunter Eingang in die Gerichtssäle, so im Scopes-Prozeß im Jahre 1925, aber auch noch heute, wo Anti-Evolutionisten gleiche Unterrichtszeiten fordern, um alternative Interpretationen hinsichtlich des Ursprungs der Menschheit lehren zu können. Die Gewichtigkeit der Erkenntnisse begünstigt jedoch eindeutig die Ethologen, und täglich werden die Daten zwingender.[37] Ethologische Entdeckungen waren die Quelle bedeutender Einsichten über menschliches Verhalten, besonders wenn die Erkenntnisse über andere Arten mit denen über den Menschen verglichen werden. Es wurden artübergreifende Ähnlichkeiten, aber auch Unterschiede beobachtet. Bei manchen Arten beschränken sich Lernprozesse auf eine bestimmte Lebensspanne des Individuums. So folgt beispielsweise die junge Graugans unmittelbar nach dem Schlüpfen der Mutter oder irgendeiner anderen Person (oder Puppe), die bestimmte Schlüsselreize auslöst, ein Prozeß, den man als Prägung bezeichnet. Bei anderen Arten, etwa bei den

Wildenten, wird ein Tier, das die Sexualreife erlangt hat und bei Geburt darauf geprägt worden ist, einer anderen Spezies zu folgen, auch seine sexuellen Reaktionen auf diese Spezies richten.[38] Bei der Erklärung solcher Beobachtungen kann man sich großenteils auf die genetischen Charakteristika der verschiedenen Arten und die Interaktion dieser Charakteristika mit zeitlich festgelegten Ereignissen im Laufe der Entwicklung stützen.

Untersucht man verschiedene Gattungen von den primitivsten Arten bis zum Homo sapiens, so stellt man fest, daß die genetische Zusammensetzung in abnehmendem Maße zu bestimmten Verhaltensweisen beiträgt. Wenn es beim Menschen überhaupt zu einer Prägung kommt, so scheint sie zumindest reversibel zu sein. Solche Erkenntnisse unterstreichen einerseits die Unterschiede der Arten, andererseits unterstreichen sie die Wichtigkeit genetischer und umweltlicher Beiträge zum Verhalten. Beim Menschen wissen wir beispielsweise, daß die Empfänglichkeit für zahlreiche physische Krankheiten (z. B. Tay-Sachs, Huntington Krankheit) ebenso wie für manche Formen von Alkoholismus, Depression oder Schizophrenie und die Persönlichkeit (z. B. antisozial, hysterisch) durch genetische Informationen beeinflußt werden.[39] Allerdings ist das nur der Anfang einer Liste von Verhaltensweisen, für die der Mensch prädisponiert ist.

Erkennt man an, daß die genetische Zusammensetzung einen wichtigen Beitrag zum Verhalten leistet, so bedeutet dies nicht, daß die Ethologie eine Art versteckten genetischen Determinismus vertreten würde. Die Ethologie betont, daß mit ebenso eindeutigen Beweisen gezeigt werden kann, daß Individuen infolge unterschiedlicher Erlebnisse und Lernerfahrungen modifizierbar sind und ihr Verhalten in Reaktion auf kulturelle Sitten und Gesetze formen. Der Verhaltensmodifikation sind jedoch auch beim Menschen Grenzen gesetzt, und so geht es bei der Human-Ethologie weitgehend darum, diese Grenzen und die Prozesse zu entdekken und zu definieren, die zu den Unterschieden und Ähnlichkeiten unter den Menschen beitragen. Aus dieser Sicht werden die Implikationen für Rechtswissenschaftler und Gesetzgeber klar: Erkenntnisse der Naturwissenschaften müssen zu einem integralen Bestandteil rechtlichen Denkens und rechtlicher Entscheidungsfindung werden. Oder anders ausgedrückt: Das Maß der Wirksamkeit eines Gesetzes wird großenteils durch das Maß bestimmt, in dem das Gesetz die Unterstützung der Öffentlichkeit erhält und das menschliche Verhalten innerhalb der Grenzen der Formbarkeit gestaltet.

So wie kaum bezweifelt werden kann, daß genetische Faktoren das menschliche Verhalten beeinflussen, läßt sich kaum anzweifeln, daß Individuen und Gruppen sich an die beständig in Veränderung begriffenen Umweltbedingungen anpassen. Wenn der Mensch auch nicht unbegrenzt formbar ist, so ist er doch Teil eines ständigen ökologischen Prozesses: Verändert sich die Umwelt, verändern sich im Rahmen der artspezifischen Beschränkungen die Verhaltensweisen von Personen und Gruppen. Solche Veränderungen können zu unterschiedlichen Ergebnissen führen, die großenteils durch die Strategien bestimmt werden, die Individuen und Gruppen anwenden. Für manche Individuen und Gruppen kann eine Veränderung fast zur Auslöschung führen (z. B. bei den Tasmanen)[40], bei anderen geschieht das Gegenteil. Bei einem solchen Adaptionsprozeß sind die Regeln und Gesetze, die die entsprechenden Gruppen aufstellen und befolgen, von zentraler Bedeutung.

Im Hinblick auf einige der vorgenannten Gesichtspunkte weisen die Ergebnisse der Forschung bei nicht-menschlichen Primaten eine Analogie zu den Ergebnissen aus Studien über Menschen auf. Solche Ähnlichkeiten implizieren, daß es von Wert sein kann, nahe verwandte Spezies zu untersuchen, um so Einsichten in das menschliche Verhalten gewinnen zu können. Ethologen haben bei nicht-menschlichen Primaten Verhaltensmuster entdeckt, die die soziale Interaktion stimulieren und die Gruppenkohärenz erhalten oder stören. Die Entwicklung solcher Muster folgt bestimmten Regeln[41] und wird teilweise durch von Hormonfunktionen gelenkte Mechanismen beeinflußt. Beim Menschen ermöglichen es solche Verhaltensmuster wie Paarbindung und ausgedehnte Kinderbetreuung, den Zeitpunkt, zu dem sich unsere hominiden Vorfahren vom gemeinsamen Primatenvorfahren abgespalten haben, zurückzudatieren. Die Muster bleiben Teil des biologischen Erbes, das wir mit anderen Primaten teilen, und beeinflussen unser Verhalten im wesentlichen im gleichen Maße.

Ähnliches gilt für das Gruppenverhalten. Eine plausible Ansicht geht davon aus, daß unsere Vorfahren zu einer bestimmten Zeit der Hominidenentwicklung die Fähigkeit entwickelten, über implizite Regeln des Gruppenlebens zu kommunizieren[42] (z. B. sollten Gruppenmitglieder nahe zusammenbleiben und einander vor Gefahren warnen). Regeln, die den Gruppenmitgliedern bekannt sind und ohne die die Gruppe nicht funktionieren könnte, die aber aus der Sicht des menschlichen Beobachters nicht klar ausgedrückt werden, bezeichnet man als implizite Verhaltensregeln, im Gegensatz zu expliziten Regeln, die für den Beobachter klar zum Ausdruck kommen. Als sich beim Homo sapiens die Fähigkeit zu sprechen, zu imaginieren und zu planen entwickelte, wurden die Regeln immer expliziter und wurden schließlich als Bräuche und Gesetze formalisiert.[43]

Neueste Entdeckungen der Molekularbiologen ergänzen die oben genannten Beobachtungen und geben weitere Hinweise auf die enge Verknüpfung der genetischen Ausstattung von Affe und Mensch. Die verwendeten Techniken konzentrieren sich hauptsächlich auf den Vergleich des genetischen Materials verschiedener Arten. So wird beispielsweise der evolutionäre Abstand von Eiweißmolekülen berechnet, oder es werden immunologische Techniken angewendet, mit deren Hilfe die Antikörperreaktionen auf Eiweiße gemessen werden. Diese Techniken erwiesen, daß Schimpansen und Gorillas dem Menschen am nächsten stehen, während die anderen nicht-menschlichen Primaten mit geringfügig größerem Abstand folgen.[44] Aus zweierlei Gründen sind solche Erkenntnisse für unsere Erörterung wichtig. Sie lenken zum einen unsere Aufmerksamkeit auf die genetischen Beiträge zum Verhalten. Affen und Menschen verhalten sich zum Teil deshalb unterschiedlich, weil sie genetisch prädisponiert sind, sich unterschiedlich zu verhalten. Beide Arten haben aber komplexe und hochentwickelte Kommunikationssysteme geschaffen. Affen sind jedoch nicht für eine komplexe verbale Sprache prädisponiert. Die Anatomie ihrer Kehlen, ein genetisch übertragenes Merkmal, macht es ihnen unmöglich, Worte zu formulieren. Sie sind aber in der Lage, mit komplexen Situationen fertigzuwerden und sich nonverbal zu verständigen, um Anweisungen zu erteilen, Orte zu bezeichnen und Beziehungen zu klären. Zum zweiten weisen diese Erkenntnisse auf die Komplexität der physiologisch-anatomischen Mechanismen hin, die dem Verhalten zugrunde liegen. Zum dritten werfen diese Erkenntnisse wichtige rechtliche Fragen auf. Beispielsweise: Kann der Gesetzgeber die Erkenntnisse über Gen- und Umweltinteraktionen so in seinen Entscheidungsprozeß miteinbinden, daß den Menschen und der Gesellschaft gedient ist, für die ein Gesetz bestimmt ist? Oder, kann das Recht für Kontinuität und adaptive Veränderungen sorgen, indem es das Verhalten der Menschen lenkt, die sich, bedingt durch die rasante technologische Entwicklung des letzten Jahrhunderts, einer ständigen Veränderung ihrer Umwelt ausgesetzt sehen?

Prädispositionen und Umwelt

In den folgenden Kapiteln werde ich davon ausgehen, daß das gesamte menschliche Verhalten durch die Kombination mehrerer Faktoren geformt wird: genetische Prädispositionen, Entwicklungsereignisse, Lernen und Umweltkontext (z. B. soziale Forderungen und Optionen). Ich werde ebenfalls davon ausgehen, daß bestimmte Funktionen (wobei in unterschiedlichen Umgebungen oft unterschiedliche Verhaltensweisen auftreten), zum Beispiel bei solchen Verhaltensweisen, die benötigt werden, um Zugang zu Ressourcen und Kontrolle über dieselben zu erlangen oder um erfolgreich zu sein bei sexuellen Beziehungen zum anderen Geschlecht, gegenüber Veränderungen und Regeln resistenter sind als bei anderen Verhaltensweisen (wie etwa beim Befolgen bestimmter Verkehrsregeln). Daraus folgt, daß Rechtsnormen wahrscheinlich dann am öftesten mißachtet werden, wenn sie ein Verhalten verlangen, das den Verhaltensweisen entgegengesetzt ist, die veränderungsresistent sind. Wenn Rechtsnormen und das von ihnen vorgeschriebene Verhalten sich andererseits an die Verhaltensweisen wenden, die weniger veränderungsresistent sind, so ist zu erwarten, daß sie in hohem Maße befolgt werden. Das menschliche Rechtsverhalten wird also durch unsere biologische Natur und die vom Gesetz gestellten Forderungen unterstützt oder behindert. Die Effektivität eines Gesetzes ist proportional zu dem Maß, in welchem die Funktion eines bestimmten Gesetzes die Funktion des Verhaltens ergänzt, das das Gesetz regeln möchte. Ein wichtiges Ziel unserer Untersuchung wird es also sein, diejenigen Verhaltensfunktionen ausfindig zu machen, die in hohem Maße veränderungsresistent sind, sowie diejenigen, die leichter auf Veränderungen reagieren.

Die Beziehung zwischen den Funktionen des Rechts und des Verhaltens ist nicht eins-zu-eins. Wir wissen beispielsweise, daß das Strafrecht im allgemeinen dazu bestimmt ist, den Schuldigen zu strafen. Daneben erfüllt es aber noch mindestens drei andere Funktionen: Abschreckung, Schutz Unschuldiger und Wiederherstellung der sozialen Ordnung durch Rehabilitierung des Straftäters. Auch Verhaltensweisen erfüllen oft mehrere Funktionen, besonders diejenigen, die für das Überleben von Bedeutung sind. Bei der Interaktion von Recht und Verhalten wird oft nur eine von mehreren Verhaltensfunktionen betont, und manchmal werden sogar bestimmte Funktionen verboten, die Teil einer Verhaltensweise sind. Beispiele hierfür finden wir bei der Gesetzgebung, die sich mit Sexualität, Reproduktion und Aggression befaßt. Einige Gesetze zielen darauf ab, die Reproduktion zu ermutigen oder zu schützen. Andere Gesetze verbieten wichtige Funktionen der Sexualität, so etwa sexuelle Verhaltensweisen, die zur Paarbindung oder zum Überleben der Familie führen (beispielsweise Gesetze gegen Geburtenkontrolle und Abtreibung). Bestimmte Gesetze sollen aggressives Verhalten eindämmen und die Mitglieder der Gesellschaft vor exzessiver Aggression, die sich in gewalttätigem Verhalten äußert, schützen. Andere Gesetze gestatten Aggression zum Schutz des eigenen Lebens oder des Lebens der Familie. Regulierte Formen der Aggression werden dort geduldet, wo es darum geht, den Lebensunterhalt zu verdienen und wirtschaftlich erfolgreich zu sein. Unregulierte Formen der Aggression werden nicht akzeptiert. In Kriegszeiten wird Aggression angeordnet, nicht dagegen in Friedenszeiten. Manche Verhaltensweisen lassen sich längere Zeit sublimieren als andere. Die multiplen Beziehungen zwischen Recht und Verhalten mögen verwirrend oder paradox erscheinen, doch sie sind es nicht. Sie sind nur die an der Oberfläche sichtbaren Manifestationen einer komplexen Infrastruktur, in welcher Biologie und Recht interagieren.

Zusammenfassung

Die Gesetze, denen der Mensch gehorcht, sind einzig und allein menschlich. Sie sind aber auch tief in der Biologie des Frühmenschen und der nicht-menschlichen Primaten verwurzelt. Die Gesetze haben zwar biologische Wurzeln, diese wurden aber durch Werte und Traditionen modifiziert. Dies gilt sowohl für die lokalen (indigenous) Gesetze traditioneller Gesellschaften als auch für die verfeinerten Gesetze technisch fortgeschrittener Nationen. Das Recht verändert sich, wenn Individuen, Gruppen oder die Umwelt sich verändern. Der Zeitpunkt und die Reihenfolge solcher Veränderungen – ob nun das Recht den Anfang macht, nachfolgt oder hinterherhinkt – haben entscheidenden Einfluß auf den Verlauf und das Resultat eben dieser Veränderungen.

Anmerkungen

1 In diesem Buch werden die Begriffe Recht, Rechtsvorschriften und rechtliche Regeln in ihrem weitesten Sinne verwendet.

2 *Gazzaniga, M. S.*, Mind matters. Boston: Houghton Mifflin, 1988. *Gazza-*

niga beschreibt Beziehung zwischen Gehirn und Geist wie folgt: „Der Geist steht in einer Art von dynamischem Gleichgewicht mit den zellularen und netzwerkartigen Aspekten des Gehirns." Siehe auch *Gazzaniga, M. S.,* The social brain. New York: Basic Books, 1985.

3 Die Größe und Struktur der frühen menschlichen Organisationen ist durch archäologische Daten (z. B. *Leakley, L.* und *V. Goodall,* Unveiling man's origins. Cambridge: Schenkmann, 1969), durch Studien über die heutigen Jäger- und Sammler-Gesellschaften (z. B. *Eibl-Eibesfeldt, I.,* Die !Ko-Buschmann-Gesellschaft. München, Piper, 1972) und durch Studien über nicht-menschliche Primaten belegt (z. B. *Kummer, H.,* Primate societies, New York: Aldine Atherton, 1971).

4 *Liebermann, P.,* The biology and evolution of language. Cambridge: Harvard University Press, 1984.

5 *Fox, R.,* Red lamp of incest. South Bend: University of Notre Dame Press, 1983.

6 *Tiger, L.,* The manufacture of evil. New York: Harper & Row, 1988.

7 *Malinowski, B.,* Crime and custom in savage society. Totowa: Littlefield, Adams, 1972 [1926].

8 Es ist natürlich hypokritisch, nur diejenigen zu beschuldigen, die von dieser Situation profitiert haben. Beim Alkoholkonsum gilt wie bei jedem illegalen Verhalten (beispielsweise Prostitution): zum Tanzen gehören zwei. *Al Capone* sagte: „Ich verdiene mein Geld damit, daß ich ein öffentliches Bedürfnis befriedige. Wenn ich das Gesetz breche, dann sind meine Kunden, zu denen Hunderte der besten Leute von Chicago zählen, genauso schuldig wie ich. Der einzige Unterschied zwischen uns ist der, daß ich verkaufe und sie kaufen." (*Kyrig, D. E.,* Hrsg., Law, alcohol and order: Perspectives on national prohibition. Westport: Greenwood, 1985). Hier einige statistische Werte, die die Wirkungen des Prohibitionsgesetzes in den Vereinigten Staaten beschreiben: Zwischen 1918 und 1922 stieg der Import alkoholischer Getränke aus Kanada auf das 6fache, aus Mexiko auf das 8fache, von den westindischen Inseln fast auf das 5fache. Der Import von den Bahamas stieg von weniger als 1000 Gallonen auf 386 000 Gallonen, von den Bermudas von weniger als 1000 Gallonen auf 40 000 Gallonen. Eine niedrige Schätzung des Importwertes der (illegal) eingeführten alkoholischen Getränke setzt für 1922 $ 20 Mio. an, für 1923 $ 30 Mio. und für 1924 $ 40 Mio. Die Todesopfer und Krankheitsfälle, die auf den Konsum giftiger hausgemachter alkoholischer Getränke zurückzuführen sind, gingen jedes Jahr in die Tausende. Der Verkauf von Trauben zur Herstellung alkoholischer Getränke verdoppelte sich zwischen

1920 und 1926. Nach einer Schätzung von 1932 stieg der Weinkonsum während der Prohibition um zwei Drittel. Offenbar war die Zahl der Leute, die Alkohol zu sich nahmen und dadurch eine kriminelle Handlung begingen, groß. Die Bemühungen zur Durchsetzung des Gesetzes konnten nicht Schritt halten, obgleich die Zahl der Inhaftierten von 32,3 pro 100 000 im Jahr 1919 auf 34,6 im Jahr 1923 und auf 41,8 im Jahr 1926 anstieg.
Das unmittelbare Ergebnis dieser Gesetzgebung war die Entstehung eines mächtigen organisierten Verbrechertums, unter der Leitung der italienischen Mafia, welches sich zuerst in Chicago etablierte. Das organisierte Verbrechen und die Verbrechersyndikate waren bis dahin von den bestehenden etablierten jüdischen und irischen Banden kontrolliert worden. Eine Unterwelt gab es bereits, aber die neu gefundene Gelegenheit, durch den Verkauf alkoholischer Getränke großen Profit zu machen, gab ihr enormen Aufschwung. Die Tätigkeit von Kredithaien nahm drastisch zu, da die enormen Gewinne aus dem Schwarzverkauf von Alkohol als Kreditkapital zur Verfügung standen. Eine andere Gewinnquelle, das organisierte Verbrechen im Bereich von Arbeit und Geschäftsunternehmen, nahm in den 20er Jahren seinen Anfang und wurde innerhalb der nächsten 10 Jahre eine Haupteinkommensquelle der Syndikate. Das organisierte Verbrechen wurde so mächtig, daß es nach der Aufhebung des Gesetzes im Jahr 1933 seine Macht weiterhin dazu verwendete, Gewinn aus dem menschlichen Verlangen nach anderen illegalen Verhaltensweisen, wie beispielsweise Prostitution oder Glücksspiel zu ziehen. Gleichzeitig wurden der Import und der Verkauf von Drogen organisiert, die für das organisierte Verbrechen in unserem Land und in vielen anderen Ländern heute die Hauptprofitquelle darstellen. Man schätzt, daß heute mehr als 90 % der Strafrechtsfälle, die in den USA verhandelt werden, in irgendeiner Form mit Drogen zusammenhängen (*Cashmann, S. D.*, Prohibition: The lie of the land. New York: Free Press, 1981).

9 *Masters, R. D.*, Nature, human nature and political thought. In R. Pennoc und J. Chapman (Hrsg.), Human nature in politics. New York: New York University Press, 1977, 69–110.

10 Die klassischen Aussagen finden sich in Buch IV von *Platos* Republik und Buch VII der Ethik von *Aristoteles.* Eine ausführliche Abhandlung findet sich bei *Strauss, L.*, Natural right and history. Chicago: University of Chicago Press, 1953.

11 *Friedrich, C. J.*, The philosophy of law in historical perspective. Chicago: University of Chicago Press, 1969.

12 Ebd.
13 *Maine, H.,* Ancient Law. London: J. Murray, 1861.
14 *Darwin, C.,* On the origin of species. New York: Atheneum, 1964 [1859].
15 *Bachofen, J. J.* (1815–1887), ein Zeitgenosse von *Charles Darwin* (1809–1882), gründete seine Vorstellungen auf eine Theorie der sozialen Entwicklung, die davon ausgeht, daß die erste Zeitspanne der menschlichen Geschichte matriarchalisch war. In seinem Hauptwerk „Mutterrecht und Urreligion" (1869) und in anderen Aufsätzen wollte er das universale Gesetz der Geschichte entdecken. Er war Jurist und Historiker für römisches Recht. Nach seiner geschichtlichen Theorie enthüllten die rechtlichen Konzepte, etwa über die Tötung von Menschen, tiefe Veränderungen in der menschlichen Wertschätzung des Lebens, Verschiebungen im Sozialgefüge, Neuinterpretationen von sozialen Klassen, wachsenden Egalitarismus, Emanzipation der Frau oder Modifikationen der Technologie. All das akzeptierte er als offensichtlich. Er wollte aber herausfinden, was für diese Veränderungen verantwortlich war. *Bachofen* folgerte, daß Rechtskonzepte eine Verbindung zu religiösen, ethischen und ästhetischen Glaubensanschauungen haben. Ironischerweise erinnert man sich nur an seine Rolle, einige Hypothesen von *Karl Marx* und *Friedrich Engels* inspiriert zu haben. *Marx* und *Engels* verwendeten einen kleinen Teil seiner Schriften, in denen er ein von ihm vermutetes Frühstadium der Gruppensexualität erörterte, um ihre Hypothesen einer frühen Gemeinschaftsordnung in der Zivilisation zu untermauern. (Myth, religion, and mother right: Selected writings of Johann Jakob Bachofen, übers. v. R. Manheim, Bollingen Series Nr. 84. Princeton: Princeton University Press, 1967.)
16 Vgl. *Hofstader, R.,* Social Darwinism in American thought. Boston: Beacon Press, 1955. Ein klassisches Beispiel findet sich bei *Sumner, W. G.,* Social Darwinism: Selected essays of W. G. Sumner, Pearsons, S. (Hrsg.), Englewood Cliffs, NJ: Prentice Hall, 1963.
17 *Elliott, E. D.,* The evolutionary tradition in jurisprudence. Columbia Law Review, 1985, 85:1.
18 *Brecht, A.,* Political theory. Princeton: Princeton University Press, 1959.
19 *Wilson, E. O.,* Sociobiology. Cambridge: Harvard University Press, 1975.
20 *Elliott,* Anm. 17. *Epstein, R.,* A taste for privacy? Evolution and the emergence of a naturalistic ethic. Journal of Legal Studies, 1980, 9:665; *Gruter, M.,* Die Bedeutung der Verhaltensforschung für die Rechtswissenschaft. In Schriftenreihe zur Rechtssoziologie und Rechtstatsachenforschung, Bd. 36, hrsg. v. E. E. Hirsch und M. Rehbinder. Berlin: Duncker &

Humblot, 1976; *Gruter, M.*, Law in sociobiological perspective. Florida State University Law Review, 1977, 5:2; *Gruter, M.* und *P. Bohannan* (Hrsg.), Law, biology and culture: The evolution of law. Santa Barbara: Ross-Erikson, 1983; *Gruter, M.* und *R. D. Masters* (Hrsg.), Ostracism: A social and biological phenomenon. New York: Elsevier Science, 1986; *Hirshleifer*, J., Privacy: Its origin, function and future. J. Legal Stud., 1980, 9:649; *Rodgers, W.*, Bringing people back: Toward a comprehensive theory of taking in natural resources law. Ecology, L. Q, 1982, 10:205.

21 *Bodenheimer, E.*, Law as bridge between is and ought. Ratio Juris, 1988, 1:2.

22 Vgl. Anm. 17.

23 *Durkheim, E.*, The division of labor in society. Glencoe: Free Press, 1933.

24 Zu *Webers* Rationalitätskonzept, vgl. *Parsons, T.*, Einführung. In Max Weber, The theory of social and economic organization. 1964; und *Rheinstein, M.*, Max Weber on law in economy and society. Cambridge: Harvard University Press, 1954.

25 *Ehrlich, M.*, Grundlegung der Soziologie des Rechts. [1913] 1975.

26 *Rehbinder, M.*, Rechtssoziologie. Berlin: Walter de Gruyter, 1989. *Podgorecki, A.*, Living Law. Law & Society Rev. 1981, 15:1.

27 *Gruter, M.*, Biologically based behavioral research and the facts of law. J. Soc. Biol. Struc., 1982, 5:315–323.

28 *Dworkin, R.*, Taking rights seriously. Cambridge: Harvard University Press, 1977. *Rawls, J.*, A theory of justice. Cambridge: The Belknap Press of Harvard University Press, 1971.

29 Für eine detaillierte Erörterung der heutigen Rechtssoziologie siehe Anm. 26. *Rehbinders* überarbeitete Ausgabe der Rechtssoziologie (1989) deutet an, daß die Entwicklung eines Rechtsethos die empirische Arbeit an einem allgemeinen Gerechtigkeitssinn und an den Einstellungen gegenüber rechtlichen Institutionen und Behörden oder dem Prestige des Rechts ergänzen muß. Er betont, wie ungenau die Voraussagen des Individualverhaltens sind.

30 *McGuire, M. T.* und *M. Raleigh,* Legal concepts in the face of research on the neurochemical substrates of social behavior, unveröffentlichtes Manuskript, 1988.

31 *Ginsburg, B.* und *F. Carter* (Hrsg.), Premenstrual syndrome. New York: Plenum, 1987.

32 *Malinowski*, siehe Anm. 7.

33 *E. A. Hoebel* bezeichnet in seinem Werk „Law of primitive man" (Cambridge: Harvard University Press, 1954) Recht als Verhalten, führt diese

Idee aber nicht aus. Natürlich stößt man an Grenzen, wenn man das Recht nur aus der Perspektive des Verhaltens betrachtet. *P. Bohannan* weist beispielsweise darauf hin, daß der Beobachter bei der Beobachtung von Verhalten das färbt, was er sieht. Das ist eine der Hauptschwierigkeiten bei der Untersuchung rechtlichen Verhaltens: unsere Gefühle und Werturteile beeinflussen unsere Interpretationen. „Das konkrete System bleibt notwendigerweise ein Mysterium. Alles was wir tun können ist, mehr über unsere sensorischen Wahrnehmungswerkzeuge und deren mechanische und sonstigen äußeren Verlängerungen sowie über unser kulturelles Gefängnis zu lernen." (*Bohannan, P.,* Ethnography and comparison in legal anthropology. In L. Nader (Hrsg.), Law in culture and society. Chicago: Aldine, 1969).

34 *Slater, P. J. B.,* An introduction to ethology. Cambridge: Cambridge University Press, 1985.

35 *Espinas, A.,* Über die tierischen Societäten. Paris: Bailliere, 1878; siehe *Wickler, W.,* The sexual code. Garden City: Doubleday, 1972.

36 Siehe beispielsweise *Masters, R. D.,* The nature of politics. New Haven: Yale University Press, 1989. Den Ausdruck Rechtsethologie (Rechtsverhaltensforschung, ethology of law) hat, in bewußter Parallele zu Rechtsanthropologie, Rechtssoziologie usw., *Wolfgang Fikentscher* vorgeschlagen.

37 *Tinbergen, N.,* Ethologie. In G. Roth (Hrsg.), Kritik der Verhaltensforschung: Konrad Lorenz und seine Schule. München: C. H. Beck, 1974.

38 *Lorenz, K.,* Evolution and modification of behavior. Chicago: University of Chicago Press, 1965; *Lorenz, K.,* King Solomon's ring. New York: Y. Crowell, 1952.

39 *Plomin, R.,* The role of inheritance in behavior. Science, 1990, 248:117–122.

40 Encyclopaedia Britannica, 15. Ausg. unter „Tasmanen".

41 *Smuts, B. B.* et al. (Hrsg.), Primate societies. Chicago: University of Chicago Press, 1987.

42 *Lewis, D. B.* und *D. M. Grower,* Biology of communication. New York: Jon Wiley, 1980.

43 *Else, J. G.* und *P. C. Lee* (Hrsg.), Primate ontogeny, cognition and social behavior. Cambridge: Cambridge University Press, 1986.

44 *Edey, M.,* The missing link: The emergence of man. New York: Time-Life Books, 1972.

2. Ausgewählte Theorien und rechtlich relevante biologische Erkenntnisse

Vergleicht man das Verhalten des Homo sapiens mit dem anderer Arten, so müssen zwei Punkte klargestellt werden: Die Evolution der Hominiden erstreckte sich über einen Zeitraum von mehreren Millionen Jahren, und auch die frühesten, vor der Entwicklung der Schrift entstandenen menschlichen Gesellschaften waren im Vergleich zu unseren nächsten phylogenetischen Verwandten, den nicht-menschlichen Primaten, bereits relativ hoch entwickelt. Dennoch teilen wir viele Merkmale mit nichtmenschlichen Primaten, und die Untersuchungen über deren Verhalten und Physiologie können uns wichtige Erkenntnisse über menschliches Verhalten liefern.

Biologische Betrachtungsweise des Verhaltens

Vielleicht sollte man zu Beginn der Erörterungen über rechtlich relevante biologische Erkenntnisse zunächst auf die Bedeutung und Verwendung des Begriffes „Biologie" und die biologische Einstellung gegenüber dem Verhalten eingehen. Im Rahmen der biologischen Disziplin wird der Begriff „Biologie" fast ausschließlich zur Bezeichnung der Wissenschaft oder Disziplin bezeichnet, die sich mit dem Studium des Lebens befaßt. Außerhalb der Biologie (z. B. in der Medizin und Philosophie) bezieht sich der Begriff typischerweise auf Physiologie oder Genetik.[1] Ich möchte den Terminus so verwenden, wie die Biologen es tun, und damit das Studium des Lebens und der Lebenskräfte bezeichnen, zu deren Erscheinungsformen auch Physiologie und Genetik zählen. Was die biologische Betrachtungsweise des Verhaltens anbelangt, so stimmen Biologen im allgemeinen darin überein, daß die Evolution einer Spezies durch die natürliche Auslese von Verhaltensweisen charakterisiert wird, die mit differenzierten Überlebensmöglichkeiten und reproduktivem Erfolg verknüpft sind. Verhaltensweisen, die nicht mit hohen Überlebensraten oder großem, reproduktivem Erfolg assoziiert sind, werden zu Abfallprodukten der Evolution und treten in späteren Generationen im Schnitt seltener auf. Grundsätzlich gibt es zwei Wege, auf denen erfolgreiche Verhaltensweisen von Generation zu Generation weitergegeben werden können. Ein Weg führt über die genetische Information. Tiere werden mit der Prädisposition geboren, sich auf bestimmte Art und Weise zu verhalten. Ein Beispiel hierfür wäre, daß ein jeder die Hand zurückzieht, wenn er etwas Heißes anfaßt. Man muß niemandem beibringen, sich so zu verhalten. Ein zweiter Weg führt über Erfahrung und Lernen. Das Lernen ereignet sich jedoch auch beim Homo sapiens nicht in einem Vakuum, wenngleich der Mensch über ein flexibleres Lernsystem verfügt als andere Spezies. Auch die Fähigkeit zu lernen entstand durch Selektion. Im allgemeinen kann man sagen, daß die meisten Menschen einige Aufgaben leichter erlernen als andere, weil sie dank ihrer genetischen Zusammensetzung für ein solches Lernen ausgerüstet sind. Beinahe alle normal entwickelten Menschen lernen, aufrecht zu gehen und Hindernissen auf ihrem Weg auszuweichen, sie erlernen das Sprechen und das Zählen. Die Verhaltensweisen, die erlernt und praktiziert werden können, unterliegen aber bestimmten Beschränkungen. So ist das Klavierspielen beispielsweise keine Verhaltensweise, die durch Selektion entstand. Es ist daher schwierig, das Klavierspiel zu erlernen, und nur sehr wenige Menschen bringen es darin zur Meisterschaft. Die meisten Menschen können wahrscheinlich auch einige Vogellaute nicht erlernen, so sehr sie sich auch bemühen mögen, und ganz sicher sind wir Menschen nicht zum Fliegen gebaut. Begrenzungen, die uns von bestimmten Verhaltensweisen abhalten, sind ebenso ein Ergebnis der Evolution wie die Prädispositionen, uns in bestimmter Weise zu verhalten. Das Konzept der Beschränkungen muß also in unsere Untersuchung aufgenommen werden; eine Untersuchung, die erweisen wird, daß eine Hauptfunktion des vom Menschen geschaffenen Rechts darin besteht, vorhandene Beschränkungen zu verstärken.

Einige biologische Untersuchungen befassen sich ganz gezielt mit Phänomenen wie Neurotransmittern, Rezeptoren und Ionenkanälen. Dabei handelt es sich um verschiedene Unterbereiche der Nervenfunktionen, die für die Steuerung artspezifischer Verhaltensweisen verantwortlich sind, etwa die Entwicklung affektiver Bindungen und wetteifernden Verhaltens. Sofern keine Extrembedingungen vorliegen (z. B. soziale Isolation oder vielfacher Familienwechsel während der frühen Kindheit), tragen die prädisponierten Verhaltensweisen in signifikanter Weise zum Phänotypus des Erwachsenen bei; ein Gesichtspunkt, der durch die Ähnlichkeiten menschlichen Verhaltens in verschiedenen Kulturen unterstrichen wird.[2]

Vergleiche von tierischem und menschlichem Verhalten

Bei der Extrapolation von nicht-menschlichem zu menschlichem Verhalten halten sich die Biologen an bestimmte Richtlinien. Zum einen arbeiten sie mit Analogien und Homologien. Analogien bezeichnen artübergreifende funktionale Ähnlichkeiten. So findet man Mutter-Kind-Bindungen beispielsweise bei nichtmenschlichen Primaten, bei Fleischfressern, Walen, Vögeln und Menschen. Bei jeder dieser Arten dient dieses Verhalten im wesentlichen dem gleichen Zweck, es gewährt dem Kind Nahrung und Schutz. Homologien bezeichnen artübergreifende Ähnlichkeiten in bezug auf die Evolutionsgeschichte, wobei es eine funktionelle Ähnlichkeit geben kann, aber nicht muß. Die Flügel der Vögel und die Arme des Menschen sind homolog, erfüllen aber unterschiedliche Funktionen. Analogiebeziehungen sind für die Forscher deshalb von unmittelbarem Interesse, weil sie Hinweise darüber liefern, wie sich verschiedene Spezies bei der Lösung kritischer Lebensprobleme entwickelt haben.

Eine zweite Richtlinie betrifft den Unterschied zwischen der ultimativen und der primären Erklärung von Verhalten. Die ultimative Erklärung erläutert, warum bestimmte Verhaltensweisen selektiert wurden (also im Laufe der Evolution anderen Verhaltensweisen vorgezogen wurden). Die primäre Erklärung befaßt sich mit Einzelheiten des aktuellen Verhaltens, beispielsweise mit den Veränderungen der Neurotransmitter beim Erschrecken vor einer Schlange. Primärmechanismen können zwar ultimative Ursachen haben, die Forschung konzentriert sich aber gewöhnlich auf deren kurzzeitige Wirkung, nicht auf die Evolutionsgeschichte. Wir werden uns sowohl mit ultimativen, wie auch mit primären Erklärungen befassen. Das Recht unterstellt oftmals ultimative Erklärungen und konzentriert sich dann auf primäre Erklärungen. Ultimative Erklärungen können das Recht jedoch in vielen wichtigen Bereichen mit Informationen bereichern.

Die dritte Richtlinie betrifft die Interpretation von Daten, die bei anderen Primatenarten gewonnen wurden. Dabei geht es besonders um zwei Punkte: die Häufigkeit und die Umstände der Beobachtung. In einigen Fällen konnten tierische Verhaltensweisen nur gelegentlich beobachtet werden. Die unzureichenden Daten wurden aber einer Extrapolation auf den Menschen zugrundegelegt. Das ist eine fragwürdige Praxis. Noch fragwürdiger erscheinen Generalisierungen, die nur auf den Beobachtungen bei gefangenen Tieren beruhen. Die Haltung in Käfigen (von außen auferlegte Einschränkungen des Verhaltens) führt zu Verhaltensänderungen, die in einer natürlichen Umgebung nicht anzutreffen sind. Auf diese Weise kommt es oftmals zu Fehlinterpretationen des Verhaltens. (Den Wissenschaftlern ist diese Thematik bekannt, und bei vielen Tierstudien wird dieses Phänomen zu einem Haupthilfsmittel der Forschung, etwa dann, wenn man die veränderten Hormonkonzentrationen im Blut als Reaktion auf das Einsperren untersucht.) Eine solche Fehlinterpretation führt offensichtlich dazu, daß artübergreifende Vergleiche (vergleichende Studien tierischen Verhaltens) Verwirrung stiften können, unabhängig davon, ob der Autor nun diesem Wissensgebiet positiv oder negativ gegenübersteht.

Die vierte Richtlinie besteht in der Aufforderung, skeptisch zu sein. Biologen stützen ihre Theorien gerne auf Untersuchungsergebnisse, besonders dann, wenn sie zwei oder mehrere Arten vergleichen. Im allgemeinen versuchen sie Generalisierungen und Schlußfolgerungen zu vermeiden, die sich nicht durch Daten untermauern lassen. Solche Vorsichtsmaßnahmen sollen eine Fehlinterpretation von Ergebnissen und eine unkritische Annahme wissenschaftlicher Theorien minimieren helfen. Das Beispiel des Sozial-Darwinismus, in dem sich die Fehldeutung von *Darwins* Theorien mit der unkritischen Übernahme der verfügbaren naturalistischen Informationen über den Menschen verband, erhellt diesen Punkt. Eine Extrapolation dieses Aspekts bedeutet eine Simplifizierung von Wissenschaft: Fehlinterpretationen biologischer Forschung können dann zustande kommen und in ein rechtliches Rahmenwerk Eingang finden, wenn Einzelhypothesen entwickelt werden, die einer genaueren Untersuchung bedürfen, bevor sie akzeptiert werden. Im Gegensatz dazu stehen Gruppen von Hypothesen, bei denen vielfache Arbeiten auf verschiedenen Gebieten der Biologie zu einem Konsensus geführt haben (siehe *Alexanders* Kommentar zu Beckstrom[3]).

Kinselektion, Inklusive Fitneß, Nepotismus

Vor dem Hintergrund der genannten Gesichtspunkte können wir uns nun ausgewählten Beispielen artübergreifender Ähnlichkeiten der Anatomie, der Physiologie, des Verhaltens und auch der kognitiven Funktion in einigen Fällen zuwenden. Wie lassen sich Erkenntnisse über tierische Verhaltensweisen auf das Recht anwenden? Die Studien und Theorien über Altruismus mögen hierfür als Beispiel dienen. Während der späten 20er Jahre wurden auf der Grundlage dieses Konzepts einige Theorien entwickelt. Tiere können ein Verhalten an den Tag legen, das altruistisch zu sein scheint. *Lorenz* bezeichnet solches Verhalten als „moralanaloges Verhalten bei sozialen Tieren".[4] Bei seiner Erörterung des verwandtschaftlichen Altruismus erklärte *Wickler:* „Hilft man den eigenen Verwandten, so kann man das Überleben des eigenen genetischen Materials sicherstellen."[5] Indem es den eigenen reproduktiven Erfolg oder den reproduktiven Erfolg von Verwandten anstrebt, versucht das Individuum sicherzustellen, daß das Genmaterial, das es in sich trägt, in nachfolgenden Generationen weiterlebt. Die nachstehend erörterten Erklärungen wurden entwickelt, um (absichtliches oder unabsichtliches) Verhalten zu erklären, das beim ersten Durchlesen mit der Vorstellung unvereinbar erscheint, daß der einzelne hauptsächlich aus Eigeninteresse handelt. Altruisten oder Personen, die Ressourcen und Energien opfern und in andere investieren (anderen helfen), scheinen hinsichtlich ihrer genetischen Replikation benachteiligt zu sein. Daraus wäre zu folgern, daß die Gene, die eine Person zu altruistischem Verhalten prädisponieren, bei der Auslese ausgeschieden und so allmählich zum Verschwinden gebracht werden sollten. Die Biologen konnten sich deshalb das Vorhandensein altruistischen Verhaltens bei Menschen und anderen Arten nicht erklären. Die beiden bekanntesten Biologen, die dieses Dilemma gelöst und den Altruismus in biologischen Begriffen erklärt haben, sind *Hamilton*[6] und *Trivers*[7], von denen die Theorie der Kinselektion und die Theorie des reziproken Altruismus stammen. Ich werde diese beiden Theorien nacheinander darstellen.

Die Theorie der Kinselektion gründet sich auf unser Wissen darüber, daß der Anteil genetischen Materials, das verschiedene Individuen miteinander teilen, vom Grad ihrer Verwandtschaft abhängt. *Hamilton* erklärte den Altruismus unter Verwandten mit Hilfe dieser Vorstellung: Die einseitige Investition in Verwandtschaft müßte in dem Maße steigen, in dem der Verwandtschaftsgrad zwischen Investierendem und Empfangendem steigt; das Endergebnis einer solchen Investition ist dann eine erhöhte Wahrscheinlichkeit genetischer Replikation in der nächsten Generation. Oder anders ausgedrückt, die Theorie der Verwandtschaftsselektion erklärt, warum ich in nahe Verwandte investiere (z. B. Kinder, Geschwister, Nichten), die sich voraussichtlich reproduzieren werden, und warum ich dies oftmals tue, ohne eine Gegenleistung zu erwarten. Ich investiere in künftige Replikate meiner selbst.

Zu einer vorzugsweisen Investition in Verwandte wird es dann kommen, wenn der Fitneßverlust des Gebenden potentiell durch den Zuwachs seiner inklusiven Fitneß mehr als wettgemacht werden kann (ein Maßstab für die genetische Replikation des Gebenden in künftigen Generationen). Solche Verhaltensweisen können gleichzeitig egoistisch und altruistisch sein. Die Investition in die Verwandtschaft ist beispielsweise insofern altruistisch, als sie Kosten für den Investierenden mit sich bringt, sie ist aber egoistisch, weil sie eine Investition in die Gene des Investors darstellt. Aus evolutionärer Sicht erklärt diese Theorie die Selektion von Genen, die zu einem Verhalten führen, welche die Fitneß (das Überleben und das reproduktive Potential) genetischer Verwandter erhöht, auch wenn der Investierende dafür einen gewissen Preis zu zahlen hat. Bei einer Vielzahl von Arten, besonders bei nicht-menschlichen Primaten und bei vielen Säugetieren, konnten Beweise gefunden werden, die die aufgrund dieser Theorie getroffenen Voraussagen bestätigen. Bei den nichtmenschlichen Primaten beschützen die Eltern beispielsweise ihre eigenen Nachkommen und die Nachkommen ihrer Geschwister in stärkerem Maße als den Nachwuchs nicht verwandter Tiere, die in der gleichen Gruppe leben. Beim Menschen ist das Phänomen der Begünstigung und der Investition in Verwandte wohl bekannt – wir nennen es Nepotismus oder, um einen anschaulichen umgangssprachlichen Begriff zu wählen, Vetterles-Wirtschaft.

Die vorzugsweise Behandlung von Familienmitgliedern sowie das Vorhandensein bestimmter Regeln, die sich mit der Weitergabe an Verwandte befassen, sind universal. Im allgemeinen erkennt das Recht diese besondere Beziehung an. Darüber hinaus gelten Familienbande als wesentliche Faktoren für die Aufrechterhaltung der Gruppenordnung und der sozialen Ordnung. Ein Verständnis dieser Punkte vermag unsere Toleranz gegenüber einer vorzugsweisen Investition in Verwandte zu erklären. Fast überall erkennt das Recht dieses Verhalten in Bereichen an, die sich mit Erbe und Vorzugsrechten befassen. In den meisten sozialen Gruppen begünstigen die Erbgesetze Abkömmlinge des Verstorbenen, wobei gewisse Vorkehrungen getroffen werden, die dem überlebenden Ehegatten, sofern ein solcher vorhanden ist, einen bestimmten Anteil am Vermögen zuweisen. Die Verwandtschaftstafel, die sich durch einen gemeinsamen Vorfahr ergibt (vgl. Abb. 2.1, S. 51), dient den kalifornischen Gerichten als Richtlinie bei der Zuweisung von Vermögenswerten, wenn jemand ohne gültiges Testament stirbt (vom Gesetz als nichttestamentarische

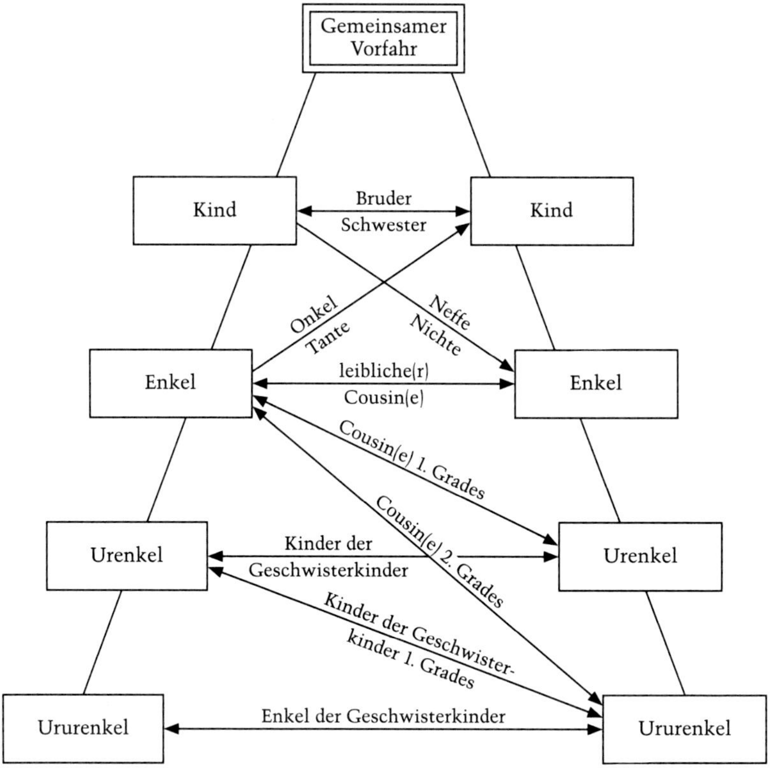

Abb. 2.1 Beziehungstafel bei einem gemeinsamen Vorfahr

Quelle: California Continuing Education of the Bar's 1960 book, California Estate Administration. © 1960, 1990 The Regents of the University of California.

Erbfolge bezeichnet). In anderen Staaten dient die Tafel der Blutsverwandtschaft (vgl. Abb. 2.2, S. 53) als grundsätzliche Basis für Gesetze, die sich mit nichttestamentarischer Erbfolge befassen.

In den Vereinigten Staaten unterscheiden sich diese Gesetze von Staat zu Staat nur geringfügig und meist nur bezüglich des Anteils für den überlebenden Ehegatten. Nach beiden Tafeln läßt sich die Zuweisung des Rechts der Erbfolge relativ eindeutig nach dem Grad genetischer Vererbung errechnen. Gibt es keine überlebenden Kinder oder Kindeskinder, so erben die Geschwister oder deren Nachkommen. Die Tafeln sind im Hinblick auf eine Verwandtschaftsselektion dann ungeeignet, wenn außereheliche Kinder vorhanden sind. Deren Rechte sind nur selten geschützt worden. Die Entwicklung gesetzlicher Adoptionsvorschriften öffnete noch weitere Möglichkeiten für Familienbeziehungen. In solchen Fällen werden viele Rechte der genetischen Verwandten auf Nicht-Verwandte übertragen.[8]

Es geht hier nicht darum, daß die Gesetze über testamentarische und nichttestamentarische Erbfolge das Wissen ihrer Gestalter über genetische Verwandtschaft und Übertragung widerspiegeln. Es geht vielmehr darum, daß die gesetzlichen Vorschriften in einem heterogenen Land wie den Vereinigten Staaten, wo 50 verschiedene unabhängige Staaten die Erbfolge gesetzlich regeln, einander auffallend ähneln und damit aufgezeigt wird, in wie großem Maße emotionale Gefühle und rationale Entscheidungen den Voraussagen aufgrund der Theorie von der Verwandtschaftsselektion im Bereich von Vermögens- und Erbrecht folgen.[9] Auf der Grundlage von Verwandtschaft gewährt die Gesetzgebung häufig Sonderrechte oder erlegt Sonderpflichten auf. Das westliche Recht ist voll von Gesetzen, die die Übertragung des Nachlasses auf Abkömmlinge erleichtern. Die Methoden, derer man sich dabei bedient, sehen oft auch günstigere Steuerraten vor, wodurch den Abkömmlingen ein größerer Anteil verbleibt. So hängt beispielsweise in Deutschland die Höhe der auf den Nachlaß erhobenen Erbschaftsteuer von der Beziehung der Erben zum Erblasser ab. Unmittelbare Abkömmlinge zahlen niedrigere Steuern als entferntere Verwandte oder Fremde. In den Vereinigten

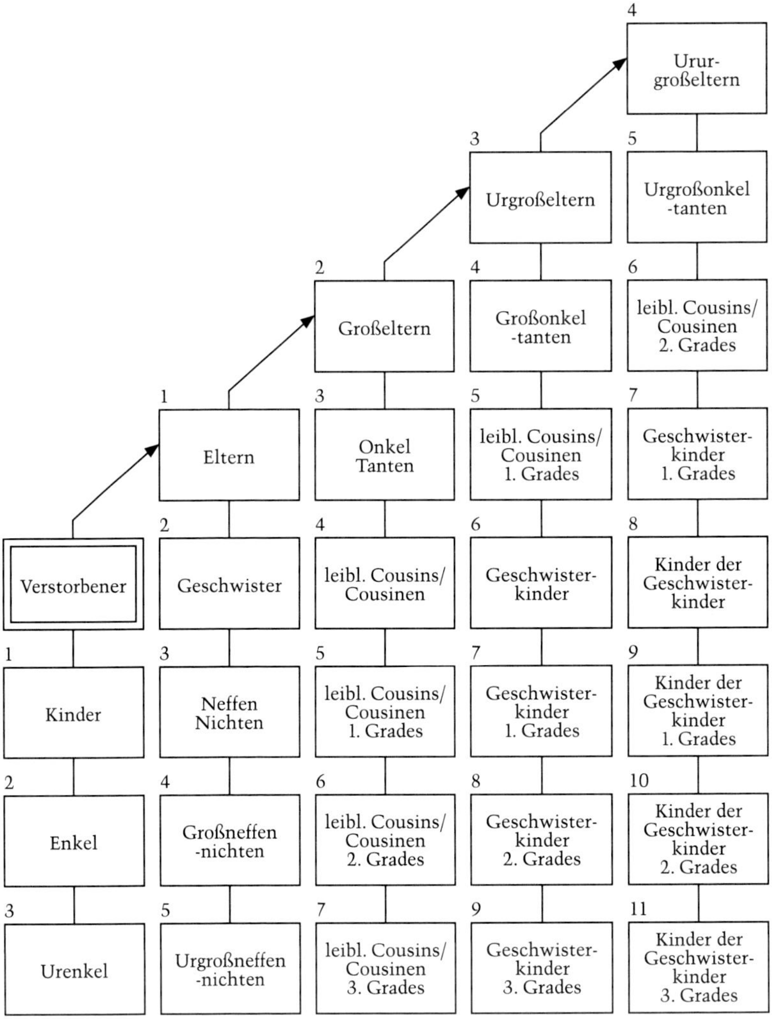

Abb. 2.2 Tafel der Blutsverwandten (nach Verwandtschaftsgraden)

Quelle: California Continuing Education of the Bar's 1960 book, California Estate Administration. © 1960, 1990 The Regents of the University of California.
Hinweis: Die Zahlen bezeichnen den Verwandschaftsgrad

Staaten hat die Anwendung des Instituts der Treuhandvermögen, das dem Ziel dient, die Nachlaßsteuern zu senken, allgemeine öffentliche Anerkennung gefunden. Im westlichen Erbrecht erging es den Ehegatten allerdings nicht immer so gut wie den Abkömmlingen. Die neuesten legislativen Tendenzen in den Vereinigten Staaten betonen das Gemeinschaftseigentum und sind deshalb hinsichtlich dieses Gesichtspunkts von besonderem Interesse. Die neuen Gesetze verbessern das Erbrecht des Ehegatten.[10] Diese Änderungen lassen sich aufgrund der Theorie von Verwandtschaftsselektion dann voraussagen, wenn der Verstorbene minderjährige Kinder hinterläßt: In diesem Fall kommt die Unterstützung des für die Erziehung der Kinder verantwortlichen Ehegatten den Verwandten des Ehegatten des Verstorbenen zugute – also dessen Kindern.[11]

Auf Verwandtschaft beruhende Vorzugsrechte beschränken sich nicht auf das Erbe und die Erbfolgegesetze. Sie beeinflussen die Legislative auch in Bereichen wie Mutterschaftsurlaub, Beschäftigung von mehr als einem Familienmitglied in einer Institution und Anstellungsbeschränkungen für Kinder. Viele Gesetze werden aufgrund der Vermutung erlassen, daß Verwandten vorzugsweise gegeben wird, so wie etwa Mütter ihre Kinder ernähren. Gesetze, die auf dieser Annahme beruhen, sehen meist Strafen vor, wenn das angenommene Verhalten nicht eintritt (wenn jemand beispielsweise sein Kind nicht ernährt). Besonders interessant ist es festzustellen, bis zu welchem Grad Gesetze erlassen werden können, die zu der Tendenz, in Verwandtschaft zu investieren, in Widerspruch stehen. Nepotismus ist ein Bestandteil vieler anerkannter sozialer Gepflogenheiten. Wir ziehen unsere Kinder groß, zahlen für ihren College-Besuch, hüten unsere Enkelkinder, und so weiter.

Verwandten zu helfen, eigene Nachkommen oder Verwandte einzustellen oder sie sozial zu begünstigen, sind allgemein anerkannte Praktiken. In größeren Gruppen oder Arbeitssituationen führt Nepotismus häufig zu einer Form von Favorisierung, die nicht verwandte Angestellte benachteiligt, weshalb man oft auf Gesetze oder Verordnungsbestimmungen trifft, die die Zusammenarbeit von Verwandten beschränken.[12] In anderen Bereichen werden auf der Grundlage von Verwandtschaft andere gesetzliche Unterscheidungen getroffen. Aufgrund der Theorie über die Kinselektion würde man erwarten, daß „vertrauliche" Informationen über Geschäftsangelegenheiten selektiv unter Verwandten weitergegeben werden. Mit Hilfe dieser Theorie kann man sogar voraussagen, wie äußerst zweifelhaft es sein dürfte, dies auch durch noch so strenge Gesetze unterbinden zu wollen.

Reziproker Altruismus

Wenden wir uns jetzt dem Altruismus unter Nicht-Verwandten zu, einem Verhalten, das sich durch die Theorie des reziproken Altruismus erklären läßt. Diese Theorie vermag aufzudecken, warum Nicht-Verwandte sich auf ein gegenseitig helfendes Verhalten einlassen, und geht dabei von folgender Vorstellung aus: A investiert (er hilft oder unterstützt) B, weil B irgendwann in der Zukunft A's Hilfe erwidern wird. Aus der Sicht von A würde die ideale Strategie darin bestehen, die Kosten für die B gewährte Hilfe niedriger zu halten als den Gewinn, den A aus B's erwiderter Hilfeleistung ziehen kann. Auf diese Weise würde A von B gewinnen. Die Theorie erklärt also altruistisches Verhalten (A investiert in B) und gleichzeitig auch egoistisches Verhalten (A hilft B, damit B im Gegenzug A helfen wird). Die Theorie vermag auch zu erklären, warum ein solches Verhalten durch Selektion begünstigt wurde: In dem Maße, wie der Nutzen, der aus der Hilfeleistung gezogen werden kann, den Kosten des Helfens gleichkommt oder sie übersteigt und dieser Nutzen zu einem erhöhten reproduktiven Erfolg beiträgt, mußte Hilfsverhalten selektiert werden.

Solche reziproken Beziehungen konnten bei Fledermäusen, Fleischfressern, einigen Säugetieren, Vögeln und Menschen nachgewiesen werden.[13] Diese Tatsache läßt vermuten, daß solche Beziehungen eine lange phylogenetische Geschichte aufweisen und der Mensch für ein solches Verhalten vermutlich in hohem Maße prädisponiert ist.

Aus der Theorie des reziproken Altruismus können vielfältige Schlußfolgerungen für das Recht gezogen werden. Sie reichen von der Notwendigkeit, die Neigung zu reziprokem Verhalten zu beschränken (Antitrust-Gesetzgebung), über die Beschränkung des Informationsflusses auf dem Aktienmarkt bis hin zur Praxis versiegelter Gebote für Geschäftsverträge. Die Stärke reziproker Beziehungen hat auch wichtige Auswirkungen auf andere Bereiche der Gesetzgebung und Vollstreckung, obwohl hier ein Paradoxon zu beobachten ist. Einerseits ist es anerkannt, daß die soziale Ordnung und die Vorhersehbarkeit von Verhalten, wie zum Beispiel die Tendenz der meisten Autofahrer, an Stoplichtern anzuhalten, oder die implizite Tendenz bei jüngeren Leuten, älteren Nachbarn zu helfen, die in Schwierigkeiten geraten sind, in hohem Maße auf der Annahme basiert, daß der Mensch tendenziell bereit ist, sich auf helfendes oder reziprokes Verhalten einzulassen. Andrerseits ist damit zu rechnen, daß Gesetze, die die Reziprozität einschränken (etwa Gesetze, die den Austausch privilegierter Informationen beschränken), voraussichtlich in hohem Maße übertreten werden, ganz unabhängig davon, wie stark der mit dem Gesetz verbundene Zwang ist. (Das Leben scheint oft voller Fallen zu stecken: Der Gesetzgeber, der Gesetze zur Beschränkung mißbräuchlicher Anwendung reziproken Verhaltens schafft, muß sich oft auf reziprokes Verhalten mit anderen Gesetzgebern einlassen, um das Gesetz überhaupt verabschieden zu können.)

Relevante Gruppenregeln

Sowohl die Theorie der Verwandtschaftsselektion als auch die Theorie des reziproken Altruismus können uns Informationen liefern, die uns helfen, Gruppenverhalten zu verstehen. Familienbande und Verwandtschaft sind für die Aufrechterhaltung der Gruppenordnung von wesentlicher Bedeutung. Außerdem wird die Ordnung durch hierarchische Beziehungen innerhalb der Gruppe gewahrt. Ein erwachsenes Familienoberhaupt übernimmt nicht nur eine Vielzahl von Rollen (z. B. Mutter, Versorger, Gefährte), sondern weist auch anderen Familienmitgliedern je nach deren Alter, Geschlecht oder Fähigkeiten bestimmte Rollen zu. Als Folge einer solchen Rollenzuweisung innerhalb von Verwandtschaftsgruppen kommt es zu einer Umlenkung bestimmter Motivationen vom einzelnen auf die Gruppe, vom reinen Egoismus zu einem Egoismus gepaart mit altruistischem Handeln, etwa wenn Familienmitglieder sich um kranke Verwandte kümmern. Bei nicht verwandten Gruppen liefert die Theorie des reziproken Altruismus eine ähnliche Erklärung für kooperatives Verhalten.

Vom Investieren in andere bis zur Entwicklung wechselseitig abhängiger Gruppen, die aus verwandten und nicht verwandten Einzelpersonen zusammengesetzt sind, und der Notwendigkeit, gruppenrelevante Regeln zu schaffen, ist es nur ein kleiner Schritt. Dies gilt besonders dann, wenn die Gruppen größer werden und damit das Maß an wechselseitiger Abhängigkeit unter den Gruppenmitgliedern wächst. Altruistische Züge, die Erkenntnis, daß man sich oft auf Nicht-Verwandte verlassen muß, und die Affinität, sich einen Platz in einer strukturierten Gruppe zu suchen, alle diese Faktoren haben vermutlich wichtige Beiträge zur Evolution und zur Ausbildung regelschaffenden und regelbefolgenden Verhaltens geleistet.

Durch die Evolution regelschaffender Fähigkeiten und den Umstand, daß das Schaffen von Regeln erwünscht war, wurde es einigen unserer Vorfahren wahrscheinlich möglich, von ihrer Existenzform als Jäger und Sammler zu einem auf Ackerbau gegründeten Lebensstil überzugehen (vor ca. 10 000 Jahren).[14] Eine weitere Umstellung erfolgte im Zusammenhang mit der industriellen Revolution. Die Gruppen wurden allmählich so groß, und es waren so viele Mitglieder nicht miteinander verwandt, daß die Verwandtschaftsbeziehungen alleine nicht mehr zur Steuerung der Interaktionen ausreichten. Kooperation und Altruismus stellten in den städtischen Gebieten und in komplexen Staatsnationen die einzigen Alternativen dar, die mit dem Überleben vereinbar waren.

Mit Hilfe der Theorie der Verwandtschaftsselektion und der Theorie des reziproken Altruismus lassen sich allgemeine Prädispositionen erklären. Detailliertere biologische Informationen sind auch von potentiellem Interesse für das Recht. Das folgende Beispiel, welches diesen Punkt veranschaulicht, befaßt sich mit der Funktion des Neurotransmitters Serotonin. Neurotransmitter sind chemische Substanzen, die für den Informationsaustausch zwischen Neuronen und Gehirn verantwortlich sind. Seit mehr als zwei Jahren weiß man, daß eine verminderte Serotonintätigkeit im Gehirn bei bestimmten Personen zu impulsivem und aggressivem Verhalten führen kann. Die Beziehung zwischen Serotonintätigkeit und aggressivem Verhalten bei nicht-menschlichen Primaten ist seit den 70er Jahren bekannt.[15] 1988 berichteten *Roy* und *Linnoila*[16] über eine Gruppe vorbestrafter Männer, die wegen Brandstiftung und impulsivem, aggressivem Verhalten straffällig geworden waren. Achtzig Prozent (80 %) der Probanden, die eine geringe Serotonintätigkeit aufwiesen, begingen innerhalb der folgenden 3 Jahre eine Straftat gleicher Art. Man hat herausgefunden, daß zwischen einer verminderten Serotonintätigkeit und früh einsetzendem Alkoholismus – eine Störung, die vom spät einsetzenden Alkoholismus zu unterscheiden ist – eine Verbindung besteht und bei diesem mit einer erhöhten Wahrscheinlichkeit von Impulsivität und Aggression zu rechnen ist.[17]

Die Beziehung zwischen Serotonin und gewalttätigem Verhalten wirft eine Reihe interessanter rechtlicher Fragen auf. Sollte man beispielsweise gesetzlich zwingend vorschreiben, daß bei Personen, die in der Vergangenheit gewalttätig oder impulsives Verhalten gezeigt haben, die Serotonintätigkeit untersucht wird? Sollte eine Behandlung gefordert werden, wenn sich herausstellt, daß die Serotonintätigkeit gering ist? Sollte man Menschen mit geringer Serotonintätigkeit in erster Linie rechtlich beurteilen, oder sollten medizinische Erwägungen in die Beurteilung einbezogen werden?

Zusammenfassung

In diesem Kapitel habe ich die Verwendung des Begriffes Biologie sowie einige biologische Konzepte und Argumentationen erörtert und zwei wichtige biologische Theorien – die Theorie der Kinselektion und die Theorie des reziproken Altruismus – besprochen, die eindeutig Auswirkungen auf das Recht haben. Diese Theorien bereiten den Boden für eine genauere Untersuchung rechtlichen Verhaltens in Gruppen, angefangen von den für Familien relevanten Erkenntnissen bis hin zum Verhalten in großen Gruppen. Außerdem habe ich über spezifische biologische Befunde gesprochen, die eine Beziehung zwischen physiologischen Merkmalen und gewalttätigem Verhalten herstellen. Damit wollte ich aufzeigen, daß detaillierte biologische Informationen spezifische Fragen über Verhaltensweisen aufwerfen können, mit denen das Recht sich befassen muß.

Anmerkungen

1 *Alexander, R.,* Biology and law. In: Gruter, M. and Masters, R. D. (Hrsg.), Ostracism: A social and biological phenomenon. New York: Elsevier Science, 1986.
2 *Eibl-Eibesfeldt, I.,* Die Biologie des menschlichen Verhaltens. München: Piper, 1984.
3 *Alexander,* vgl. oben Anm. 1.
4 *Lorenz,* vgl. Anm. 38, Kapitel 1.
5 *Wickler,* vgl. Anm. 35, Kapitel 1.
6 *Hamilton, W. D.,* The genetical evolution of social behavior. J. Theor. Biol. 1964, 7:1–16.
7 *Trivers, R.,* The evolution of reciprocal altruism. Quarterly Review of Biology, 1971, 46.
8 Wie historische Berichte zeigen, wurde die Adoption in frühen westlichen

Kulturen ursprünglich als legales Substitut für Verwandtschaft eingeführt und zwar in erster Linie, um Vermögen und Status weitergeben zu können. Das Recht von Gortyn (*Bücheler, F.* und *E. Zitelmann.* [1885] 1974) widmet einen beachtlichen Teil des kodierten Textes dieser Institution.

9 Diese Argumentation unterscheidet sich von der, die *Beckstrom* vertritt. Er behauptet, daß nichttestamentarische Erbfolgegesetze die unbewußten Wünsche derjenigen, die ohne letzten Willen oder Testament sterben, reflektieren sollten, und geht davon aus, daß in diesem Fall der Grad der genetischen Verwandtschaft die Wünsche des Verstorbenen beeinflussen. *Beckstrom, J. H.,* Sociobiology and the law. Chicago: University of Illinois Press, 1985.

10 Die Abwendung vom persönlichen Eigentum zugunsten des Gemeinschaftseigentums, die die feministische Bewegung in den 70er und 80er Jahren in verschiedenen Staaten unterstützt hat, sollte die Stellung des Ehegatten in einer solchen Situation verbessern, was im allgemeinen auch erreicht werden konnte. (12A Am Jur 2d, Community Property §§ 5, 6). Die Unterstützung des Ehegatten steht nicht in Widerspruch zur Theorie der Verwandtschaftsselektion, solange der Ehegatte für die Kinder des Verstorbenen sorgt, was aus der Sicht der Evolution auch die geschichtlich häufigste Konstellation darstellte. *Miller Weisberger, J.,* Marital property discrimination: Reform for legally excluded women. In: Gruter, M. und R. D. Masters (Hrsg.), Ostracism: A social and biological phenomenon. New York: Elsevier Science, 1986.

11 Die Unterstützung des Kindes ist in allen Staaten der USA eine zivilrechtliche Pflicht von Vater und Mutter. Die Eltern-Kind-Beziehung sowie Art und Umfang der elterlichen Verpflichtung, einschließlich des Rechts der Mutter, vom Vater Rückerstattungen zu beanspruchen, wird im einzelnen in staatlichen Gesetzen und Bundesgesetzen geregelt (59 Am Jur 2d Parent & Child § 42, § 53). Das Strafrecht befaßt sich mit dem Verlassen und der unterlassenen Unterstützung des Kindes. Der Rechtsschutz erstreckt sich auf ungeborene, adoptierte und uneheliche Kinder sowie Kinder, die mittels künstlicher Befruchtung gezeugt worden sind (23 Am Jur 2d Desertion and Nonsupport § 50 bis § 64). Das Strafgesetzbuch von Kalifornien sieht für Eltern von Kindern unter 14 Jahren Gefängnis- und Geldstrafen vor, wenn ihnen nachgewiesen wird, daß sie ihr Kind mit der Absicht, es böswillig zu verlassen, im Stich gelassen haben. Ähnlich ahndet das Gesetz die Vernachlässigung von Kindern unter 14 Jahren (271 West's Annotated CA Codes Penal Code). Das Gesetz schützt

Kinder unter 14 Jahren. Schon immer waren bestimmte elterliche Pflichten gesetzlich vorgeschrieben, solange die Kinder minderjährig waren. In Kalifornien wurde das Volljährigkeitsalter auf 18 Jahre gesenkt. In bestimmten Fällen kann auch einem Jugendlichen unter 18 Jahren der Status des „rechtlich gleichgestellten Minderjährigen" verliehen werden. Damit beabsichtigte das Gesetz ursprünglich, die Rechte des Minderjährigen gegen Einmischung seiner Eltern zu schützen, wenn es um Dispositionen bezüglich Gesundheit, Eigentum und ähnliche Angelegenheiten ging. Heute wird dieses Gesetz auch von Eltern in Anspruch genommen, die in bestimmten Situationen ihre Verantwortlichkeiten gegenüber einem Kind beschränken möchten (Calif. Civil Code § 62 Minor).

12 Mit dem umgangssprachlichen Begriff Vetterles-Wirtschaft werden die reziproken Hilfevereinbarungen innerhalb von Familien bezeichnet, durch die oft verhindert wird, daß andere gleichen Zugang zu bevorzugten Positionen erhalten.

13 *Taylor, C. E.* und *M. T. McGuire.* Reciprocal altruism: 15 years later. Ethology and Sociobiology, 1988, 9:2–4.

14 *Wills, W. H.*, Early prehistoric agriculture in the American southwest. Santa Fe: School of American Research, 1988.

15 *Raleigh, M.* und *M. T. McGuire*, Biosocial pharmacology. Journal McLean Hospital, 1980, 2:73–84.

16 *Roy, A.* und *M. Linnoila*, Suicidal behavior, impulsiveness and serotonin. Acta Psychiat. Scand, 1988, 78:529–535.

17 *Buydens-Branchey, L.* et al., Age of alcoholic onset. II. Relationship of susceptibility to serotonin precursor availability. Arch. Gen. Psychiat, 46:231–236.

3. Der Ursprung sozialer Organisation: Verwandtschaftsbande und Familienstrukturen in der Tierwelt

Wenn auch nur der Mensch alleine Gesetze schreibt, um soziale und familiäre Organisationen zu beeinflussen, so teilt er doch mit anderen Spezies viele Dispositionen und Gehirnmechanismen, die zu den ursprünglichen sozialen Organisationen, zu Familienformationen und interfamiliären Interaktionen geführt haben. In Kapitel 2 wurden bei der Besprechung der Theorie der Verwandtschaftsselektion und der Theorie des reziproken Altruismus biologische Erklärungen für ein solches Verhalten gegeben. In diesem Kapitel sollen die von diesen Theorien erhärteten Fakten noch genauer untersucht werden. Der Hauptschwerpunkt wird dabei auf dem Verhalten nicht-menschlicher Primaten liegen.

Wie beim Menschen finden wir auch bei nicht-menschlichen Primaten eine große Vielfalt von Familienstrukturen. Bei den Schimpansen besteht der Familienverband hauptsächlich aus der Mutter und ihren Nachkommen. Bei Pavianen lassen sich verschiedene Strukturen beobachten. Ein erwachsenes Männchen kann sich mit einem oder mit mehreren Weibchen zusammenschließen und eine polygyne Gruppe bilden. Eine genauere Betrachtung der Paviane kann nicht nur insofern aufschlußreich sein, als man dadurch Einblick in die Strukturbausteine von Primatenfamilien gewinnen kann, sondern auch deshalb, weil eine solche Untersuchung veranschaulichen kann, welche Informationen die Ethologie dem Recht zu vermitteln vermag. Wir wollen uns zunächst mit dem Verhalten der Mantelpaviane befassen.

Eine durchschnittliche Mantelpaviangruppe umfaßt etwa 40 Tiere, darunter 7 bis 9 erwachsene Männchen. Die Männchen wiegen annähernd doppelt so viel wie die Weibchen, sie haben dolchartige Zähne und zeigen seit frühester Kindheit ein aggressives Verhalten. Die erwachsenen Männchen beschützen die Gruppe: Drei von ihnen können die Gruppe erfolgreich gegen alle Raubtiere mit Ausnahme eines Rudels Löwen verteidigen.[1]

Mantelpaviane leben in polygynen Familienverbänden (bestehend aus einem erwachsenen Männchen, einigen Weibchen und deren Nachwuchs). Das Männchen entwickelt starke Paarbindungen zu den Weibchen. *Kummer* hat über diese Verbände um ein Männchen ausgedehnte Feldstudien angestellt. Er vermutet, daß die Bildung solcher Einheiten eine adaptive Lösung hinsichtlich der besonderen Umweltgegebenheiten darstellt, unter denen Mantelpaviane leben.[2] Die Größe der Verbände scheint für die Futtersuche der Spezies optimal zu sein: Sie sind groß genug, um je einen männlichen Beschützer für mehrere Weibchen und deren Nachkommen vorzusehen, und dabei klein genug, um die Versorgung mit ausreichender Nahrung für alle zu erleichtern.

Paarbindungen, Wahrnehmung von Bindungen, Respekt für Besitz

Die Paarbeziehungen der Mantelpaviane werden durch das Herden bestimmt. Dieser Begriff beschreibt das Verhalten der erwachsenen Männchen, die das Verhalten der Weibchen aktiv beschränken und steuern. Die überlegene Körpergröße der Männchen gestaltet das Herden relativ einfach. Die Bindung an ein Weibchen scheint die Beteiligung desselben Männchens an anderen Bindungen zu Weibchen nicht zu stören. Mantelpavianweibchen können mehrere Brutzeiten lang mit einem bestimmten Männchen verbunden sein. Kleine und jugendliche Tiere sind mit ihren Müttern verbunden. Somit untergliedert sich ein größerer Verband in Unterverbände, die durch Familienzweige festgelegt sind. Diese Art von Gruppenstruktur läßt sich bei einer Anzahl nicht-menschlicher Primaten beobachten.

Die Neigung männlicher Mantelpaviane zum Herden kann sich positiv auf die Familienbindung auswirken, zum Teil deshalb, weil die Weibchen unterwürfig reagieren, wenn die Männchen sich ihnen in der Haltung des Herdens nähern. Bei den meisten anderen Primatenarten ergreifen die Weibchen in ähnlichen Situationen die Flucht. (So lernen beispielsweise weibliche Schimpansen während ihres Heranwachsens, das männliche Imponierverhalten genau zu deuten, darauf zu reagieren und zu erkennen, ob es sich um Droh- oder Werbeverhalten handelt.) Die Mantelpaviane betrachten die Weibchen ihres Verbandes als ihren Besitz, besonders was die Reproduktion anbelangt. Darüber hinaus ist die Intensität des männlichen Besitzverhaltens bei verschiedenen Verbänden auffallend ähnlich, eine Tatsache, die durch Untersuchungsergebnisse über eine Mantelpaviankolonie in der russischen Forschungsstation von Sukhumi unterstrichen wird. Nach mehreren Generationen in Gefangenschaft zeigten die erwachsenen Männchen noch immer ein Herden-Verhalten. „Offenbar bewirkt auch eine drastische Umweltveränderung nicht unbedingt eine Änderung des Herden-Syndroms.“[3] Die Stärke dieses Besitzverhaltens und die damit verbundene Aggression beschreibt *Kummer* in seinem Bericht:

> Als im Londoner Zoo 30 neue Weibchen in eine Kolonie von etwa 100 Mantelpaviane eingeführt wurden, versuchten alle alten Männchen, sich Weibchen zu sichern. Innerhalb von einem Monat wurden 15 Weibchen bei Besitzwettkämpfen getötet. Dieses Ereignis wurde zwar durch eine unnatürliche Manipulation ausgelöst, es zeigt aber, wie riskant die Evolution possessiver Männchen ist... Wenn ein Männchen gefangengenommen oder vorübergehend entfernt wird, so werden seine Weibchen von anderen Männchen der Gruppe übernommen. Nach nur wenigen Stunden wird der neue Besitzer das erworbene Weibchen nicht mehr kampflos abgeben, auch wenn der frühere Führer zurückkehrt. Das Ergebnis eines Kampfes wird darüber entscheiden, ob die Weibchen bei ihrem ursprünglichen oder ihrem neuen Besitzer bleiben.

Wie Feldexperimente mit Mantelpavianen zeigen, werden die Paarbindungen von anderen Männchen wahrgenommen und respektiert. Wenn diese Bindungen im Verhalten des Paares wahrgenommen werden, reagieren die Männchen gegenüber einem Paar oder einem um ein Männchen gebildeten Verband nicht wie gegenüber getrennten Individuen, sondern wie gegenüber einer einzigen Einheit. (*Lorenz* bezeichnet dies als eine Form von Gestaltwahrnehmung.) Ein solches Verhalten scheint ein

Vorläufer von Respekt zu sein und dient als stabilisierendes Verhalten dem Schutz der Paarbindung. Erwachsene männliche Mantelpaviane scheinen einen Mechanismus entwickelt zu haben, der es ihnen ermöglicht, mit dem Problem extrem possessiver Männchen umzugehen: Besitzverhalten wird durch den Respekt vor Besitz ergänzt. Aus diesen Erkenntnissen kann die offensichtliche Schlußfolgerung gezogen werden, daß sich das allgemeine Phänomen des Respekts vor Besitz aus dem Respekt vor der exklusiven Zugriffsmöglichkeit unter Individuen entwikkelt hat, die durch starke affiliative Bande verbunden sind.[4]

Vom Verhalten der Mantelpaviane bis zum menschlichen Besitzverhalten scheint es nur ein kleiner Schritt zu sein. Beim Menschen könnte sich das Besitzkonzept aus dem „Recht" (im Auge des Betrachters) des einzelnen entwickelt haben, das, was er bei sich trägt, ganz alleine zu besitzen. Die visuellen Reize, Individuen zusammen oder ein Individuum mit einem Objekt (einem Behälter, einem Werkzeug, einer Waffe oder einer Beute) als Gestalt wahrzunehmen, könnte die Produktion chemischer Substanzen im Gehirn auslösen, die zu charakteristischen Verhaltensweisen führen. Wie intensiv solche Verhaltensweisen oft sein können, veranschaulicht ein Bericht über Schimpansen. Während einer längeren Feldbeobachtung von Schimpansen in Gombe fütterten ihnen die Forscher erhebliche Mengen von Bananen. Einige Tiere versuchten ständig, immer noch mehr Bananen festzuhalten, die aber immer wieder ihrem Griff entglitten. Obwohl die Tiere durch diese Situation frustriert und fast verwirrt zu sein schienen, versuchten sie weiterhin, mehr wegzutragen und zu besitzen, als sie festhalten konnten. Die Tatsache des „Besitzes" führte auch zu Aggression. *Goodall* berichtet, daß sie in 20 Beobachtungsjahren nur einmal ernsthaft von einer Schimpansin angegriffen wurde, nämlich dann, als sie versuchte, eine Banane zu nehmen, die das Weibchen, das Dutzende von Bananen besaß, fallengelassen hatte, um sie einem jungen Schimpansen zu geben, der keine Banane hatte. Man könnte sagen, daß die gierige Schimpansin die Bananen, die sie trug, als ihren Besitz oder ihr Eigentum betrachtete.[5]

Die Neigung der Mantelpaviane zu bestimmten Verhaltensweisen scheint eine Folge genetischer Prädispositionen zu sein, die bei vorhersehbaren umweltlichen Aufzuchtbedingungen ausgeprägt werden und zu einem in hohem Maße ähnlichen Verhalten bei erwachsenen Männchen führen. Aber nicht alle Pavianarten verhalten sich wie die Mantelpaviane. Anubispaviane leben beispielsweise in Gruppen, die aus mehreren Männchen bestehen – ebenfalls eine Lebensform, die bei nicht-menschlichen Primaten häufig anzutreffen ist.[6] Obwohl es während der weiblichen Estrus zu Paarbindung kommt, ist die Paarung zufällig und, anders als bei den Mantelpavianen, konnten keine längerfristigen Paarbindungen beobachtet werden.

Anpassung des Verhaltens

In Kapitel 2 wurde die Modifizierbarkeit artspezifischer Verhaltensweisen kurz angesprochen. Die folgende Wiedergabe eines Berichts von *Kummer* liefert ein exzellentes Beispiel, das veranschaulicht, worum es dabei geht. Der Bericht befaßt sich mit zwei verschiedenen Pavianarten, die in einer neuen Umgebung miteinander in Kontakt kamen. Sie vermischten sich, was dazu führte, daß sie ihre Schlafgewohnheiten, nicht aber ihre Familienstrukturen veränderten. Die Anubisgruppen, die jede Nacht im Wald schliefen und tagsüber in den Dornbüschen auf Nahrungssuche gingen, bewohnten ein Gebiet, das hauptsächlich aus einem Waldkorridor mit bis zu 20 Meter hohen Bäumen bestand. Unterhalb eines verzweigten Wasserfalls gab es Schluchten mit steilen Abhängen, die sich allmählich zu einer nahegelegenen Wüste hin öffneten. Die Mantelpaviane, die in den Schluchten lebten, verbrachten die Nacht auf den Klippen. Der Hauptunterschied der Habitate oberhalb und unterhalb der Wasserfälle lag in der Verteilung von Bäumen und Klippen. Unmittelbar unterhalb der Fälle fand man eine Anubisgruppe, die in den Klippen und nicht auf Bäumen schlief (wo die Anubispaviane normalerweise ihre bevorzugten Schlafplätze haben), obwohl einige geeignete Schlafbäume zur Verfügung standen. In der sozialen Organisation der Anubispaviane konnten keine um ein Männchen gebildeten Verbände nachgewiesen werden. Drei Gruppen, die in der Nähe der Schluchten lebten, waren Mantelpavian- und Anubispavianhybriden. Ihre soziale Organisation wies eine kuriose Mischung von Merkmalen der Anubispaviane und der Mantelpaviane auf. Es gab um einzelne Männchen gebildete Verbände, die meistens klein und unbeständig waren, und, obwohl einige Männchen ein ebenso intensives Herden-Verhalten zeigten wie reine Mantelpaviane, waren sie bei der Bildung von Harems nur mäßig erfolgreich.

Die Verhaltensforschung bei vielen Tierarten legt die Vermutung nahe, daß Umweltbedingungen besonders dann, wenn sie die Verfügbarkeit von Nahrung und das Klima betreffen, die Art der Familienstruktur[7] innerhalb einer Spezies beeinflussen (obwohl Umweltveränderungen im allgemeinen langsam erfolgen und die Selektion bestimmter Familientypen mit der Umweltveränderung interagieren kann). So wurde beispielsweise noch nie von Anubispavianpopulationen in Äthiopien oder in anderen Teilen Afrikas berichtet, die stabile Gruppen um ein Männchen bilden, ebensowenig wie von Mantelpaviangruppen ohne Verbände um ein Männchen. Diese Erkenntnisse lassen vermuten, daß die Anubis- und Mantelpaviane fähig sind, ihre Schlafgewohnheiten den örtlichen Umweltbedingungen anzupassen, dabei aber gleichzeitig eine relativ unflexible Sozialorganisation aufrechterhalten. Wenn durch genetische Vermischung von zwei verschiedenen Spezies (Anubis- und Mantelpaviane) Hybridengruppen entstanden, so waren deren soziale Organisation auch in einer stabilen Umgebung nicht stabil. Hierin könnte man eine Analogie zu menschlichen Gegebenheiten sehen, die anzeigen, daß wirtschaftliche Faktoren bei der Ausformung von Familienstrukturen entscheidend waren und sind. Die Verbindung zwischen wirtschaftlichen Faktoren und Familienstrukturen ist bei traditionellen Gesellschaften schon seit langem offensichtlich. Ähnliche Verbindungen könnten auch die Tendenz zu offenen Ehen in den modernen westlichen Gesellschaften erklären. Die dort herrschenden wirtschaftlichen Bedingungen zwingen die Frauen, ihre Kinder ohne männliche Unterstützung zu versorgen (extreme Armut), oder eine männliche Unterstützung ist nicht länger notwendig (Überfluß).

Mutter-Kind-Bindungen

Wie bereits angedeutet stellt die Mutter-Kind-Bindung einen wesentlichen Faktor für das Verständnis des Familienverbandes dar. Von all den vielen Familienstrukturen, die sich im Laufe der Evolution gebildet haben, blieb ein Faktor erhalten: die lange Zeitspanne der Abhängigkeit junger Primaten von ihren Müttern. Unabhängig von ihrer Struktur oder Zusammensetzung konzentriert sich die Familie als Einheit sehr stark auf Fortpflanzung und Aufzucht der Jungen, bis diese das reproduktive Alter erreicht haben. Wie Beobachtungen an nicht-menschlichen Primaten gezeigt haben, reagieren die Tiere auf eine Mutter oder ein Kind (oder ein anderes erwachsenes Tier mit Kind), die in engem Körperkontakt stehen, wie auf eine Einheit. Dies gilt für alle Primatenarten. Die Wahrnehmung einer solchen Einheit löst bei anderen Gruppenmitgliedern bestimmte Verhaltensweisen aus und dient oft dazu, Aggression zu hemmen. Mütter, die mit Jungen in engem Körperkontakt stehen, werden nur selten von anderen Gruppenmitgliedern angegriffen, obwohl bisweilen andere Weibchen versuchen, die Jungen mit ihren Müttern zu teilen. Diese Hemmung wirkt auch dann, wenn nicht die Mutter sondern andere junge Erwachsene die Jungen halten. Man kann beobachten, daß niedrigrangige junge Pavianmännchen sich gelegentlich Junge schnappen und diese festhalten, um dadurch die Aggression stärkerer Tiere abzulenken.[8]

Evolutionär entwickelte Bindungen innerhalb der Familie und zwischen Nichtverwandten

So zentral die Mutter-Kind-Bindung für die Familie auch ist, sie stellt bei den meisten nicht-menschlichen Primaten nur ein Merkmal der Verwandtschaftsbeziehungen dar. In typischen Familien schützen jugendliche Geschwister und auch Tanten die jüngeren Geschwister vor Angriffen oder Mißbrauch durch Nichtverwandte. Die Großmütter halten, schützen und verteidigen ihre Enkel. Die Männchen schützen nicht nur ihren eigenen

Nachwuchs sondern auch den von anderen. Alle diese Verhaltensweisen lassen sich direkt aus der Theorie der Verwandtschaftsselektion ableiten. Einseitige Investitionen sollten sich vorzugsweise an Verwandte richten, und genau das ist der Fall. Einseitige Investitionen sollten hauptsächlich von älteren zu jüngeren Familienmitgliedern fließen, und wiederum geschieht genau das. Junge, die sich gegen die Entwöhnung sträuben, wetteifern mit ihren Geschwistern um die Aufmerksamkeit der Eltern, ebenfalls eine Verhaltensweise, die sich mit Hilfe der Theorie von der Verwandtschaftsselektion voraussagen läßt. Die Verwandtschaftsbande gehen also weit über die Mutter-Kind-Bindungen hinaus und liefern die Grundlage für eine Gruppenordnung, für Verpflichtungen der Tiere untereinander und für vorhersehbare Interaktionen.

Bindungen, die sich nicht mit Hilfe der Theorie von der Verwandtschaftsselektion erklären lassen, lassen sich leicht anhand der Theorie des reziproken Altruismus deuten. Unter verwandten nicht-menschlichen Primaten gibt es zweifellos reziproke Beziehungen, diese sind aber nur schwer von Verwandtschaftsbeziehungen zu unterscheiden. Deshalb wird ihnen weniger Aufmerksamkeit gewidmet, als sie verdienen. Reziproke Beziehungen unter Nicht-Verwandten sind jedoch durchaus zu beobachten. Tierpaare werden zu Partnern, die füreinander sorgen. Tiere, die sich gegeneinander aggressiv verhalten, versöhnen sich nach ihren Kämpfen. Tiere, die zuerst ein Raubtier entdecken, stoßen Warnrufe für andere Gruppenmitglieder aus. In Zeiten, in denen wenig Nahrung zur Verfügung steht, beschränken alle erwachsenen Gruppenmitglieder in der Regel die Nahrungsaufnahme. Nicht-menschliche Primatengruppen werden also durch eine Reihe komplexer Bindungen zusammengehalten, die zum Teil auf genetischer Verwandtschaft und zum Teil auf reziproken Beziehungen basieren.

Das Verhaltensbild nicht-menschlicher Primaten wäre unvollständig, wenn nicht auch die egoistische Seite tierischen Verhaltens erwähnt würde. Hochrangige Männchen und Weibchen haben vorrangigen Zugang zu begehrten Nahrungsmitteln (z. B.

Früchten), begehrten Schlafplätzen und zur Fürsorge durch niederrangige Tiere. Die Tiere kämpfen miteinander um den Zugang zu anderen Tieren und um bestimmte Subterritorien. Leider wurden diese Verhaltensmerkmale in den frühen Berichten über das Verhalten nicht-menschlicher Primaten stark überbetont. Eine Folge dieser Betonung war, daß man nicht-menschliche Primaten für egoistischer und ausbeuterischer hielt, als sie es neueren Forschungsergebnissen zufolge tatsächlich sind.

Der bisherige Überblick über das Verhalten nicht-menschlicher Primaten kann wie folgt gesehen werden. Zum einen findet man eine Reihe von Entwicklungstendenzen, die die Paarbindung, den Gruppenzusammenhalt und die Kooperation der Gruppenmitglieder untereinander fördern, zum anderen ist festzustellen, daß ein Teil des Verhaltens nicht-menschlicher Primaten egoistisch, ausbeuterisch und in großem Maße eigennützig ist. Diese Tendenzen stehen oftmals miteinander im Widerstreit, und die Evolution vermochte, zumindest was nicht-menschliche Primaten anbelangt, keinen vorhersehbaren Mechanismus (oder eine Reihe von Verhaltenskapazitäten) zu entwickeln, der diese Spannungen vermindern könnte. In den folgenden Kapiteln werde ich die Ansicht vertreten, daß die Rolle des Rechts genau diesen Mechanismus zur Verfügung stellt.

Entwicklung sozialer Organisation beim Menschen

Wenden wir unsere Aufmerksamkeit jetzt dem Menschen zu. Die Anthropologen vertreten ganz allgemein die Ansicht, daß der Frühmensch in kleinen Gruppen mit selten mehr als 50 Mitgliedern lebte. Damit diese kleinen Gruppen existieren konnten, war es erforderlich, daß der Mensch Fähigkeiten (Mechanismen) entwickelte, die den Gruppenzusammenhalt sicherstellten. Viele dieser Mechanismen stehen vermutlich mit der Mutter-Kind-Beziehung, der Paarbindung und schließlich der Gruppenstruktur in Zusammenhang. Ähnlich wie Anubispaviane passen sich Menschen an neue Wohnsituationen oder umweltliche und soziale Veränderungen, die die Technologie mit sich bringt, an. Und doch widersetzt sich der Mensch allen Versuchen, grundlegende Beziehungen wie die Mutter-Kind-Bindung zu verändern. Gesetzliche Bemühungen, die solche Veränderungen einführen wollten, erwiesen sich in der Regel als Fehlschläge.[9] Die Bande, die den Zusammenhalt sichern und die Überlebenschancen erhöhen, sind ein so starker Bestandteil unserer Natur und für die Abwicklung der täglichen menschlichen Angelegenheiten so wichtig, daß der einzelne diese Bande schon in sehr frühem Alter als wesentlichen Teil der menschlichen Natur akzeptiert. Mitunter laufen die Dinge natürlich auch schief. Mütter lassen ihre Kinder im Stich, es kommt zu Scheidungen, Kinder laufen von zu Hause fort, oder Verwandte bringen sich gegenseitig um. Dennoch bleiben die Bande bestehen, und sie lenken und beschränken das Verhalten.

Extrapolationen zum Familienrecht

Wie können die vorgenannten Punkte zum besseren Verständnis der menschlichen Familie und der Gesetze beitragen, die sich auf die Familie beziehen? Diese Frage wird in Teil II noch genauer behandelt werden. An dieser Stelle sollen jedoch bereits einige Kernpunkte erwähnt werden:

Erstens bleibt die nicht-menschliche Primatenfamilie ungeachtet aller Umweltveränderungen bestehen. Die Mutter-Kind-Bindung ist überall anzutreffen, sie ist das stärkste Band bei den Säugetieren. Wenn es zu einer Paarbindung kommt, und sei es nur kurzzeitig, umfaßt der Familienverband ein erwachsenes Männchen. Diese Charakteristika haben sich über einen langen Zeitraum hinweg entwickelt. Sie stellen das Endergebnis der Interaktionen zwischen genetischen Prädispositionen, physiologischen Ereignissen und Lernvorgängen dar und ähneln sich im Prinzip bei allen Primatenspezies.

Zum zweiten unterscheiden sich die Familieneinheiten in Form und Struktur. Bei nicht-menschlichen Primaten finden sich solche Unterschiede bei eng verwandten Arten, wie beispielsweise bei den Mantelpavianen und Anubispavianen ebenso wie bei Hybridenpopulationen. Beim Menschen ist die Formbarkeit des Bindungsverhaltens viel größer als bei anderen Arten, was dazu führt, daß beim Menschen eine größere Vielfalt von Bindungsformen anzutreffen ist als bei anderen Spezies. Dennoch gibt es nur eine begrenzte Anzahl von Bindungsformen. Umweltliche und kulturelle Faktoren bestimmen in entscheidendem Maße, welche menschliche Familienstruktur überwiegt. Gesetzliche Bemühungen, die auf eine Veränderung der Familienstrukturen abzielten, stießen auf Widerstand und waren im allgemeinen erfolglos.[10]

Es ist wichtig festzustellen, daß ein großer Teil dessen, was wir über die Familie und über besondere Bindungen wissen, den bestehenden Gesetzen zugrunde liegt.[11] Die Pflichten einer Mutter gegenüber ihrem Kind werden kaum in Frage gestellt, und so konzentriert sich das Recht auf Situationen, in denen Mütter ihren Pflichten nicht nachgekommen sind. Ähnliches gilt für die Pflichten des Vaters gegenüber seinem Nachwuchs. Bei anderen Beziehungen, etwa zwischen erwachsenen Geschwistern, verlangt das Gesetz in der Regel nicht, daß besondere Verpflichtungen erfüllt werden, aber es gibt starke Beschränkungen bestimmter Verhaltensweisen, etwa der Abweisung eines Bruders oder einer Schwester, die in Not geraten sind. Wer solche Verhaltensweisen an den Tag legt, wird oftmals sozial geächtet.

Zum dritten vermag unsere genetische Ausrüstung allein die menschliche Familie nicht zu schützen, wenngleich die Evolution zur Ausbildung einiger Mechanismen geführt hat, die dem Schutz der Paarbindung und der Mutter-Kind-Bindung dienen. Und doch werden die meisten menschlichen Mütter ihre Kinder beschützen. Oft kämpfen diese Mütter, ehe sie ihre Kinder aufgeben, manchmal geben sie ihr eigenes Leben hin, um die Kinder zu retten. Auch die meisten Väter werden das tun. Im Kampf um knappe Ressourcen werden sie eher ihren Verwandten das Notwendige zur Verfügung stellen, als es mit anderen zu teilen. Diese Tendenzen können zu Gewalt, manchmal sogar zu Mord führen. In Bereichen, wo verschiedene potentiell oder konkret im Widerstreit stehende Verhaltensweisen anzutreffen sind, versucht das Recht einzuschreiten, in dem Bemühen, die Lösung der Konflikte und die Koexistenz zu erleichtern.

Viertens basiert die Familienstruktur auf den Funktionen der verschiedenen Familienmitglieder. Es gibt ein Familienoberhaupt; die anderen Familienmitglieder übernehmen verschiedene, manchmal unterwürfige Rollen. In der heutigen Zeit können Ehepartner die dominierende Rolle auch teilen. Dann strebt jeder danach, in bestimmten Bereichen der Entscheidungsfällung seine Überlegenheit zu bewahren. Im allgemeinen aber manifestiert sich in der Familientruktur eine soziale Organisation in Form von Hierarchie oder Dominanz. Dies geschieht immer, wenn Primaten irgendeine Art von Gruppierung bilden (Gruppen von Gleichrangigen, Clubs, Athletenmannschaften).

Zusammenfassung

In diesem Kapitel habe ich einige Verhaltensmerkmale zusammengefaßt, die wir mit nahe verwandten Primatenarten teilen. Die besondere Betonung lag dabei auf der Bindung zwischen einzelnen, wie sie überall bei den Primaten anzutreffen ist, und der Bedeutung solcher Bindungen für die sozialen Interaktionen des Menschen. Bindungen, wie die zwischen Mutter und Kind, sind für das Verständnis der Verhaltensweisen unserer Spezies wesentlich. Dieses Verstehen hat wiederum eine unmittelbare Auswirkung auf das Recht und kann sowohl die Gesetze, die wir schaffen, als auch unsere Beurteilung des Verhaltens anderer beeinflussen. Das Bindungsverhalten, das ich beschrieben habe, läßt sich weitgehend mit Hilfe der Theorie der Verwandtschaftsselektion und der Theorie des reziproken Altruismus erklären. So scheint sich am Ende ein Abriß der evolutionären Ereignisse abzuzeichnen, die zur Ausbildung der Fähigkeiten geführt haben, die es uns ermöglichten, Gesetze zu schaffen und diese zu befolgen. Die Rolle des Rechts bei dieser Entwicklung beginnt, Gestalt anzunehmen.

Anmerkungen

1 *DeVore, I.*, Quest for the roots of society. The marvels of animal behavior. Washington: National Geographic Society, 1972.
2 *Kummer, H.*, Primate societies. New York: Aldine Atherton, 1971.
3 Ebd.
4 *Gruter*, vgl. Anm. 27, Kapitel 1.
5 *Goodall*, persönliche Mitteilung.
6 *Edey*, vgl. Anm. 44, Kapitel 1.
7 *Wickler*, vgl. Anm. 35, Kapitel 1.
8 Es muß jedoch erwähnt werden, daß die Verhaltensdisposition, die die Jungen vor Gewalt und möglichem Tod schützt, nicht in allen Situationen hilft. Bei verschiedenen Primatenarten und einigen anderen Säugetieren konnten Vorfälle beobachtet werden, bei denen neue Alphamännchen, die den Harem ihres Vorgängers übernahmen, die Jungtiere (den Nachwuchs des früheren Alphatiers) töteten, obwohl (oder gerade weil) diese in engem Körperkontakt mit ihren Müttern waren. (Diese Studien werden manchmal zur Bekräftigung der Theorie von der Verwandtschaftsselektion herangezogen.)
9 *Buxbaum, D.*, Family law and customary law in Asia. Den Haag: Martinus Nijhoff, 1968. *Meijer, N. J.*, Marriage law and policy in the Chinese People's Republic. Hong Kong: Hong Kong University Press, 1971. *Massell, G.*, Law as an instrument of revolutionary change in a traditional milieu: The case of Soviet Central Asia. Law & Society Review, 1968, II: 2.
10 Ebd.
11 So zieht das Gesetz beispielsweise eine Unterscheidungslinie zwischen Konflikten innerhalb der Familie und Konflikten unter Nichtverwandten; ebenso sind einige zwischen Familienmitgliedern abgeschlossene Verträge mitunter nicht vollstreckbar; und es gibt Fälle unerlaubter Handlungen, die nicht anerkannt werden, wenn sie innerhalb der Familie begangen werden. Familienmitglieder können nicht gezwungen werden, gegeneinander auszusagen.

4. Rechtsverhalten, Gruppenordnung und Gerechtigkeitsgefühl

Die Evolutionsereignisse, die uns hier unmittelbar interessieren, insbesondere die Evolution der menschlichen Fähigkeit, Regeln und Gesetze zu schaffen und zu befolgen, sind zahlreich und komplex. In den vorhergegangenen Kapiteln haben wir bereits einige dieser Ereignisse und die daraus zu ziehenden Schlußfolgerungen erörtert. Dieses Kapitel vermittelt zunächst einen Überblick über die entscheidenden Schritte in der Evolution menschlichen Verhaltens und befaßt sich danach mit Rechtsverhalten, Gruppenordnung und Gerechtigkeitsgefühl.

Erklärungen für gleichzeitig egoistisches und altruistisches Verhalten

Eine zentrale These der Evolutionstheorie besagt, daß diejenigen Verhaltensweisen, die entweder eine unmittelbare Folge genetischer Informationen (z. B. Reflexe wie der Rückzug von einem schmerzhaften Stimulus) oder deren mittelbare Folge sind (z. B. Sprache) und die mit einem höheren reproduktiven Erfolg in Verbindung gebracht werden können, in der nächsten Generation mit größerer Häufigkeit auftreten werden. Die mittelbar genetisch bedingten Verhaltensweisen bedürfen jedoch erst eines Umweltauslösers. So sprechen einige von uns Englisch, andere Deutsch und wieder andere Suaheli. Wenn die auslösenden Bedingungen gegeben sind, treten die mittelbaren Folgen mit annähernd gleicher Regelmäßigkeit auf wie die unmittelbaren Folgen. Also lernen fast alle Kinder das Sprechen und die Verwendung ihrer Muttersprache. Nur wenn niemand da ist, der die Sprache selbst anwendet, wächst ein Kind ohne Sprache auf.[1]

Die Tatsache, daß die mit reproduktivem Erfolg verbundenen Gene in den folgenden Generationen in größerer Zahl auftreten, bedeutet keineswegs, daß die Ergebnisse der Evolution vollkommen oder ideal wären. Sie sind tatsächlich weit davon entfernt.

Reproduktiver Erfolg weist auf eine wettbewerbsorientierte Beziehung hin. So können beispielsweise die Gene der Familie A eine Tendenz zur Gewaltlosigkeit bewirken, während die Gene der Familie B zu einer gewalttätigen Neigung führen. Wenn sich die Mitglieder der Familie B anschicken, die meisten Mitglieder der Familie A zu eliminieren, und sich auch reproduzieren, werden in der nächsten Generation mehr Gene der Familie B auftreten. So betrachtet könnte man Evolution als Wettbewerb der Gene sehen. Auch die beiden Altruismustheorien (der Verwandtschaftsauslese und des reziproken Altruismus), die bereits vorgestellt wurden (S. 48ff., 55ff.), erwiesen sich bei dieser Sicht der Dinge für die Erklärung des menschlichen Verhaltens im allgemeinen und des rechtlichen Verhaltens im besonderen als äußerst wichtig: Sie ermöglichen es uns, aus evolutionärer Sicht zu erklären, warum sich bestimmte Verhaltensweisen entwickelt haben; aus rechtlicher Sicht können wir mit ihrer Hilfe Verhaltensweisen erklären, die gleichzeitig altruistisch und egoistisch sind.

Die Tatsache, daß viele der uns interessierenden Verhaltensweisen entweder unmittelbar oder mittelbar auf genetische Informationen zurückzuführen sind, bedeutet nicht, daß diese bei allen Menschen gleich wären. Für alle Arten und insbesondere für den Homo sapiens ist es typisch, daß genetische und damit auch verhaltensmäßige Varianten anzutreffen sind. Die Reproduktion führt zu einer ständigen Genvermischung. Die Menschen unterscheiden sich bezüglich ihrer Größe, ihrer Fähigkeit, nach Noten singen zu können, und ihrer Ausdauer. Und was noch wichtiger ist, sie unterscheiden sich hinsichtlich ihrer Fähigkeit, eigene Regeln zu schaffen, Regeln und Gesetze zu verstehen und diese in ihr Verhalten einzubeziehen. Eine solche Vielfältigkeit ist die unausweichliche Folge der Formbarkeit der Arten und beruht auf der Genvermischung und der Evolution, die in zunehmendem Maße die Selektion jener Gene begünstigt hat, die das Verhalten mittelbar beeinflussen.

Die erhöhte Formbarkeit und die Verhaltensweisen, die mittelbar auf genetische Faktoren zurückzuführen sind, besagen nicht, daß Verhalten jemals frei von genetischen Einflüssen sein kann. Es geht vielmehr um das Ausmaß. Das Nervensystem der Tierarten ist ein Produkt der Evolution, während das Verhalten in all seinen Formen und Manifestationen ein Produkt der Aktivitäten des Nervensystems ist. Unser phylogenetisches Erbe hat immer Anteil an unserem Verhalten.

Dies führte zu folgender Situation: Die grundsätzlich egoistischen Verhaltensweisen wurden sowohl bei unserer als auch bei allen anderen Spezies stark selektiert. Das Endergebnis dieser evolutionären Ereignisse besteht darin, daß wir als einzelne stark dazu prädestiniert sind, uns egoistisch zu verhalten, also unser eigenes Überleben und das unserer Verwandten zu sichern, Kontrolle über die Ressourcen zu erlangen, uns auf konkurrierende Interaktionen einzulassen, und ähnliches mehr. Eben diese evolutionären Ereignisse hatten aber auch zur Folge, daß wir fähig wurden, uns altruistisch zu verhalten. Die altruistischen Fähigkeiten erlauben es uns, Verhaltensweisen an den Tag zu legen, die sich graduell von den Verhaltensweisen nahe verwandter Arten unterscheiden, und die komplexen Regeln und Gesetze zu schaffen, die für die menschliche Gesellschaft typisch sind.

So gesehen ist unsere Fähigkeit, Regeln zu schaffen und zu befolgen, auf zwei Hauptmerkmale der Evolution zurückzuführen: die starke Prädisposition, egoistisch zu handeln, und die gleich starke – wenn nicht stärkere – Prädisposition, altruistisch zu handeln. Diese Sichtweise erlaubt es uns, das Recht in einen evolutionären Kontext zu stellen. Das Recht vermittelt bei unseren Handlungen zwischen den Teilen von uns, die durch Egoismus motiviert sind, und jenen Teilen, die durch das Bedürfnis, altruistisch zu handeln, angetrieben werden. Der Schlüssel zu diesem Geschehen liegt in unserer wechselseitigen Abhängigkeit beim Erreichen egoistischer biologischer Ziele, etwa wenn wir einen Gefährten suchen, um uns zu reproduzieren, Ressourcen erwerben, besitzen oder abstoßen, wenn wir in einer Umgebung mit optimaler Besiedlungsdichte leben, soziale Netzwerke unter Nicht-Verwandten schaffen und in Verwandte investieren.

Recht als Mittler zwischen diesen beiden Verhaltensmotivationen

Das Recht hat also eine Vermittlerfunktion. Es bleibt unvollkommen, weil Angehörige einer unvollkommenen Spezies es durch ihren Geist geschaffen haben und weil einzelne oder Gruppen oft versuchen, aus egoistischen Gründen Gesetze zu erlassen. Gesetze werden befolgt, weil die Menschen, die sie befolgen, der Ansicht sind, daß die Gesetze einen Wettbewerbsvorteil bieten oder zumindest den bestehenden Wettbewerbsstatus nicht verschlechtern. Zwischen solchen Verhaltensweisen und den Genen besteht eine Verbindung, die in manchen Fällen stärker ausgeprägt ist als in anderen Fällen, die aber trotzdem vorhanden ist. In Zusammenhang mit den bisher genannten Punkten werde ich nun auf Rechtsverhalten, Gruppenordnung und Gerechtigkeitsgefühl eingehen.

Rechtsverhalten

Die ersten Menschen scheinen in kleinen Gruppen gelebt zu haben, die manchmal vielleicht nur aus zwei Personen bestanden, einem neugeborenen Kind und einer Mutter. Als die Gruppen wuchsen, wurde es wichtig, das Verhalten aller Gruppenmitglieder immer genauer voraussagen zu können. Ein evolutionäres Ereignis war für die Entstehung der menschlichen Fähigkeit, das Verhalten anderer vorherbestimmen zu können, von entscheidender Bedeutung, und zwar die Entwicklung der Fähigkeit, Regeln zu schaffen und zu befolgen, deren Einfluß weit über die Bindungen des einzelnen oder die Mutter-Kind-Bindung hinausgehen. Damit sie unseren Vorfahren von Nutzen sein konnten, mußten diese Regeln verständlich und mitteilbar sein und den Anforderungen des sozialen Lebens und den Anpassungsnotwendigkeiten an die Umwelt entsprechen. Ein einleuchtendes historisches Szenario für die Umstände, unter denen sich das menschliche Recht entwickeln konnte, finden wir zunächst in der dyadischen Beziehung, später in kleinen Familien und noch später in größeren Gruppen, die auch Nicht-Verwandte einschließen.[2]

Bei den frühesten Familien wurden Existenz und Überleben durch die Mutter-Kind-Bindung geprägt und beschränkt. Damals wie heute war das neugeborene Kind von der Hilfe und Fürsorge seiner Mutter abhängig. Menschenkinder können sich nicht an die Mutter anklammern, wie dies bei vielen anderen nichtmenschlichen Primatenarten der Fall ist. Es dauert mehrere Monate, bis sich das Menschenkind alleine umherbewegen kann. Die Mutter muß es halten und tragen und ihm Schutz und Nahrung geben. Manchmal mußte eine Mutter ihr Kind ablegen, um bestimmte Aufgaben erfüllen zu können. Solche Aufgaben konnten nicht unterschiedslos von jedem ausgeführt werden. Die Kinder der frühen Hominiden brauchten wie alle Primatenkinder Aufsicht. Die Familien und größeren Gruppen, die sich beim Frühmenschen entwickelten, mußten diese Verhaltensweisen in ihre sozialen und überlebensorientierten Strategien miteinbeziehen. Wie ich schon betonte, war die Notwendigkeit, das Verhalten anderer vorhersagen zu können, ein wesentlicher Faktor bei der Entwicklung von größeren und komplexeren Gruppierungen. Zu wissen, wie eine andere Person auf bestimmte Situationen und Aktionen reagieren wird, erleichtert den Gruppenzusammenhalt und die Möglichkeit, persönliche Ziele zu erreichen. So wird beispielsweise die Erwartung, daß ein anderer sehr stark reagieren und mit großer Entschlossenheit Besitz und Eigentum verteidigen wird, das beide begehren, den Ablauf der Handlungen beider Beteiligten beeinflussen. Wenn derjenige, der das Eigentum eines anderen begehrt, voraussehen kann, daß der Eigentümer sein Eigentum verteidigen wird, so wird er wahrscheinlich entweder von dem Versuch, es ihm wegzunehmen, Abstand nehmen oder es zu einem günstigeren Zeitpunkt versuchen, wobei er Strategien wie etwa Täuschung einsetzen wird.[3] Die Vorhersehbarkeit des Verhaltens anderer ist also ein Faktor, der in entscheidendem Maß zur Formulierung von Regeln beiträgt: *Vorhersehbarkeit ist eine wesentliche Voraussetzung für die Wirksamkeit von Gesetzen.*

Zu einem gewissen Zeitpunkt in der Entwicklung der Hominiden kam es zu kooperativer Nahrungssuche und gemeinsamem

Jagen. Kooperative Streifzüge und „Nahrungsmittelernten" lassen sich zwar gelegentlich auch bei Schimpansen beobachten, sie entwickelten sich eigentlich aber erst beim Übergang von den Australopithecinae zu unseren werkzeugverwendenden Vorfahren (Homo habilis, Homo erectus und schließlich Homo neanderthalensis) zu einem zunehmend wichtiger werdenden Faktor. Die Mitglieder der Gruppe sammelten und jagten nicht nur zusammen, sie begannen auch, ihren Fang nach impliziten oder expliziten Regeln zu verteilen. Arbeitsteilung, Kooperation und Planung wurden notwendig. Die Kooperation innerhalb der Jägergruppen bedurfte einer fortgeschrittenen Kommunikationstechnik. Wahrscheinlich wurden diejenigen Individuen im Sinne der Selektion belohnt, die schnell lernen und sich verändern konnten, wenn die Umwelt und die Dynamik der sozialen Gruppen sich veränderten.

Die Entwicklung des dreigliedrigen Gehirns (Triune Brain)

Die oben beschriebenen Ereignisse waren nur aufgrund evolutionärer Veränderungen im Gehirn möglich. Die neuronale Vernetzung und Struktur mußten komplexer werden, die Neurochemikalien immer mehr Funktionen erfüllen. Eine erhöhte zerebrale Spezialisierung war für die neuentwickelten Fähigkeiten nicht nur wesentlich, sie war zum Teil deren Grundlage. Es ging unter anderem um die Fähigkeit, Dinge zeitlich hinauszuschieben, sich künftige Ereignisse vorzustellen, die potentiellen Kosten und Vorteile bestimmter Situationen zu berechnen, andere zu erkennen, über die Bedeutung von Regeln und die in diese Regeln gesetzten Verhaltenserwartungen zu kommunizieren, Gesetze zu gestalten und auf das Verhalten anzuwenden und viele andere Aktivitäten.

Unter Evolutionswissenschaftlern werden zahlreiche Theorien vertreten, die sich mit den Einzelheiten der evolutionären Ereignisse befassen. Diese Theorien sind zum Teil widersprüchlich, da niemand in der Lage ist, die Einzelheiten unserer evolutionären

Vergangenheit genau zu rekonstruieren. Die Vorstellungen von *Paul MacLean* kommen den in diesem Buch vertretenen Ansichten vielleicht am nächsten. Nach *MacLeans* Meinung haben sich immer weitere Schichten des Kortex gebildet, als die hominidische Evolution von den Reptilien zu den Säugetieren fortschritt. Die drei wesentlichen Verhaltensänderungen, zu denen es im Lauf der Evolution kam, waren die Entwicklung des Säugens, der elterlichen Fürsorge und des Spiels.[4]

Die Vorstellungen von *MacLean* implizieren eindeutig, daß ein großer Teil unserer phylogenetischen Vergangenheit im menschlichen Gehirn festgehalten wurde, wenngleich sich viele neue und sehr komplexe Systeme entwickelt haben, die zusätzliche Teile des modernen menschlichen Gehirns bilden. Manchmal arbeiten die verschiedenen Gehirnteile harmonisch zusammen, manchmal stehen sie in Konflikt zueinander, und manchmal inszeniert das Gehirn sogar destruktives Verhalten. Es sind diese Varianten, die der menschlichen Kooperation Grenzen setzen. Das Recht muß jedenfalls Verhaltensweisen ansprechen, die aus solchen Unausgewogenheiten und Konflikten herrühren.

Als die Gruppen an Größe zunahmen und die verschiedenen Gruppenmitglieder zur Arbeitsteilung übergingen, entwickelten sich hierarchische Beziehungen und gleichzeitig die Fähigkeit, Anweisungen zu geben und zu befolgen. Wenn Mitglieder einer Gruppe dazu neigten, Regeln und Gesetze zu befolgen, und lernten, ihre Handlungen im Rahmen der für das Gruppenleben geltenden Regeln zu steuern, waren sie überlebensfähiger als die, bei denen dies nicht der Fall war. Rechtstreues Verhalten bot also einen selektiven Vorteil.

Die vorgenannten Punkte mögen als Hintergrund dienen, vor dem bestimmte Themen, die besonderer Aufmerksamkeit bedürfen, erörtert werden können. Es handelt sich um folgende Themen: die Fähigkeit des Gehirns zur Übermittlung und Kodierung von Informationen, Kooperation und Lernen, Sprache und das Konzept des Gerechtigkeitssinns. Wir werden diese Themen der Reihe nach erörtern.

Informationsübertragung

Das Maß, in dem der Mensch fähig ist, Informationen zu übertragen und Werturteile zu fällen, wenn es darum geht, traditionelle Verhaltensweisen anzunehmen oder abzulehnen, ist großenteils eine Funktion des Neokortex, des jüngsten menschlichen Gehirnteils. Als dieser Teil des Gehirns größer und komplexer geworden war, wurden unsere Vorfahren in die Lage versetzt, ihre Fähigkeiten zur Schaffung und Verwendung von Symbolen und zur Abstraktion von Gedanken dramatisch zu steigern. Es dauerte Millionen von Jahren, bis das Gehirn sich zu seinem gegenwärtigen Zustand entwickelt hatte. Fossile Funde, wie sie beispielsweise von den *Leakeys* in Olduvai Gorge[5] gemacht wurden, und andere neuere Entdeckungen[6] dokumentieren die vielen verschiedenen Entwicklungsstufen.[7] Die Funde reichen über 1,5 Millionen Jahre zurück. Die Werkzeuge und Waffen, die bei hominiden Fossilien aufgefunden wurden[8], legen die Vermutung nahe, daß unsere Vorfahren, die vor etwa 2 Millionen Jahren lebten und deren Gehirn dem eines heutigen Gorillas vergleichbar ist, im Vergleich zu ihren unmittelbaren Vorfahren schon eine Reihe neuer Verhaltensweisen an den Tag legten: „Nichts in einem Quarzstein oder in einer Ansammlung von Feuersteinen legt die Funktion des Messers, der Axt oder des Schreibwerkzeugs nahe, die aus ihnen geschaffen werden können. Die Formung eines nützlichen Werkzeugs aus einem Stein kann nur ein Produkt zufälliger Beobachtung und gezielten Experimentierens sein."[9] Funde, wie die gerade genannten, implizieren einmal, daß die Entwicklung der menschlichen Gesellschaft ein langsamer Prozeß war, und zum anderen, daß das Recht eine vergleichbare Geschichte aufweist. Man kann mit guten Gründen annehmen, daß während der frühesten Augenblicke unseres rechtlichen Erbes der Übergang von kleinen, aus Familienmitgliedern und vielleicht ein paar Nicht-Verwandten bestehenden Gruppen zu Gruppen, in denen nicht alle Mitglieder einander kannten, einen wesentlichen Faktor darstellte. Zwei andere Faktoren scheinen bei dieser Entwicklung ebenfalls von Bedeutung gewesen sein: Vorhersehbarkeit und eine immer genauer werdende Informationstransformation. Eine Analogie soll die Wichtigkeit dieser Entwicklungen veranschaulichen: Der Grund, warum der Mensch sich in einer neuen sozialen Umgebung häufig ängstigt, liegt darin, daß er das Verhalten der anderen nicht vorhersehen kann. Furchterregende Erfahrungen werden oftmals weniger furchterregend, wenn Fremde durch Gesichtsausdruck oder Gesten ihre guten Absichten zum Ausdruck bringen, indem sie Augenkontakt herstellen, eine Hand anbieten, lächeln und in angemessenem Abstand stehenbleiben. Damit wird ihr Verhalten vorhersehbar. Die Fähigkeit, solche Informationen zu übermitteln und korrekt zu kodieren, konnte vermutlich zum Teil deshalb entwickelt werden, weil das Gehirn dank seiner veränderten Kapazität nunmehr komplexere Informationen verarbeiten, die Motive der anderen recht genau einschätzen, die Folgen eines bestimmten Verhaltens beurteilen und vergangene Erfahrungen in Lebens- und Überlebensstrategien einbeziehen konnte.

Bei all den verschiedenen evolutionären Entwicklungen im Zentralnervensystem wurde die allgemeine Neigung, Regeln zu formen und bestimmte Gesetze zu schaffen und durchzusetzen, zu einem Teil unserer biologischen Ausstattung. Die Regeln, denen sich der Mensch zuerst unterworfen hat, waren vermutlich spezieller Natur. Die Regeln mußten so beschaffen sein, daß die Mehrheit der Gruppenmitglieder sie verstehen und befolgen konnte. Es mußte sich um Regeln handeln, die befolgt wurden, weil man glaubte, dadurch Vorteile erlangen zu können.

Kooperation und Lernen

Neben der wachsenden Fähigkeit, Handlungen so vorauszuplanen, daß sie auf vorhersehbare Reaktionen stoßen, scheinen auch noch einige andere Faktoren zur frühen Entwicklung rechtstreuen Verhaltens beigetragen haben. Herauszugreifen wären die soziale Kooperation und das Lernen. Wie bereits erwähnt (S. 48 ff.), gibt es deutliche Hinweise, die vermuten lassen, daß viele Tierarten sich einer solchen Kooperation bedienen. Für Kooperation[10] gibt es sowohl grundursächliche als auch primäre Erklärungen. Die beiden wichtigsten grundursächlichen Erklärungen, die Theorien der Verwandtschaftsauslese und des reziproken Altruismus, wurden bereits erörtert (S. 48 ff., 55 ff.). Die Kooperation läßt sich teilweise mit Hilfe der Theorie der Verwandtschaftsauslese erklären, wonach der einzelne in Verwandtschaft investiert (Verwandten hilft, beisteht). Die Theorie des reziproken Altruismus erklärt die soziale Zusammenarbeit unter Nicht-Verwandten: A hilft B zum Zeitpunkt X; zu irgendeinem späteren Zeitpunkt erwidert B die Hilfe von A. Damit reziprokes Verhalten bei den Helfenden von Vorteil ist, bedarf es spezifischer Regeln für eine solche Interaktion. Ebenso müssen die sozialen Folgen für den Empfänger, der die empfangene Hilfe nicht vergilt, spezifiziert sein. Diese Art von Verhalten ist fast überall anzutreffen. Man begegnet ihr bei verschiedenen Spezies und menschlichen Kulturen, was auf Grundursächlichkeit schließen läßt (das heißt, es handelt sich um selektierte Verhaltensweisen, für die wir eine starke Prädisposition aufweisen). Da die Berechnungs- und Interpretationskriterien beim reziproken Altruismus komplexer zu sein scheinen als bei der Verwandtschaftsauslese, ist zu vermuten, daß sich reziprokes Verhalten etwas später in der menschlichen Geschichte entwickelt hat.

Die Beobachtung von Tieren in ihrer natürlichen Umgebung legt die Vermutung nahe, daß eine der Grundvoraussetzungen für kulturelles Verhalten, nämlich die Bereitschaft, von anderen entwickelte Informationen zu akzeptieren und zu nutzen, auch bei nicht-menschlichen Tieren anzutreffen ist. So dient etwa die Herde der Elefantenkühe, in der die jungen Elefanten heranwachsen

> als Hort des traditionellen, für das Überleben notwendigen Wissens: über die Wege zu den Wasserlöchern und Futterplätzen und die jahreszeitlich bedingten Wanderungen in neue Gebiete. Ein solcher Wissensspeicher kann gebildet werden, weil das Gehirn des Elefanten (das dreimal so groß ist wie das menschliche Gehirn) es diesem ermöglicht, etwas durch Imitation zu erlernen und in Erinnerung zu behalten. Darüber hinaus sind Elefanten potentiell langlebige Tiere, die langsam her-

> anwachsen, und so können in einer Herde mehrere Generationen zusammenleben, was die Lernchancen für die jungen Elefanten noch erhöht.[11]

In einem anderen bekannt gewordenen Fall nahmen Makak-Affen eine neue Eßgewohnheit an und zwar innerhalb von sechs Jahren, nachdem ein junges Gruppenmitglied diese eingeführt hatte.

> Seit 1952 wurde eine auf einer Insel lebende Makakengruppe mit Süßkartoffeln gefüttert... in einer Fütterungsstation am Strand. Eines Tages war zu beobachten, wie Imo, ein eineinhalb Jahre altes Weibchen, den Sand von ihrer Süßkartoffel abwusch. Diese neue Tradition wurde zunächst von einem Spielkameraden von Imo imitiert, dann von Imos Mutter. Das Kartoffelwaschen verbreitete sich weiter und wurde meist von den jungen Affen an ihre Mütter und von jüngeren an ältere Geschwister weitergegeben. Vier Jahre später hatten von den erwachsenen Tieren nur die Mütter der kartoffelwaschenden Jungen das Waschen der Kartoffeln erlernt... Als die [Jungen] selbst Mütter wurden, wateten sie ins Meer hinein, um Kartoffeln zu waschen, wobei ihre Jungen fest an sie geklammert waren. Der Nachwuchs tat es den Müttern gleich, so als hätten Affen immer schon Süßkartoffeln gewaschen.[12]

Die Makaken fressen auch über den Strand verstreuten Weizen, der sich dort mit Sand vermischt hat. Die Mitglieder von Imos Gruppe durchsuchten den feuchten Sand eifrig nach einzelnen Weizenkörnern. Dann beobachtete man, wie Imo im Alter von 4 Jahren eine Handvoll Sand und Weizen aufnahm, ins Meer schleuderte und die schwimmenden Weizenkörner auflas, nachdem der Sand abgesunken war. In den nächsten Jahren begannen die meisten Jungaffen mit dem „Weizensieben". Die erwachsenen Männchen aber, und zwar auch diejenigen, die in der Dominanzhierarchie am höchsten standen, gingen im allgemeinen nicht ins Meer hinein, auch nicht, um an ihre Lieblingsnahrung zu gelangen. Diese Beobachtung zeigt uns die konservative Seite der Tiernatur: Traditionsgebundene Tiere widersetzen sich oft der Entwicklung neuer Verhaltensmuster.[13]

Die oben am Beispiel der Elefanten und nicht-menschlichen Primaten beschriebene Art des Lernens kann uns als Rahmen dienen und die Lernkriterien aufzeigen, die bei unseren fernen Vorfahren galten. Auf dieser Grundlage können wir die heutigen Menschen mit diesen Vorfahren vergleichen. Viele der bei den Elefanten und nicht-menschlichen Primaten beobachteten Verhaltensweisen treffen wir täglich unzählige Male auch in menschlicher Umgebung an. Kinder imitieren ihre älteren Geschwister und Eltern. Wenn sie mit ihren Gefährten spielen, erlernen sie die Regeln des Spielens und der Fairneß.[14] Wir kennen aber auch viel komplexere Verhaltensweisen. Erwachsene übernehmen neue Arbeitsstellen, an denen neue Regeln gelten. Menschen ziehen quer durchs Land oder ins Ausland um und passen sich neuen sozialen Regeln an. Der tragende Faktor bei solchen Veränderungen ist das Erlernen der sozialen Regeln, Anforderungen und Belohnungen des Systems, dessen Teil man wird, und der Bestrafungen, die dieses bei unfairem Verhalten vorsieht. In diesem Bereich treffen wir auf die Primärmechanismen des regel- und gesetzestreuen Verhaltens. Die „du darfst"- und „du darfst nicht"-Regeln von Spielgefährten, Ehegatten, Chefs und der örtlichen Polizei sind allesamt primärer Natur.

Sprache

Die Entwicklung der Sprache (zu der sowohl grundursächliche wie auch primäre Faktoren beitragen) ist eine weitere Voraussetzung für die Entwicklung rechtstreuen Verhaltens. Die Vorfahren der Menschheit kommunizierten in den frühen Stadien ihrer Entwicklung durch Laute, Gesten und Haltungen. Durch die Verfeinerung dieser Verhaltensweisen entstand die Sprache. Mit dieser Entwicklung bekamen auch die Regeln einen anderen Charakter. Die Sprache konnte jetzt als Grundlage für die Formulierung von Regeln und die Entwicklung komplexerer Kodierungen dienen; der Mensch machte die Erfahrung, daß vor Eintritt bestimmter Situationen wichtige Informationen ausgetauscht werden konnten (z. B. hinsichtlich der Vorratshaltung für den Winter), und es konnten Gesetze entwickelt werden, die sich mit noch nie dagewesenen Situationen befaßten. Jetzt konnten Verhaltensweisen, die stark von Verhaltensneigungen beeinflußt waren, die mit Verwandtschaftsauslese und Reziprozität unter Nicht-Verwandten in Verbindung standen, und gleichermaßen auch Informationen, die sich mit dem Überleben unter verschiedenen Umweltbedingungen befaßten, sowohl im unmittelbaren Kontext, als auch hinsichtlich künftiger Geschehnisse (beispielsweise dem Umgang mit hypothetischen Ereignissen) übermittelt und spezifiziert werden. Wesentlich für diese Ereignisse war die Entwicklung der Sprachfähigkeit und der kognitiven Infrastruktur, die diese trägt. Die Sprache erleichterte nicht nur das Aufstellen und Zusammenstellen von Regeln und deren Anpassung an verschiedene Lebensweisen und Umweltbedingungen, sondern auch deren Durchsetzung (so konnte beispielsweise anderen mitgeteilt werden, daß bestimmte Leute die Regeln mißachten).

Die Rolle des Rechts

Die Fähigkeit, Regeln zu formulieren, zu artikulieren und zu verstehen, hatte wie andere Fähigkeiten, die eine erfolgreiche Spezies kennzeichnen, unzweifelhaft eine signifikante Bedeutung für die spätere Evolution des Menschen. Die Formulierung von Regeln und in einem späteren Stadium die Entwicklung von Gesetzen, trugen zur Entwicklung sozialer Kulturen mit reichem symbolischen Inhalt bei. Sprache und Symbolmanipulation sind bei dieser Art von Entwicklung immer anzutreffen. Eine offensichtliche Auswirkung solcher Regeln und Gesetze besteht darin, daß sie zu ausgefeilten sozialen Traditionen führen. Darüber hinaus wird die Anpassungsfähigkeit von einzelnen und von Gruppen durch diese Traditionen beeinflußt. Tatsächlich ist rechtstreues Verhalten dem kulturellen Verhalten ebenso inhärent, wie das Recht der Kultur inhärent ist. Recht und Kultur interagieren miteinander. Diese Interaktion ist dynamisch. Dies geht jedoch nicht ohne Konflikt ab, ein Gesichtspunkt, den *Friedmann* in seinem Kommentar unterstreicht:

> Amerikaner ... scheinen bereitwillig Steuern zu zahlen; sie drücken sich, aber innerhalb akzeptabler Grenzen ... Andererseits schafft jeder Versuch, das Recht zur Eliminierung von Ehebruch in den Vereinigten Staaten einzusetzen, vollkommen andersartige Durchsetzungsprobleme. Niemand befolgt Gesetze gegen Ehebruch einfach nur deshalb, weil es Gesetze sind ... Eine staatliche Intervention bei privatem sexuellen Verhalten wird kulturell mißbilligt.[15]

Recht ist also nicht nur ein Paket von gesprochenen, geschriebenen oder formalisierten Regeln, denen die Menschen blindlings folgen. Das Recht stellt sich vielmehr als Formalisierung von Verhaltensregeln dar, über die bei einem hohen Prozentsatz der Menschen Einigkeit besteht. Es handelt sich um Verhaltensregeln, die bestimmte Verhaltensneigungen widerspiegeln und denjenigen, die sie befolgen, einen potentiellen Vorteil versprechen. (Wenn die Menschen diesen potentiellen Vorteil nicht erkennen oder nicht an ihn glauben, werden die Gesetze oftmals nicht beachtet oder befolgt, sofern nicht eine herrschende Gruppe starke, oft auch von religiösen oder ideologischen Dogmen getragene Zwangsmittel einsetzt.)

Die Sprachfähigkeit brachte auch die Fähigkeit, zu imaginieren und an das Übernatürliche zu glauben, mit sich. Dieser Glaube und die damit verbundenen Emotionen beeinflußten die Ausformung des Verhaltens, auch des Rechtsverhaltens. Der Glaube an das Übernatürliche ist eng mit Gefühlen von Anbetung, Ehrfurcht und Furcht verbunden. Man kann mit gutem Grund annehmen, daß die Fähigkeit, Gesetze zu entwickeln und zu befolgen, mit unangenehmen Gefühlen (Schuld) verknüpft war, die auftraten, wenn Gesetze nicht befolgt wurden. Andererseits haben die Menschen möglicherweise versucht, den Schuldgefühlen zu entgehen, die aus „tragischen Entscheidungen“[16] resultierten, indem sie die Verantwortung für nicht gesetzestreues Verhalten einer höheren Autorität, den Göttern oder dem Teufel aufbürdeten.[17] Vielleicht glaubten die Menschen zuerst an böse Gottheiten, lernten aber im Lauf der Zeit, als sie versuchten, mit diesen in gutem Einvernehmen zu leben, an einen guten Gott zu glauben. Das emotionale Bedürfnis, in gutem Einvernehmen mit den übernatürlichen Kräften zu leben und diese unveränderlichen Kräfte zu akzeptieren, könnte eng mit der Bereitschaft verknüpft sein, Autorität und Macht anzuerkennen. Die Imagination half also vermutlich dabei, die frühen Gesetze mit Überzeugungs- und Überredungskraft auszustatten.

Unser Verständnis von Regeln läßt sich nicht von den Themen trennen, die sich auf die soziale Struktur beziehen. Dies gilt sowohl für Menschen, wie auch für nicht-menschliche Primaten. Frühe menschliche Gruppierungen waren zweifellos nach Dominanz- oder Hierarchiegesetzen aufgebaut, wie sie entsprechend bei nicht-menschlichen Primaten anzutreffen sind. Bei diesen Strukturen nahm jeder einzelne einen bestimmten Platz ein, der sich von Zeit zu Zeit, bedingt durch das Altern der Tiere und durch Neugeburten, verändern konnte. Diejenigen, die dominierten, benutzten die bestehenden Regeln am ehesten zu ihrem Vorteil, formulierten neue Regeln und setzten diese auch durch. Obgleich nicht alle bei den Primaten geltenden sozialen Regeln mit Dominanz zu tun haben, so ist dies doch bei einer Vielzahl von Regeln der Fall, denn im allgemeinen behaupten sich dominante Tiere eher als untergeordnete Tiere.[18] Selbstbehauptung ist aber nicht das einzige Thema. Wie Studien über Makaken, Paviane und Schimpansen zeigen, verlassen sich die in Gruppen lebenden Primaten auf ihre Anführer, wenn es darum geht, die täglichen oder der Jahreszeit entsprechenden Wege zu den Futterplätzen zu finden. Entscheidungen, die die Gruppe betreffen, werden am häufigsten von den Individuen getroffen, die einen hohen Rang innehaben.[19] Ein hoher Rang bringt also die Verpflichtung mit sich, zu führen und eine bestimmte Verantwortung zu übernehmen.

Regeln und Gesetze reflektieren also teilweise soziale Konditionen und teilweise soziale Optionen und Erwartungen. Wenn das Recht sich mit wahrscheinlichem und unwahrscheinlichem menschlichen Verhalten befaßt, sollte es diese Tatsachen berücksichtigen, was in der Regel auch der Fall ist. So gibt es beispielsweise bestimmte Regeln für das Verhalten Minderjähriger, oder das Gesetz legt bestimmte Verantwortlichkeiten fest, was das Verhalten eines Sachverständigen vor Gericht anbelangt. Die meisten Zulassungserfordernisse, wie die Prüfungen durch medizinische Gremien oder die Examina für den Anwaltsstand, gehören zu dieser besonderen Behandlung durch das Recht. Auf diese Weise bürdet das Recht demjenigen größere Verpflichtungen auf, der bestimmte, die Gruppenmitglieder berührende Entscheidungen trifft.

Der Gerechtigkeitssinn

Wir kommen nun zum Konzept der Gerechtigkeit und zum Gerechtigkeitssinn. Man könnte den Gerechtigkeitssinn als das Gefühl beschreiben, das ein Mensch hat, wenn er über die Fairneß von bestimmten Vorkommnissen urteilt, und als seine emotionale Reaktion auf Ereignisse, die er als ungerecht empfindet. Im folgenden werde ich beschreiben, wie dieser Sinn sich als einer der Charakterzüge entwickelt haben könnte, die die menschliche Adaption erleichterten. Es ist wahrscheinlich, daß sich im Laufe der hominidischen Evolution Mechanismen entwickelt haben, mit deren Hilfe festgelegt wurde, ob bestimmte Ereignisse den Erwartungen an einen billigen und gerechten Ausgang entsprachen oder nicht. Dieser Evolutionsschritt zeigt sich am evidentesten in unserem individuellen Gerechtigkeitssinn – einem dynamischen zerebralen Mechanismus, der das Verhalten ergänzt, zur Steuerung individuellen Verhaltens innerhalb der Gruppe beiträgt und das rechtliche Verhalten eines Menschen stark beeinflußt (d. h. bestimmt, ob er den Gesetzen gehorcht, ihnen ausweicht, sie ignoriert oder mißachtet). Offenbar wird diese Fähigkeit durch sensorische Reize aktiviert und dürfte (angesichts der ständigen Veränderungen der menschlichen Umwelt) die Fähigkeit zur Veränderung miteinschließen.

Wann und warum haben wir diese Gefühle und Emotionen, die mit Fairneß, Gerechtigkeit und Ungerechtigkeit zu tun haben? Die Antwort auf das Wann liegt in der Tatsache, daß die Gesetze, die der Mensch geschaffen hat und befolgt, menschlichen Ursprungs sind. Unsere modernen Gesetze verkörpern Werte und Traditionen, die von Menschen geschaffen wurden, ob es sich nun um die (indigenous) primitiven Gesetze traditioneller Gesellschaften oder um die in den ausgeklügelten Rechtssystemen technologisch fortgeschrittener Nationen enthaltenen Rechtsnormen handelt. Das Rechtsverhalten des einzelnen hängt nicht nur von seiner Fähigkeit und Bereitschaft zu solchem Handeln ab. Was ein Mensch tatsächlich tut, ob er das Gesetz befolgt oder bricht, wird auch von seinem persönlichen Gerechtigkeitssinn und von seiner Reaktion auf das Gerechtigkeitskonzept bestimmt, dem die Gruppe, der er angehört, anhängt. Wenn die Mitglieder einer Gruppe Werturteile über akzeptables Verhalten fällen – auch wenn dieses Verhalten nur auf Nützlichkeits- oder Überlebenserwägungen basiert –, so verbinden sich diese Urteile oftmals zu einem rudimentären Konzept von Recht und Unrecht, einem Grundkonzept, wie es jeder Gerechtigkeitsdoktrin zugrunde liegt. Natürlich gibt es von Person zu Person Unterschiede, auch wenn die Gruppenmitglieder noch so eng miteinander verwoben sind. Jedes Gruppenmitglied lernt, seinen persönlichen Maßstab zu finden und seinen persönlichen Sinn für Recht und Unrecht zu entwickeln. Alter und Geschlecht tragen teilweise zu den Unterschieden bei; mitunter spielen auch wirtschaftliche Faktoren oder vergangene Erfahrungen eine wichtige Rolle. Die Art der Familienstruktur, in der ein Mensch aufwächst, die Bindungen und Bande, die er in seinen frühen Jahren knüpft, gehen zusammen mit der hierarchischen Ordnung, mit Nepotismus und Reziprozität in die Verhaltensmuster ein, die im Gehirn gespeichert werden und die zusammengebracht werden müssen, damit der Mensch das Gefühl haben kann, daß die Gerechtigkeit siegt. Das persönliche Gerechtigkeitsgefühl scheint das Produkt aus einer Kombination von angeborenen Mechanismen zu sein, die in verschiedenen Situationen, mit denen ein Mensch konfrontiert wird, Gefühle von Gerechtigkeit oder Ungerechtigkeit auslösen. Diese Emotionen treten auf, wenn bestimmte Ereignisse zu den im Gehirn gespeicherten Mustern passen oder nicht passen, wenn also beispielsweise die Ausgewogenheit oder das Gleichgewicht in der eigenen Gruppe bedroht ist oder man keine Gegenleistung für die einem anderen gewährte Hilfe erhalten hat. Der Wunsch nach einem ausgeglichenen Zustand motiviert einen Menschen, im Namen der Gerechtigkeit zu handeln, und die Wiederherstellung oder Fortsetzung des Gleichgewichts ruft beim einzelnen ein Gefühl des Wohlbefindens oder der Dankbarkeit hervor. Das grundlegende Gesetz in diesem Zusammenhang besagt, daß die Muster zusammenpassen müssen.[20]

Zusammenfassung

Dieser Überblick über Rechtsverhalten, Gruppenordnung und Gerechtigkeitssinn sollte zeigen, daß die verhaltensmäßigen Reaktionen des Menschen auf das Recht das Ergebnis der Evolution sind. Für diese Reaktionen ist die Interaktion vieler verschiedener Faktoren, etwa der Gene, der Physiologie, der Umwelt und der angelernten Verhaltensweisen, kennzeichnend. Diese Faktoren fügen sich zu dem zusammen, was wir als Verstand oder Gehirn bezeichnen, und so kommt es zum arttypischen gesetzestreuen Verhalten.[21]

Eine mögliche Antwort auf das Warum unserer Fragestellung finden wir in neueren Studien, die sich mit der Klärung der Beziehungen zwischen Gefühlszuständen, speziellen anatomischen Strukturen des Gehirns und physiologischen Ereignissen befassen. Erkenntnisse, die sich auf ein mögliches Lustzentrum im Zentralnervensystem beziehen und sich mit den funktionalen Auswirkungen von Endorphinen und Enkephalinen befassen, sind nicht nur besonders interessant, sie lassen sogar vermuten, daß es eine Grundlage für die mit dem Gerechtigkeitssinn verbundenen positiven Gefühle gibt. Wie diese Entdeckungen zeigen, ist eine erhöhte Tätigkeit bestimmter Endorphine und Enkephaline mit Gefühlszuständen verknüpft, die man am besten als Wohlbefinden, Vertrauen, Ausgewogenheit und Vergnügen bezeichnen könnte. Es ist keineswegs weithergeholt, anzunehmen, daß sich diese und verwandte physiologische Vorgänge im Laufe der Evolution entwickelt haben und die daraus resultierenden positiven Gefühle dem einzelnen erkennen halfen, ob sich die Ereignisse so eingestellt hatten, wie sie sich einstellen sollten. Solche Mechanismen sind bei jedem Menschen zu vermuten. Die Funktionsweise beim einzelnen wird durch Faktoren wie Alter, Geschlecht, frühere Erfahrungen und genetische Ausrüstung beeinflußt.

Anmerkungen

1 *Lieberman,* siehe Anm. 4, Kap. 1.

2 In Kapitel 5 (S. 134 ff.) findet sich eine detaillierte Schilderung der Strukturen und Organisationsformen der menschlichen Familien in dieser Zeit.

3 *de Waal* und *Goodall* berichten von ähnlichen Beobachtungen bei ihren Untersuchungen von Schimpansen und anderen nicht-menschlichen Primaten. Obwohl bei den Schimpansen Interaktionen beobachtet werden konnten, die als Einmischung Dritter in einen Streit gedeutet werden können, scheinen keine eindeutigen Sanktionen für abweichendes Verhalten zu existieren. Klarer konnte der Einsatz politischer Strategien in der Gruppe beobachtet werden, um Zugang zu Nahrung, Sex oder Dominanz zu gewinnen.
Goodall, J., Social rejection, exclusion and shunning among the Gombe chimpanzees. In: Gruter und Masters, Anm. 20, Kap. 1; *de Waal, F.,* The brutal elimination of a rival among captive male chimpanzees. In: Gruter und Masters, Anm. 20, Kap. 1.

4 *MacLean, P. D.,* A triangular brief on the evolution of brain and law. In: Gruter und Bohannan, Anm. 20, Kap. 1.
Man könnte sagen, daß sich die Evolutionsgeschichte der Säugetiere im wesentlichen als Evolutionsgeschichte der Familie darstellt. Die Fürsorge für die Familie, nicht nur zum Zeitpunkt der Geburt, sondern, wie dies beim Menschen der Fall ist, über einen ausgedehnten Zeitraum hinweg, führt zu einer progressiven Evolution des Verantwortungsgefühls und des-

sen, was wir als Gewissen bezeichnen ... Im Laufe der Evolution der Säugetiere erlangten die Vokalisierung und das Hören große Wichtigkeit für die Aufrechterhaltung der Beziehungen zwischen den Eltern und ihrem Nachwuchs. Es ist zu vermuten, daß die stimmliche Kommunikation half, den gegenseitigen Kontakt der kleinen Säugetiere, die auf dem dunklen Waldgrund lebten, sicherzustellen. Der sogenannte „Isolierungsruf" ist wahrscheinlich die grundlegendste Form der Vokalisierung bei den Säugetieren. Er dient dazu, den Mutter-Kind-Kontakt aufrechtzuerhalten und den Gruppenverband zu bewahren ... Der größte Teil der alten Großhirnrinde, die mit den frühen Säugetieren in Verbindung gebracht wird, befindet sich im großen Schläfen- und Stirnlappen, der als gemeinsamer Nenner im Gehirn aller Säugetiere vorzufinden ist. 1952 schlug ich vor, den Terminus limbisches System zur Bezeichnung der Großhirnrinde und der Gehirnstammstrukturen zu verwenden, mit denen diese in erster Linie in Verbindung steht. (*MacLean* 1952)

5 *Leakey, L.* und *V. Goodall,* Unveiling man's origin. Cambridge, MA: Schenkman, 1969. *Potts, R.,* Early hominid activities at Olduvai. New York: Aldine de Gruyter, 1988.

6 *Johanson, D.* und *M. Edey,* Lucy. New York: Simon & Schuster, 1981.

7 *Edey,* vgl. Anm. 44, Kap. 1.

8 „Die Häufigkeit fossiler Erkenntnisse steigt in extrem schnellem Maß an. (1970 wurden mehr Fossilien aufgefunden als in all den vorhergehenden Jahren zusammen)." *Fuchs, L. H.,* Family matters. New York: Random House, 1972.

9 *Hurlbut, C.,* Minerals and man. New York: Random House, 1968.

10 *Axelrod, R.,* The evolution of cooperation. New York: Basic Books, 1984.

11 *Eisenberg, J. F.,* The elephant: Life at the top. In: The marvels of animal behavior, 1972.

12 *Marler, P. R.,* The drive to survive. In: The marvels of animal behavior, 1972.

13 Ebd.

14 Psychologen, die sich mit der kindlichen Entwicklung befassen, erforschen dieses Gebiet schon seit der Zeit der Werke von *Jean Piaget* zu Anfang dieses Jahrhunderts. In einem Kapitel, das sich mit den „Fragen eines sechsjährigen Kindes" befaßt, zieht *Piaget* den Schluß, daß ein Kind nach dem Warum fragt, um kausale Erklärungen, Motivationen und Rechtfertigungen zu finden: „Wir wollen als ‚Warums' der Rechtfertigung das bezeichnen, was sich auf eine bestimmte Ordnung oder ein Ziel bezieht, nicht auf eine Handlung, sondern auf eine Regel ... Die Neugier des Kin-

des... richtet sich systematisch auf alle Regeln, die respektiert werden müssen – Sprachregeln, Ausspracheregeln und manchmal Höflichkeitsregeln." *Piaget, J.*, The language and thought of the child. London: Routledge und Kegan Paul, 1959.

15 *Friedman, L.*, Legal culture and social developments. Law and Society Review, 1969, 4:19.

16 *Calabresi, G.* und *P. Bobbitt*, Tragic choices. New York: Norton, 1978.

17 *Calabresi, G.*, Ideals, beliefs, attitudes and the law. Syracuse, NY: Syracuse University Press, 1985. *Calabresi* führt den Begriff der „Bösen Gottheit" ein, die Geschenke anbietet, etwa technologische Fortschritte wie das Automobil. Diejenigen, die die Geschenke gutgläubig annehmen, können Opfer unangenehmer Folgen werden, sie können beispielsweise bei einem Autounfall getötet werden; aber auch denjenigen, die das Geschenk nicht annehmen, kann solches widerfahren.

18 *McGuire, M. T.*, *M. J. Raleigh* und *C. Johnson*, Social dominance in adult Vervet monkeys I: General considerations. Society for Scientific Information, 1983, 22:89–121.

19 *Kummer*, vgl. Anm. 2, Kap. 3.

20 *Hoebel, B. G.*, The neural and chemical basis of reward. In: Gruter und Bohannan, Anm. 20, Kap. 1.

21 *Gazzaniga*, vgl. Anm. 2, Kap. 1.

Teil II

Menschliches Verhalten und Rechtsnormen des Familienrechts und des Umweltrechts

Teil I konzentrierte sich auf Biologie und Recht. Teil II soll veranschaulichen, wie die in Teil I entwickelten Ideen auf zwei Bereiche angewendet werden können: das Familienrecht und das Umweltrecht. Dies sind keineswegs die einzigen Bereiche, anhand derer sich die Relevanz der Ethologie für das Recht demonstrieren läßt. Die Ethologie kann in zahlreichen anderen Bereichen einen Beitrag zum Recht leisten, etwa im Strafrecht, Vertragsrecht und Eigentumsrecht. Das Familienrecht und die Funktionen der Sexualität wurden als Thema ausgewählt, weil die familiären Beziehungen frühe und wichtige Komponenten bei der Entwicklung sozialer und legaler Konzepte darstellen. Das Umweltrecht wurde gewählt, weil es das Recht vor so viele neue Fragen stellt. Kapitel fünf befaßt sich mit Familienrecht und Sexualität; Kapitel sechs behandelt das Umweltrecht.

5. Das Familienrecht und die Funktion der Sexualität

Die Sexualität hat vier grundlegende biologische Funktionen: Paarbindung, Austausch genetischen Materials, Forschung, Fürsorge für den Nachwuchs (Brutpflege). Bei diesen Funktionen handelt es sich um wichtige Elemente sozialen Verhaltens, die bei buchstäblich allen Säugetierarten anzutreffen sind. Die Mehrzahl aller menschlichen Kulturen verfügt über implizite oder explizite Regeln für jede dieser Funktionen. In diesem Kapitel sollen die genannten Funktionen in der obigen Reihenfolge erörtert werden. Der erste Teil dieses Kapitels befaßt sich mit den Funktionen der Sexualität und deren Einfluß auf Familienstrukturen und Familienrecht.

Gesetze, die sich mit Sexualität befassen, fallen zum größten Teil in die Sphäre des Familienrechts. (Das Strafrecht kommt bei Situationen ins Spiel, in denen die Gesellschaft ein Verhalten als unnatürlich oder pervers einstuft oder wenn gewalttätige Handlungen begangen werden, wie etwa eine Vergewaltigung.) Die Wurzeln des Familienrechts liegen in der Biologie. Aber die Biologie ist nicht der einzige Faktor, der das Familienrecht beeinflußt. Auch kulturelle Einflüsse sind zu erkennen. Offenkundige biologische Fakten werden in verschiedenen Kulturen unterschiedlich ausgelegt. Die jeweils herrschenden philosophischen, religiösen und ideologischen Konzepte verleihen ihnen ihre Bedeutung oder modifizieren sie als Antwort auf die praktisch gegebenen Optionen. So ist die Polygynie beispielsweise Bestandteil des islamischen Rechts und wird in breitem Rahmen von etwa 800 Millionen Moslems praktiziert. Die westliche Jurisprudenz betrachtet die Bigamie dagegen als „Verbrechen", auch wenn sie von Menschen praktiziert wird, deren Glaubenssystem die Polygynie miteinschließt (wie dies bei den Mormonen der Fall ist). In manchen Zeiten wurde Bigamie mit dem Tode bestraft, so von den englischen Zivilgerichten unter James I und im Staate Virginia im Jahre 1788.[1] Wie weit solche Gesetze durchgesetzt werden, variiert zum Teil deshalb, weil die Menschen Gesetze, die sich mit Sexualität befassen, eher mißachten als andere Gesetze. Dennoch gibt es die Sexualität betreffende Gesetze, die einen bedeutenden Einfluß auf das Leben aller davon betroffenen Menschen ausüben.

Paarbindung und Ehe

Bei den meisten menschlichen Gesellschaften werden Paarbindungen durch die Institution der Ehe formalisiert, wobei die Ehe in den meisten Kulturen einer Art von Legalsanktion bedarf. Solche Sanktionen befassen sich in erster Linie mit den verschiedenen Folgen der Sexualität und nicht mit dem sexuellem Verhalten als solchem. Läge die Hauptfunktion der Ehe in der Kontrolle der Sexualität, wäre die Ehe (nicht aber die Sexualität) schon vor langer Zeit aufgegeben worden. In menschlichen Gesellschaften, die noch nicht über eine Schrift verfügen, erfolgen Paarbindungen häufig auf der Grundlage eines Frauenaustausches zwischen Verwandtschaftsgruppen. Während solcher Ehen entwickeln sich oft starke Bindungen oder Bande zwischen den Partnern. Der formale Austausch ist auch für moderne Gesellschaften noch typisch, so etwa in den islamischen Ländern, wo arrangierte Ehen quer durch alle sozialen Schichten in hohem Maße üblich sind. (Unmittelbar vor ihrer Wahl zur Premierministerin von Pakistan ging Benasir Bhutto eine solche Ehe ein.) Es wird vermutlich unterschätzt, in welchem Ausmaß der Austausch von Frauen (oder der Tausch von Vieh gegen Frauen) in industrialisierten Gesellschaften noch immer einen Teil der Eheschließung bildet, wenngleich die Austauschmethoden weniger offensichtlich sind. Die frühe Beeinflussung des Nachwuchses aufgrund der ehelichen Rollen und der Partnerwahl, die familiäre Billigung oder Mißbilligung des künftigen Ehegatten und der Einfluß von Gleichgestellten verbindet sich oft mit den auf wirtschaftlichen Erwägungen beruhenden Motivationen.

Der Begriff „Paarbindung" soll uns als Analogon für die menschliche sexuelle Partnerschaft oder Ehe zwischen Mann und Frau dienen. Traditionellerweise befaßt sich das Gesetz hauptsächlich in Zusammenhang mit der Ehe mit dem Paarbindungsverhalten. Den formalen Aspekt kennen wir als staatlich sanktionierte Institution der Ehe. Den informellen Aspekt finden wir bei unverheirateten Paaren, die sich zwar weigern, ihre Bindung legalisieren zu lassen, aber dennoch oft den gleichen Rechtsschutz beanspruchen, wie er Verheirateten gewährt wird. In der Vergangenheit tendierten die Gerichte dazu, nicht verheirateten Personen die Rechte zu verweigern, die staatlich sanktionierte Ehen schützen (obwohl es in den Vereinigten Staaten das Rechtskonzept der eheähnlichen Verbindung seit der Mitte des neunzehnten Jahrhunderts gibt). Beide Arten der sexuellen Partnerschaft können eine Paarbindung mit sich bringen. Diese Erkenntnis findet inzwischen Eingang in die rechtliche Entscheidungsfindung, wie die steigende Zahl von Fällen zeigt, in denen der Unterhalt (und das Sorgerecht für ein Kind) auch bei unverheirateten Paaren rechtlich sanktioniert wurde.[2] Die rechtlichen Entscheidungen scheinen also die sich verändernden sexuellen Gepflogenheiten und Lebensarrangements einer wachsenden Anzahl von Menschen widerzuspiegeln, die sich als Sexualpartner zusammengefunden haben.

Wenn sich die auf die Paarbindung anwendbaren Rechtsnormen auch unterschieden, so haben doch während des gesamten Zeitraums der überlieferten Geschichte soziale Gruppen die Reproduktion als das natürliche Resultat einer solchen Bindung betrachtet. Die prähistorische Kunst stützt diese Vermutung, da sie besonders bei Darstellungen des weiblichen Körpers die Fruchtbarkeit betont. In der westlichen Gesellschaft wurde und wird großes Gewicht auf die Reproduktionsfunktion der Ehe gelegt. Als neue Faktoren kommen heute die in Veränderung begriffenen Erwartungen und Sitten hinzu. In der jüngsten Geschichte wurde der Art von sexueller Attraktion besondere Bedeutung beigemessen, die in dem Wort „Romantik" zum Ausdruck kommt und ihre angebliche Wichtigkeit für das Eheglück betont. Die Folgen einer solchen Betonung, die andere Faktoren ausschloß, waren abzusehen. Hier wäre vor allem die geringe Bewertung der Paarbindung als wesentliches Element für die Erschaffung neuer Bindungen zwischen Personen und Familien zu nennen, die die Basis gegenseitigen Schutzes und ein Mittel darstellen, um Gene zu übertragen, Nachwuchs aufzuziehen, und die eine notwendige Voraussetzung für die Schaffung dauerhafter altruistischer Beziehungen sind. Moderne westliche Anschauungen übersehen oftmals die Tatsache, daß die Sexualität neben der Romantik oder der Reproduktion auch noch andere Funktionen erfüllt: sie stärkt beispielsweise die Paarbindung und trägt zur Stabilität der Familie und der Reifung der Familienmitglieder bei.

Paarbindung im Tierreich

Bindungen zwischen männlichen und weiblichen Partnern finden sich überall im Tierreich. Sie sind oft durch bemerkenswerte biologische Prozesse gekennzeichnet, für die es in der Regel charakteristische „Zeremonien" gibt, die ein Individuum nur mit seinem Gefährten oder mit nahe verwandten Familienmitgliedern durchführt.[3] Beispiele hierfür sind die Zweigesänge, wie sie für monogame Vögel typisch sind (deren Geschlecht äußerlich nicht zu unterscheiden ist). Bei manchen Arten singen beide Partner die gleichen Laute oder Lautfolgen, wobei sie einander ein Echo geben oder im Einklang singen. Bei anderen Arten stoßen die Partner verschiedene Lautfolgen oder Teile von Lautfolgen aus und kombinieren diese auf vielerlei Arten, so etwa bei monogamen Gibbons.[4] Bei wieder anderen Arten verhalten sich die Partner auf ähnliche Weise, so etwa beim Tanz der Vipern.[5]

Der Begriff Paarbindung bezieht sich zwar auf die Verbindung zwischen einem Männchen und einem Weibchen, solche Bindungen sind aber nicht auf Erwachsene beschränkt. Die Angehörigen mancher Arten gehen die typischen Paarbindungen bereits ein, ehe sie die Geschlechtsreife erreicht haben, so etwa die jugendlichen Mantelpavianmännchen. Sie versuchen bereits vor ihrer Geschlechtsreife eine weibliche Gefährtin zu gewinnen. Manchmal sind diese Bindungen beständig und werden sogar von viel stärkeren erwachsenen Mantelpavianen respektiert. Auch bei sexuell noch unreifen Graugänsen ist ein ähnliches Verhalten anzutreffen.[6]

Die Verhaltensweisen, die die Paarbindung erleichtern, sind vielschichtig und komplex und werden im allgemeinen durch hormonelle Veränderungen ausgelöst.[7] Die Einzelheiten des Verhaltens werden durch das Verhalten anderer und durch Umweltvariablen beeinflußt (z. B. durch die Jahreszeit oder die verfügbare Nahrung) und durch das jeweilige Reifestadium moduliert. In vielen Situationen lassen sich die einzelnen Elemente, die zu einem Verhalten beitragen, nicht isolieren, und oft scheint es, als wären die einzelnen Verhaltensmuster auf entgegengesetzte Ziele ausgerichtet (etwa wenn Drohgebärden mit Werbungsgesten kombiniert werden). So zeigen beispielsweise Schimpansen bei sexuellen Ritualen, Aggressionen unter Männchen, in Zeiten der Frustration und bei der Begegnung mit Naturobjekten im wesentlichen immer die gleichen Verhaltensweisen.[8] Solche Ähnlichkeiten entsprechen wahrscheinlich nicht einem beschränkten Verhaltensrepertoire. Eher verhält es sich so, daß auch die Schimpansen, wie Menschen, die andere Menschen bei verschiedenen Gelegenheiten umarmen (z. B. wenn sie alte Freunde begrüßen, sich lieben oder kämpfen), die Bedeutung ihres Verhaltens mitteilen, ehe sie dieses Verhalten selbst zeigen.

Konvertibles Verhalten

Wickler hat darauf aufmerksam gemacht, daß die Funktionen einiger sexueller Verhaltensweisen sich so entwickelt haben, daß sie mehr als einem einzigen Zweck dienen und unerwartete Folgen zeitigen können. *Lorenz* machte ähnliche Beobachtungen beim Verhalten der Graugänse.[9] Verhaltensweisen, die sich bei der Brutpflege entwickelten (einschließlich der menschlichen Kindererziehung) oder die sexuelle Praktiken stimulierten, können auch dazu dienen, Paare für längere Zeiträume aneinander zu binden. Wie bereits erwähnt, zeigen Schimpansen unter verschiedenen Umständen Imponierverhalten. Bei ihren Studien über wildlebende Schimpansen bemerkte *Goodall,* daß männliche Schimpansen ein solches Verhalten bereits in jungen Jahren an den Tag legen und es bis zur Adoleszenz schwierig ist, zwischen Spiel und Aggression zu unterscheiden. Während der Pubertät steigt die Häufigkeit des Imponierverhaltens. Dieses Verhalten enthält auch immer aggressive Elemente. Die Schimpansen wedeln mit den Armen, schwingen Äste und werfen Steine. Ein solches Imponierverhalten führt jedoch in der Regel nicht zu Kämpfen, und es konnten nach solchen Zwischenfällen selten ernsthafte Verletzungen beobachtet werden. Die übliche Reaktion beim Empfänger ist eine Drohung. Das Imponierverhalten scheint für die Tiere eine Möglichkeit zu sein, mit der sie ihre Erregung zum Ausdruck bringen, Spannung abbauen und Frustration und Wut mitteilen können. Manchmal führt dieses Verhalten zu redirekter Aggression, und es werden Gegenstände oder andere (meist schwächere) Tiere angegriffen. (Dieses Verhalten weist auf das Vorhandensein von einschränkenden Mechanismen hin, um die Häufigkeit von Aggressionen bei Tieren zu senken, die in der Lage sind, andere Tiere schwer zu verletzen.) Die gleichen Verhaltensweisen haben auch ihren Platz bei der Initiation der Werbung und der sexuellen Beziehungen. Der männliche Schimpanse wird auch hier Äste schwingen und mit gesträubten Haaren und erigiertem Penis eine drohende Position gegenüber den brünstigen Weibchen einnehmen. Manchmal wird er sogar ein Weibchen angreifen, wenn eine Drohung nicht ausreicht, um die erwartete unterwürfige Reaktion zu erzielen. Diese Verhaltensweisen bilden einen integralen Bestandteil der Werbung und der Taktik, die angewendet wird, um sich Zugang zu brünstigen Weibchen zu verschaffen.[10]

Das drohende Imponierverhalten wird auch in anderem Zusammenhang gezeigt, etwa bei dem Bemühen, Zugang zur Dominanzhierarchie zu erlangen oder die erworbene Position zu halten. Am Gombe-Strom stieß und rollte ein Schimpanse namens Mike leere Blechdosen, um sich zur Schau zu stellen, womit er Lärm erzeugte und unter seinen Mitbewerbern Verwirrung stiftete. Diese Verwirrung ermöglichte es ihm, von einer niedrigen Rangposition zu der eines Alphamännchens aufzusteigen, die er fünf Jahre lang innehatte.[11]

Es ist eine wenig bekannte Tatsache, daß in den männlichen Dominanzhierarchien der nicht-menschlichen Primaten die dominanten Tiere viel seltener mit anderen erwachsenen Männchen kämpfen, als die untergeordneten Tiere untereinander dies tun. Untergeordnete Tiere zeigen gegenüber dominanten Tieren häufig milde Drohgebärden. Eine Drohung oder aggressives Verhalten ist dagegen in der Regel ausreichend, um die Interaktion zu beenden und den Status des entsprechenden Tieres zu bestätigen. Außerdem sind die auf Dominanz basierenden Beziehungen vergleichsweise stabil. Diese Stabilität macht die Verhaltensreaktionen der Gruppenmitglieder vorhersehbar und scheint auch eine friedenstiftende Wirkung zu haben (in dem Sinne, daß bei alltäglichen Interaktionen Vorhersehbarkeit erwünschter ist als Unvorhersehbarkeit). Die Tiere sind auch eindeutig bereit, auf beträchtlichen potentiellen Gewinn zu verzichten (etwa den Aufstieg aus einer untergeordneten zu einer dominanten Stellung), um an sozialen Beziehungen teilhaben zu können. Der vielleicht wichtigste Gesichtspunkt bei stabilen Hierarchien und den damit verbundenen vorhersehbaren Verhaltensweisen liegt darin, daß die genannten Aspekte insgesamt dazu dienen, die Spannungen zu lindern, unter Tieren, die gegenseitig voneinander abhängig sind, die einerseits friedliche Beziehungen benötigen, aber andererseits auch in kompetitive und oftmals aggressive Interaktionen verwickelt werden. Sowohl Eigeninteresse als auch wechselseitige Abhängigkeit sind typische Merkmale des Gruppenverhaltens. Im allgemeinen kann man sagen, je komplexer die Sozialstruktur einer Gruppe ist, um so häufiger stößt man auf konvertible Verhaltensweisen.

Mit dem Begriff der konvertiblen Verhaltensweisen läßt sich also eine Vielzahl scheinbar paradoxer Verhaltensweisen erklären, wie sie für Familiensituationen typisch sind. Es gibt Paarbindung und doch auch Wettbewerb. Es gibt Drohung und Gegendrohung und dennoch ein gegenseitiges Halten und Umarmen. Es gibt wechselseitige Abhängigkeiten und Kämpfe um Ressourcen, aber es gibt auch Teilen. Weit verbreitet sind geschwisterliche Rivalitäten und die Herausforderung der Eltern durch die Heranwachsenden. Dennoch gibt es Respekt und Hilfeleistung. Es gibt Zeiten, in denen sich die Familienmitglieder zusammenschließen, um die Familie gegen äußere Herausforderungen zu verteidigen. Es kommt jedoch, wenn auch selten, vor, daß Familienmitglieder sich gegenseitig ermorden. Bei all dem scheinbaren Chaos von Beziehungen, Bindungen und Minikämpfen bleiben die Familien intakt und halten die Bindung im allgemeinen aufrecht.

Bindung und Aktionskette

Wenn die Werbungsspiele bei den Schimpansen erst einmal begonnen haben, kommt es zu einer Abfolge reziproker Interaktionen. Die Ansprüche des einen Partners werden dem anderen zur Verpflichtung. Daraus bildet sich das, was *Hall*[12] eine Aktionskette genannt hat, bei der jeder Partner durch seine Reaktion auf die Aktionen des anderen an der progressiven Entwicklung vorhersehbarer Verhaltensmuster teilnimmt. Die verfügbaren Daten lassen die Schlußfolgerung zu, daß es für eine Spezies adaptiv ist, über die Fähigkeiten zu verfügen, bestimmte Verhaltensweisen für verschiedene Zwecke einsetzen zu können. Ebenso adaptiv ist für den einzelnen, wenn er weiß, daß bestimmte Aktionen vorhersehbare Reaktionen auslösen werden. Die Vorhersehbarkeit erleichtert nicht nur die reziproken Beziehungen der Gruppenmitglieder untereinander, sie dient auch der Schaffung eines Gleichgewichts zwischen den Beteiligten, die gerechtfertigte Erwartungen haben. Beim Menschen werden Erwartungen oft als Ansprüche oder Rechte oder als anderen auferlegte Verpflichtungen zum Ausdruck gebracht. Wenn die reziproken Aktionen von Zeremonien und Riten begleitet werden, erwecken sie die Aufmerksamkeit von anderen und können als Sitten oder Normen akzeptiert werden, die signalisieren, daß von jedem Partner erwartet wird, sich unter bestimmten Bedingungen auf bestimmte Art und Weise zu verhalten.

Wie bereits erwähnt reagiert das Schimpansenweibchen auf das Werbungsverhalten des Männchens, indem es eine unterwürfige, gebückte Haltung einnimmt und dem Männchen gestattet, es zu besteigen. In anderem Zusammenhang wird ein Teil dieser Abfolge als frei konvertibles Verhalten eingesetzt, nämlich wenn Schimpansenweibchen bei aggressiven Begegnungen als Geste der Unterwerfung eine gebückte Haltung einnehmen und damit signalisieren, daß sie die Dominanz des anderen Tieres anerkennen. Damit vermeiden sie in den meisten Fällen eine Auseinandersetzung. Ähnliches gilt für die Männchen: Wenn ein bedrohter Schimpanse seine Absichten dadurch kundtut, daß er eine unterwürfige Haltung einnimmt, erwartet er vom anderen eine bestimmte Reaktion, nämlich eine Beendigung der Aggression. Diese Erwartung wird für den Aggressor zur Verpflichtung, und in den meisten Fällen unterläßt er während dieser besonderen Episode weitere Angriffe. Oftmals wird vom drohenden Angreifer noch eine weitere besondere Handlung erwartet, etwa eine Beruhigungsgeste. Der dominante Schimpanse berührt Kopf oder Schultern (oder andere Körperteile) des weniger dominanten Tieres, um es zu beruhigen, was offenbar ein symbolisches Signal für das Ende der Auseinandersetzung ist.

Regulierung der Paarbindung

Das menschliche Sexualverhalten beinhaltet spezifische Komponenten, die keine unmittelbar sexuellen Funktionen erfüllen, was sexuelle Aktivität oder Reproduktion anbelangt. Zu diesen zählen Aspekte des Paarbindungsverhaltens, wie das Aufziehen von Kindern und die Fürsorge für den Nachwuchs, bis dieser zur sozialen Reife gelangt ist. Dieses Verhalten scheint großenteils eine Folge der beständigen sexuellen Rezeptivität der Frau zu sein. Bei allen nicht-menschlichen Primaten haben die Weibchen kurze aber klar begrenzte Perioden der sexuellen Bereitschaft. Da diese Gegebenheit so universal verbreitet ist, kann man annehmen, daß sie auch bei unseren Vorfahren anzutreffen war.[13] Artübergreifende Studien haben gezeigt, daß sexuelle Aktivität alleine noch keinen ausreichenden Grund für eine Paarbindung darstellt. Bei den Mantelpavianen beschränken sich die Paarbindungen nicht auf die Periode der weiblichen Ovulation (Estrus). Die Bindungen bestehen manchmal schon vor der sexuellen Reife und setzen sich im Erwachsenenalter fort. Es ist jedoch die Ausnahme und nicht die Regel, daß eine Paarbindung über mehrere Brutzeiten hinweg bestehen bleibt. Die ständige sexuelle Verfügbarkeit der Menschenfrau scheint also zu dauerhaften und engen persönlichen Beziehungen zwischen menschlichen Sexualpartnern beizutragen.[14]

Welche Mechanismen auch immer zur Paarbildung und Paarbindung bei einer Spezies beitragen, der Umstand, daß solche Bindungen bei zahlreichen Arten bestehen, läßt vermuten, daß die Paarbindung wertvolle, über die Reproduktion hinausgehende Funktionen hat. Diese Tatsache vermag zu erklären, warum einige Gesetze, die sich mit sexuellem Verhalten befassen, weniger effektiv sind als andere Gesetze. So gibt es ein hohes Maß an Übertretungen bei denjenigen Gesetzen, die nur die reproduktive Funktion des Sexualverhaltens betonen und die Paarbindungsfunktionen der Sexualität mißachten oder verbieten. Ein Beispiel hierfür ist die hohe Zahl illegaler Abtreibungen in Ländern, in denen der Schwangerschaftsabbruch untersagt ist und in denen die Frauen eine Abtreibung nicht unter hygienischen Bedingungen durchführen lassen können.[15] Die Übertretung der Gesetze, die die Abtreibung verbieten, sind besonders dann, wenn Empfängnisverhütungsmittel begrenzt oder nicht verfügbar sind, oftmals die Folge eines Sexualverhaltens, das der Paarbindung oder Paarbildung und nicht in erster Linie der Fortpflanzung dient. Was die Motivation anbelangt: Die sexuelle Motivation (das Vergnügen und der Spannungsabbau, der oft damit einhergeht) braucht sich nicht auf den Fortpflanzungswunsch zu beschränken.

In der westlichen Gesellschaft und in den meisten anderen komplexen Gesellschaften werden die Paarbindung und die verschiedenen Funktionen des menschlichen Sexualverhaltens durch das Eherecht reguliert. Die zeremonielle Eheschließung hat bei allen sozialen Gruppen von jeher einen wichtigen Platz eingenommen, und anthropologische Studien über nicht technisierte Gesellschaften zeigen, daß die Ehezeremonie eine lange Geschichte hat. Auf der evolutionären Zeittafel ist diese Geschichte jedoch kurz. Noch kürzer ist der Zeitraum, in dem die Kirche eine Rolle bei der Legalisierung der Ehe gespielt hat. Die Sanktion des Staates als Voraussetzung für eine säkulare Ehe kommt noch später hinzu. In der fortschreitenden Säkularisierung der Zeremonien und Symbolismen, die der Zusammenführung der Ehepartner dienen, zeigt sich eindeutig ein Trend zu öffentlicher Kontrolle und Überwachung.

Wie lassen sich die erwähnten Punkte in unsere modernen Gesetze übertragen? Heute unterliegt nicht nur die Ehe, sondern auch viele andere Elemente des Paarbindungsverhaltens rechtlichen Regelungen. Die staatlich gebilligte Hochzeit und die daraus resultierenden finanziellen Verpflichtungen sind nur zwei Beispiele. In den meisten Fällen sind die Rechte und Pflichten der Ehepartner ebenso definiert wie ihre Beziehung zu vorhandenen oder potentiellen Nachkommen.[16] Das moderne Eherecht oder das Recht der familiären Beziehungen (wie es in Kalifornien genannt wird) beschäftigt sich hauptsächlich mit dem Scheitern der Ehe und mit Scheidung – der Auflösung der Paarbindung – sowie den sozialen Folgen, die oft daraus resultieren. Im allgemeinen befassen sich diese Gesetze nicht sehr ausführlich mit den Verhaltensweisen von Ehemännern und Ehefrauen. Sie kümmern sich vielmehr in erster Linie um die Verhaltensweisen, die die Basis für soziale Interaktionen und reziproken Schutz bilden, der für das Aufziehen der Kinder wesentlich ist. Sie befassen sich ferner mit der Fürsorge für Kinder und Jugendliche, bis diese die soziale Reife erlangt haben. Bei den Ausführungsgesetzen (die sich etwa mit den rechtlichen Erfordernissen für eine Ehegenehmigung befassen) geht es in erster Linie um die Verhaltensweisen, die (zumindest teilweise) von biologischen Programmen gesteuert werden. Viele Gesetze, die sich mit Paarbildung, Kindererziehung, sozialer Interaktion und gegenseitigem Schutz befassen, sind bemüht, Verhaltensweisen zu lenken, die von biologischen Prozessen beeinflußt werden.

Andere Beispiele für Gesetze, die sexuelles Verhalten geregelt haben oder noch regeln, sind die Gesetze, die voreheliche sexuelle Beziehungen, Ehebruch, Inzest, homosexuelles Verhalten, Vergewaltigung, Prostitution und Sexualdelikte gegen Minderjährige für ungesetzlich erklären. Hier betritt das Strafrecht die Sphäre des Sexuellen. In keinem anderen Bereich ist die Gesetzgebung und Urteilsfindung so schwierig und kontrovers. Es ist daher nicht überraschend, daß Übertretungen dieser Gesetze nur unvollständig gemeldet und diese Gesetze nicht einheitlich durchgesetzt werden.[17] Es wird einer extensiven Forschung bedürfen, ehe man Wege zur Versöhnung widerstreitender Ansichten auf diesem Gebiet vorschlagen kann. Im allgemeinen läßt sich sagen, daß verhaltenslenkende Gesetze, die sich mit der menschlichen Sexualität befassen, nur insofern wirksam sind, als ihr Diktat in kohärenter Weise an das Verhalten angepaßt ist, das diese Gesetze regeln sollen. Es ist offenkundig, daß sich die gesetzlichen Bemühungen zur Stabilisierung der Paarbildung als nicht vollkommen effektiv erwiesen haben, da formelle und informelle Scheidungen praktisch universal verbreitet sind. Nun gilt es, die Faktoren zu erforschen, die zum Auseinanderbrechen von Ehen und zu Scheidungen mit all den damit verknüpften Folgen führen.

Was können nun ethologische Studien zu den rechtlichen Ansichten über die Ehe und das Auseinanderbrechen der Ehe beitragen? Solche Studien vermögen eine nähere Spezifizierung zu geben hinsichtlich:

- der Interaktion von Bindungsfunktionen und anderen biologischen Funktionen;
- der Wichtigkeit des zur Paarbindung führenden Verhaltens im Hinblick auf die Erleichterung gruppeninterner Interaktionen und die Zusammenfügung von Gruppenmitgliedern zu Verwandtschaftsgruppen;
- der allgemein stabilisierenden Wirkungen vorhersehbarer Verhaltensketten; und
- der Wurzeln von Kooperation, Arbeitsteilung und Altruismus.

Gesetze, die diese Aspekte der Paarbindung im Auge behalten, scheinen von der breiten Mehrheit der Leute angenommen zu werden und erweisen sich damit als relativ wirksam. Ehe diese Möglichkeiten noch detaillierter erörtert werden, müssen andere biologische Funktionen der Sexualität untersucht werden.

Der Austausch genetischen Materials und das Inzestverbot

Ein bereits hervorgehobener Gesichtspunkt befaßt sich mit den kulturellen Einschränkungen und der sozialen Unterstützung der Paarbindung. Diese Funktionen werden teilweise durch Gesetze vermittelt, die sich mit dem Austausch ehelichen Vermögens befassen, und teilweise auch durch Gesetze, die mit dem Austausch genetischen Materials zu tun haben. Dieser Abschnitt konzentriert sich auf den Hintergrund der Gesetze, die den Austausch genetischen Materials regeln.

Bis vor kurzem war der Austausch genetischen Materials beim Menschen nur eine Funktion der Sexualität, und die Rolle von Regeln und Gesetzen spiegelte sich nur in dem fast universal anzutreffenden Inzestverbot. Ein neueres Phänomen ist die Verwicklung des Rechts in Situationen, die die neuen Technologien geschaffen haben, etwa im Hinblick auf die verschiedenen Formen künstlicher Befruchtung. Die neuen Technologien haben zahlreiche Konflikte zwischen den Befürwortern der verschiedenen Ideologien und Religionen ausgelöst.[18] Die Veränderungen spiegeln sich in einem neuen Vokabular, das sich mit dem Austausch genetischen Materials befaßt: biologische Eltern, genetische Eltern, soziale Eltern, Geburtsmutter, Adoptiveltern, Spermaspender, Spermaverkäufer. Auch für die Rechte der Nachkommen, die zur Zeit diskutiert werden, gibt es neue Begriffe. Der Einfluß auf den Transfer von genetischem Material, der integraler Teil dieser Entwicklung ist, gelangt erst allmählich ins Bewußtsein von Juristen und Gesetzgebern.

Der Austausch genetischen Materials ist einer der Eckpfeiler der Evolution. Der Austausch verändert von Generation zu Generation die genetische Zusammensetzung und die Vielseitigkeit und Variabilität der Einzelorganismen innerhalb einer Spezies. Tatsächlich spielt die Sexualität in allen bekannten Fällen bei diesem Austausch eine Schlüsselrolle – sogar viele der ältesten uns bekannten lebenden Organismen (Einzellorganismen), die sich durch Zellteilung und nicht durch sexuelle Mittel produzieren, verschmelzen von Zeit zu Zeit miteinander und tauschen genetisches Material aus.

In gewissem Rahmen steigert der Austausch genetischen Materials die Vitalität der Organismen und erhöht ihre Fähigkeit, sich an verschiedene Umweltgegebenheiten anzupassen. Dieser Punkt verdient nähere Betrachtung, denn er wirkt sich auf unser

Verständnis von Verhaltensweisen aus und hat Einfluß auf das Ausmaß, in dem bestimmte Gesetze wahrscheinlich befolgt werden. Die Arten lassen sich im allgemeinen in Spezialisten und Generalisten unterteilen. Spezialistenarten überleben in besonderen ökologischen Nischen. Generalistenarten können in breitgefächerten Nischenarten überleben. Sind die Bedingungen in einer Nische ideal, so vermehren sich die Spezialisten schnell. Verändern sich die Bedingungen in einer Nische, so können die Überlebensraten drastisch absinken, manchmal bis zum Punkt des Aussterbens (z. B. Pandabären). Generalisten sind dagegen fähig, auch bei einer größeren Nischenvariabilität zu überleben. Diese Unterschiede in der Überlebenswahrscheinlichkeit beruhen großenteils darauf, daß die Generalisten über ein größeres Maß an genetischer Variabilität verfügen, das ihre Adaptionsfähigkeit im Vergleich zu den Spezialisten verbessert. Diese Variabilität erhöht die Wahrscheinlichkeit, daß ein gewisser Prozentsatz der Generalisten überleben wird, wenn sich die Nischen verändern.

Formbarkeit des Verhaltens

Das ist jedoch nur ein Teil der Geschichte. Eine größere genetische Variabilität ist gewöhnlich mit einer größeren Formbarkeit verbunden. Dies gilt besonders für den Homo sapiens. Größere Formbarkeit ist wiederum mit größeren Unterschieden bei den Verhaltensmerkmalen der einzelnen Menschen verbunden, etwa was Art und Intensität von Motivationen und die Fähigkeit zu altruistischem Verhalten anbelangt. Die Formbarkeit menschlichen Verhaltens spiegelt sich in der Struktur westlicher Rechtssysteme. Die Legislative versucht, Verhaltensabweichungen in Schranken zu halten, indem sie bestimmte Verhaltensziele für alle Bürger formuliert. Die Rechtsprechung versucht, diese Gesetze anzuwenden und dabei gleichzeitig individuelle Motivationen und Eigenheiten in Betracht zu ziehen (z. B. mildernde Umstände, Zurechnungsfähigkeit). Je spezifischer oder einschränkender ein Gesetz ist, das sich mit stark prädisponiertem

Verhalten befaßt, um so wahrscheinlicher ist es, daß die Menschen Wege finden werden, diesem Gesetz auszuweichen. Die Gerichte haben sich mit der Frage zu befassen, ob ein Verhalten legal oder illegal ist. Dies gilt sowohl für das Zivilrecht als auch für das Strafrecht.

Um auf die Ursache der Verhaltensformbarkeit zurückzukommen – die im Austausch genetischen Materials liegt –: In diesem Prozeß gibt es ein sehr wichtiges Kriterium, dessen sich das Recht angenommen hat. Dies geschah unabhängig von den evolutionären Entwicklungen und doch in vollkommener Harmonie mit diesen. Es handelt sich um das Thema Inzest. Die Organismen haben Mechanismen entwickelt, um den Inzest – also die Übertragung ähnlichen genetischen Materials – zu reduzieren. (Sogar Pflanzen sind mit komplizierten Vorrichtungen ausgerüstet, die eine Selbstbefruchtung verhindern.) Diese Mechanismen dienen dazu, die Inzesthäufigkeit einzuschränken.[19] Die genetischen Folgen des Inzest beim Menschen sind wohlbekannt, die Wahrscheinlichkeit von Geburtsfehlern steigt, die Anpassungsfähigkeit kann vermindert werden. Solche Folgen hindern die Selektion adaptiven Verhaltens. Einige der Mechanismen zur Verhinderung von Inzest liegen in der Art begründet, wie Eltern-Kind-Beziehungen in der Regel aufgelöst werden. Die Jungen werden entwöhnt, ein Ereignis, das die Wahrscheinlichkeit erhöht, daß der Nachwuchs gegenüber den Eltern eine ambivalente Haltung einnehmen wird, was wiederum die Wahrscheinlichkeit von Inzest vermindert.

Kulturverbote des Inzests

Es gibt auch starke kulturelle Verbote, die sich gegen ein solches Verhalten richten. Die verfügbaren Daten lassen vermuten, daß die Inzesthemmungen nicht vollkommen starr oder in allen Altersstufen gleich stark sind. Die verschiedenen Arten von Inzest (Vater-Tochter, Mutter-Sohn und Bruder-Schwester) können durch verschiedene Mechanismen gesteuert werden, die sich in gewisser Weise unabhängig voneinander entwickeln. Sexuelle

Spiele unter Kindern sind ein verbreitetes Phänomen. Sie gehören vermutlich zu dem Wunsch des Kindes, seine Umgebung zu erforschen. Der Fall von Bruder und Schwester liefert ein anschauliches Beispiel. Unter Geschwistern werden wohl oft sexuelle Spiele betrieben, und das Auftreten von Hemmungen muß vielleicht erst bis zur Pubertät warten. *Sorensons*[20] Forschungsergebnisse, die 1973 veröffentlicht wurden, enthüllen, daß in einer Gruppe Heranwachsender zwischen 13 und 15 Jahren 69% der Jungen und 84% der Mädchen das Gefühl hatten, Sex zwischen Bruder und Schwester wäre anormal und unnatürlich. Bei den 16- bis 19-Jährigen vertraten 86% der Jungen und 85% der Mädchen diese Ansicht.

Wenn man annimmt, daß die Daten von *Sorenson* einigermaßen genau die Haltung von Teenagern wiedergeben, so kann man aus der Einstellung der älteren Gruppe folgern, daß inzesthemmende Verhaltensmechanismen keine angeborenen rigiden Steuerungen sind. Sie sind vielmehr phylogenetischen Ursprungs und bilden während des Heranreifens die Grundlage für die ontogenetische Entwicklung. Normalerweise führt diese Entwicklung zu einem Verhalten, das mit den Gesetzesinhalten gegen Inzest konform geht. Dies könnte der Grund dafür sein, daß diese Gesetze in sehr hohem Maße befolgt werden. Dennoch ist die Inzesthemmung keineswegs absolut sicher. Wenn die Familienbande stark sind, bleibt die Inzestmöglichkeit bestehen.[21]

Levi-Strauss[22] erklärt in seiner Abhandlung des Inzestproblems, daß das Inzestverbot wegen seines einheitlichen und charakteristischen Formates der Natur abgeschaut worden sein muß: Inzest vermindert die genetische Variabilität. *Fox*[23] zieht den Schluß, daß das Inzesttabu eine biologische Grundlage hat und heute Teil unseres kulturellen Erbes ist: „Es entstand entweder, weil es einen selektiven Vorteil bei der Verhütung schlimmer Inzestfolgen einbrachte oder weil es eine unausweichliche Folge demographischer Beschränkungen der Inzucht war." Die beiden Interpretationen der evolutionären Ereignisse unterscheiden sich zwar in gewisser Weise, entscheidend ist jedoch, daß beide Erklärungen zum gleichen Ergebnis kommen. Noch wichtiger ist die Tatsache, daß Fälle von Inzest zwar vorkommen, dies aber die Wahrscheinlichkeit nicht ausschließt, daß es einen biologisch programmierten Mechanismus gibt, der für die ontogenetische Entwicklung der Inzesthemmung verantwortlich ist. Einige Ethnologen glauben, daß sich beim Menschen während der Pubertät starke sexuelle und psychologische Verbote entwickeln, die das Reifen der angeborenen Hemmungen widerspiegeln. Diese Ansicht wird durch Erkenntnisse von Ethnologen und Anthropologen gestützt, die praktisch bei allen untersuchten Gruppen Inzesttabus beobachtet haben.

Wenngleich sich die Normen für viele Aspekte sexuellen Verhaltens bei den verschiedenen menschlichen Gruppierungen unterscheiden, so wird doch das Inzestverbot in fast allen Kulturen durch im wesentlichen gleiche Rechtsnormen geregelt. Es gilt in praktisch allen Gesellschaften und erstreckt sich vom Tabu der Jäger- und Sammler-Gruppen bis hin zu den hochentwickelten westlichen Gesellschaften, in denen Inzest ein Verbrechen ist, das der staatlichen Verfolgung unterliegt. So definieren beispielsweise sowohl das Zivilrecht als auch das Strafrecht des Staates Kalifornien die Grade von Blutsverwandtschaft, innerhalb derer die Eheschließung naher Verwandter für nichtig und illegitim erklärt werden kann.[24] Noch bis zum Jahr 1976 wurden Unzucht oder Ehebruch zwischen solchen Personen mit Gefängnis bis zu 50 Jahren bestraft.

Inzestverbote waren nie ganz erfolgreich, und, wie bereits erwähnt, kommt Inzest in praktisch allen Gesellschaften vor. Es gibt sogar einige seltene Fälle in der überlieferten Geschichte, in denen die Eheschließung zwischen Bruder und Schwester für die herrschende Klasse oder für religiöse Kults vorgeschrieben war. Dynastischen Inzest gab es auch bei den Ptolemäern, die das Reich Alexanders des Großen erbten und häufig ihre eigenen Vollschwestern heirateten. Im alten Ägypten heirateten die Könige oft ihre Halbschwestern. Auch aus dem Peru der Inkazeit und aus Hawaii werden Fälle von dynastischem Inzest berichtet.[25] Dennoch bleiben diese Fälle selten und werden als Reaktionen auf besondere Bedingungen erklärt.[26]

Die genannten Punkte spiegeln sich in den heutigen gesetzlichen Bemühungen, die sich gegen Inzest richten. In den meisten Fällen scheinen diese Bemühungen mit den biologischen Postulaten zu harmonieren, die dem durch die sexuelle Funktion gesteuerten genetischen Materialaustausch dienen. So ergänzen sie die biologischen Funktionen des Sexualverhaltens, auf die diese Rechtsregeln speziell ausgerichtet sind. Die Regeln dienen dazu, einen diversifizierten Austausch genetischen Materials zu fördern, wenn wir uns auch – in evolutionären Begriffen gesprochen – erst vor kurzem über die biologischen Einzelheiten des genetischen Austausches klar geworden sind, denn erst im späten neunzehnten Jahrhundert begannen die Wissenschaftler die Befruchtung oder die rudimentären Fakten der Genetik klar zu verstehen.[27]

Verwandtschaftsauslese

Das Gegenstück zu den Beschränkungen der Inzucht, nämlich Tendenzen zur Beschränkung des geschlechtlichen Verkehrs mit völlig Fremden, verdient ebenfalls der Erwähnung. So wie sich Beschränkungen der Inzucht entwickelt haben, scheint es ähnliche Beschränkungen der genetischen Vermischung mit völlig fremdem genetischen Erbgut zu geben, die im Extrem zur Auflösung von Merkmalen führen könnte. Die Literatur über die Theorie der Verwandtschaftsauslese, die sich mit diesem Thema befaßt, impliziert, daß die optimalen Zuchtpartner Vettern und Kusinen zweiten Grades sind, die über einen kleinen Prozentsatz replizierter Gene verfügen. Die Zucht mit Vettern und Kusinen zweiten Grades würde die Bewahrung bestimmter erwünschter Merkmale erleichtern und gleichzeitig neues, jedoch nicht extrem neuartiges genetisches Material einführen. (Eine Vertiefung dieses Punktes führt uns unmittelbar zu den oft anzutreffenden kulturellen Verboten von zwischenrassischen Ehen.) Viele Bräuche, die mit der Eheschließung zu tun haben, etwa die entsprechende Person oder ihre Familie oder beide vor der Eheschließung kennenzulernen, scheinen Verhaltensmanifestationen genetisch begründeter Tendenzen zu sein, durch die verhindert werden soll, daß bestehende Merkmale allzusehr aufgelöst werden. Diese Manifestationen wurden beim Menschen durch Bräuche und Sitten gelenkt, während das Recht sich im allgemeinen nicht in diesen Bereich eingemischt hat. Erst in der allerjüngsten Evolutionsgeschichte der Hominiden wurde eine extreme Mischung des Genpools möglich. Bis vor ein paar hundert Jahren, als es die modernen Transportmittel noch nicht gab, fanden die meisten jungen Erwachsenen ihren Partner innerhalb eines begrenzten territorialen Gebiets.

Eine Folge reduzierter Inzucht ist die Möglichkeit der Diversifikation (in bestimmten Grenzen) des Genpools einer Spezies, und es lohnt sich zu fragen, warum es beim Menschen seit Jahrtausenden, also schon zu Zeiten, die lange vor einer wissenschaftlichen Erklärungsmöglichkeit lagen, Regeln gegen die Inzucht gibt. Eine wahrscheinliche Möglichkeit besteht drin, daß der menschliche Verstand[28], als er zu Regulierung des Verhaltens Regeln schuf und Gesetze formulierte, oftmals im Einklang mit der Biologie handelte. Nur Regeln und Gesetze, die adaptiv waren, und Gesellschaften, die diese akzeptierten, konnten über längere Zeit überleben. Die Kulturen, die Gesetze gegen Inzest entwickelt haben, haben dadurch wahrscheinlich einen Wettbewerbsvorteil gewonnen, da sie sich im Einklang mit wichtigen biologischen Funktionen befanden. Für den Zusammenhang dieses Buches bedeutet dies: Je mehr wir über die biologischen Funktionen menschlichen Verhaltens wissen, um so weniger wahrscheinlich wird es, daß wir das Recht zu unserer eigenen Zerstörung anwenden, und um so mehr können wir den Zufallsfaktor bei der Entwicklung des Rechts durch wissenschaftliche Kenntnisse ersetzen.

Diese Schlußfolgerung läßt sich auch mit anderen Worten ausdrücken: Menschen vermögen sich eine außerordentliche Vielzahl von Normen auszudenken, und sie haben eine Vielzahl von Normen akzeptiert. Einige davon erscheinen uns vielleicht absurd oder ineffektiv. Bräuche und Gesetze, die sich auf Sexualität, die richtige Zahl der Nachkommen, Eheschließung oder Vermögensaufteilung beziehen, oder Regeln für die Kindererziehung unterscheiden sich je nach Zeit und Ort in erheblichem Maße.

Dennoch ist es gefährlich anzunehmen, unsere Wahrnehmung der Welt wäre die einzig natürliche. Einige kulturelle Regeln und Gesetze können auch Fehler sein, die denjenigen, der sie akzeptiert, langfristig teuer zu stehen kommen. In diesem Sinne könnte man sagen, daß die Natur gelegentlich ihr Veto gegen ein Gesetz einlegt, wenn es sich herausstellt, daß dieses Gesetz nicht im Einklang mit menschlichen Verhaltenstendenzen steht.

Fortpflanzung

Zwar kennt die Wissenschaft die Einzelheiten des genetischen Materialaustausches erst seit kurzem, dennoch wußten die meisten Kulturen, welche Rolle die Sexualität bei der Fortpflanzung spielt.[29] Die Erkenntnis, daß zwischen Sexualverkehr und Schwangerschaft ein Zusammenhang besteht, war das Thema, das den moralischen und ethischen Werten zugrundelag, die die westlichen Ehegesetze über 2000 Jahre lang geprägt haben. Während dieser Zeit fanden sich Biologie, Brauchtum, Tradition und religiöse Einstellungen zu gesetzlichen Regelungen zusammen. Im ersten Teil dieses Abschnitts geht es um diese Themen. Im zweiten Teil sollen die enormen Veränderungen erörtert werden, die die Rolle der Frau in diesem Jahrhundert erfahren hat und die zum Teil auf die Entwicklung neuer Empfängnisverhütungsmittel und zum Teil auf die veränderte männliche oder väterliche Rolle zurückzuführen sind.

Der Biologie der Fortpflanzung kann man sich auf zwei Ebenen nähern. Einmal geht es um die sexuellen Unterschiede der Fortpflanzungsstrategien, das andere Mal um die physiologischen Veränderungen, die in der Schwangerschaft und Stillzeit und beim Heranwachsen des Nachwuchses stattfinden. Zunächst zu den sexuellen Strategien.

Sexuelle Strategien

Eine faszinierende Erkenntnis, die uns die moderne Evolutionsbiologie beschert hat, ist die Aufdeckung der sexuellen Strategien. Die folgende Beschreibung dieser Strategien impliziert nicht, daß Frauen oder Männer absichtlich diese Strategien verfolgen würden. Die Theorien befassen sich vielmehr mit Erklärungen und genetischen Implikationen des Verhaltens. Nach dieser Theorie ist zu erwarten, daß die Frau Strategien entwickelt und verfolgt, die letztlich mit dem Versuch enden, ihre Gene mit den scheinbar besten verfügbaren männlichen Genen zu vereinen (fortzupflanzen). Wenn sie dieser Strategie folgt, entdeckt sie entweder, daß die scheinbar besten verfügbaren männlichen Gene ihrem sozialen Gefährten gehören oder daß dies nicht der Fall ist. Es wurde wiederholt festgestellt, daß tatsächlich so verfahren wird – eine Frau heiratet einen Mann, hat aber ihre Kinder mit einem anderen Mann; man schätzt, daß 5%-7% der Kinder von biologischen Vätern abstammen, die nicht ihre sozialen Väter sind, wobei den sozialen Vätern dieser Umstand nicht bekannt ist.[30] Die Möglichkeit, daß der soziale Vater und der biologische Vater verschieden sein können, entging der Aufmerksamkeit unserer Vorfahren keineswegs. (So war im römischen Recht die Ungewißheit der Vaterschaft anerkannt: pater semper incertus.) Es wäre gut möglich, daß dieses Wissen maßgeblich zur sexuellen Possessivität und Eifersucht des Mannes beigetragen hat: Aus der Sicht des Mannes scheint es wenig sinnvoll, der soziale Vater, aber unwissentlich nicht der biologische Vater zu sein. Diese Besorgnis spiegelt sich in den frühen römischen Rechtsstatuten, wo die herrschende Doktrin „ubi matrimonium ibi pater" für die Stabilität der Ehen und die Sicherheit des Nachwuchses sorgte.

Wenn wir von weiblichen Sexualstrategien sprechen, so ist damit nicht gemeint, daß eine Frau außereheliche Sexualpartner in der bewußten Absicht sucht, Kinder zu haben. Sicherlich gibt es andere Gründe für dieses Verhalten, zum Beispiel das Gewähren sexueller Gunst für materielle Vorteile und sexuelle Anziehung. Im Endergebnis können durch ein solches Verhalten vielleicht bessere Gene gewonnen werden, als sie der soziale Partner zur Verfügung stellen könnte. Das genetische Material ist natürlich nicht alles. Wenn die Gene einmal vereint wurden und ein Kind geboren worden ist, dann nimmt die Vorhersehbarkeit von Ressourcen an Wichtigkeit zu. Die Frau wünscht sich deshalb vielleicht jemanden als Vater für ihr heranwachsendes Kind, der stabile Ressourcen bietet, wobei dieser Mann nicht der vorher gewählte genetische Vater ihres Kindes sein muß.

Die Männer wiederum wenden eine andere Strategie an (was wiederum nicht notwendigerweise auf einer bewußten Entscheidung beruht): Im Prinzip müßte die Strategie des Mannes darin bestehen, so viele Kinder wie möglich mit mehr als einer Gefährtin zu zeugen, in der Hoffnung, daß ein Teil des Nachwuchses die Reife erreicht und sich wiederum reproduziert. Bei Mann und Frau wäre die Reaktion auf diese gegensätzlichen Strategien Wachsamkeit, Possessivität und sexuelle Eifersucht; beim Mann, weil er keine Kinder unterhalten möchte, die von anderen gezeugt wurden, bei der Frau, weil sie durch ihr Bedürfnis motiviert ist, sowohl scheinbar gute Gene als auch Unterstützung für ihren Nachwuchs zu finden.

Wir haben also eine Spezies vor uns, bei der die beiden Geschlechter unterschiedliche Strategien verfolgen. Es ist zu erwarten, daß es auch innerhalb der Geschlechter Variationen gibt; so mögen einige Männer die Monogamie wünschen und anstreben. Im Endergebnis ist die Fortpflanzung jedoch eine gemeinsame Investition in die Gene, die der männliche und der weibliche Elternteil erbringen. Die Gesetze, die sich mit Fortpflanzung befassen, haben die geschlechtsbezogenen Unterschiede mitunter berücksichtigt und die Geschlechter bezüglich außerehelicher Beziehungen unterschiedlich behandelt. Insgesamt hat jedoch das Recht eine wichtige Rolle beim Ausgleich der widerstreitenden Interessen gespielt, die nach der Theorie der Sexualstrategien Teil unserer biologischen Programmierung sind. Die Schaffung des Rechtskonzepts der Ehe und die zahlreichen Gesetze, die sich mit der Fürsorge für den Nachwuchs und die Verantwortlichkeit gegenüber diesem Nachwuchs befassen, haben zur Stabilität der Familie beigetragen und Eltern und Kindern gleichermaßen Schutz gewährt.

Einfluß der Religion

Schon sehr früh haben die Religionen einen großen Teil ihrer Macht um die Antriebskräfte der menschlichen Evolution herum aufgebaut. Sobald der Staat die Bühne betrat und begann, das menschliche Verhalten zu steuern, folgte das säkulare Recht, das Wirkungen zeitigte, großenteils dem existierenden Verhalten. Als der Staat die legislative Kontrolle über Ehe und Scheidung übernahm, wurden die herrschenden religiösen Werte aus ideologischen oder politischen Gründen in die Gesetze miteinbezogen. Der Staat übernahm also Werte, die den kirchlichen Werten ähnelten. Im Westen spiegelt sich in den meisten Rechtsnormen, die das sexuelle Verhalten steuern, die ethische Grundanschauung der jüdisch-christlichen Kultur wider, die besagt, daß der Hauptzweck der Sexualität in der Fortpflanzung liegt.

Zur Steuerung des genannten genetischen Austausches bedienen sich die Bräuche, Sitten und Gesetze biologischer Fakten. Das Verständnis und die Einbindung biologischer Informationen unterscheidet sich zwar in den einzelnen Kulturen, die Fortpflanzung als Funktion der Sexualität und als Kulturziel wurde aber quer durch alle Kulturen zu einem immer wichtigeren Faktor des sexualitätssteuernden Rechts. Durch die Überwachung und Sanktionierung solcher Funktionen steigerten unsere Vorfahren die Möglichkeit, ihre Investitionen in den Nachwuchs zu schützen. Was das Bevölkerungswachstum anbelangt, so könnte es sein, daß die Kombination von Bewahrung und Sanktionierung der Reproduktion allzu gut funktioniert hat. Doch die Kirche ging oftmals weiter als das säkulare Recht. Die römisch-katholische Kirche bietet hierfür ein anschauliches Beispiel. Das für das gesamte sexuelle Verhalten geltende herrschende Dogma betont die Fortpflanzung in so starkem Maße, daß andere Funktionen der Sexualität weitgehend ausgeschlossen werden. Diejenigen, die die Regeln einführten, wußten zweifellos, daß Gesetze zur Kontrolle sexueller Praktiken mißachtet werden würden. Die Auferlegung der Regeln scheint nicht nur mit dem Ziel erfolgt zu sein, eine Befolgung durch die Mehrzahl der Leute zu erreichen, es sollte vielmehr ein moralischer Kodex geschaffen werden, der nicht mißachtet werden konnte. Zwangsläufig mußte der Kodex von vielen gebrochen werden, was wiederum dem Dogma der menschlichen Sündigkeit Evidenz verlieh. Die Kirche war es, die Absolution gewährte, was ihre Macht und ihren Einfluß stärkte. Da die Kirche Absolution gewähren oder verwehren konnte, je nachdem, ob der Sünder willig war, gemäß den Wertvorstellungen und Edikten der Kirche Buße zu tun oder nicht, wurde es ihr möglich, in die privatesten Lebenssphären einzudringen. Im Akt der Beichte wurden den Kirchenvertretern die intimsten Details aus dem Privatleben des einzelnen offengelegt – so daß in der Tat kein Verhalten vor äußerem Eindringen sicher war.

Die Konflikte, die sich an Gesetzen zur Regelung von Geburtenkontrolle und Abtreibung in den westlichen Ländern entzünden, zeigen den Einfluß der Religion und den teilweisen Mangel an gemeinsamen Wertvorstellungen im Hinblick auf die betreffenden Verhaltensweisen. In den Vereinigten Staaten haben große Teile der Bevölkerung entsprechend den widerstreitenden religiösen und ideologischen Dogmen für die eine oder andere Seite Partei ergriffen.[31] Dennoch kann nicht unterstellt werden, daß die Religion allein der Hauptauslöser dieser Konflikte wäre. Es ist interessant, daß es auch dort zu ähnlichen Konflikten kommt, wo der Staat offiziell und oftmals vehement religiöse Wertvorstellungen ablehnt, wie in der UDSSR der letzten sieben Jahrzehnte oder im Deutschland der Zeit vor dem zweiten Weltkrieg, wo die Unfruchtbarkeit 1938 zum Scheidungsgrund erklärt wurde.[32] Das Ziel, die deutsche Bevölkerung zu vermehren, war das Motiv für die neue Gesetzgebung, mit der Ehe und Scheidung und damit implizit auch die Fortpflanzung geregelt werden sollten.

Geburtenkontrolle und Abtreibung

Dem Mann stehen zwar schon seit langer Zeit relativ wirksame Empfängnisverhütungsmittel zur Verfügung, aber erst vor kurzem wurden Methoden verfügbar, die es der Frau ermöglichen, mit relativer Sicherheit eine Schwangerschaft zu vermeiden, wenn sie sich auf Sex einläßt. Die meisten Frauen in den technologisch orientierten Gesellschaften haben diese Mittel bereitwillig angenommen, ihre Verwendung wurde aber in den Vereinigten Staaten und in vielen anderen Ländern zum Gegenstand intensiver rechtlicher Aktivitäten. Solange sich die Frau nicht auf relativ sicher wirksame Empfängnisverhütungsmittel verlassen konnte, bestand ihre Rolle in der Gesellschaft in erster Linie im Austragen und Versorgen von Kindern. Vermutlich waren die meisten Frauen mit dieser Rolle zufrieden, da die Mutter-Kind-Bindungen stark waren und die Frauen aus der Pflege und Erziehung der Kinder Befriedigung zogen. Diese Situation hat sich in den letzten einhundert Jahren dramatisch gewandelt. Zum einen wurde durch die Fortschritte der Medizin die Kindersterblichkeit erheblich gesenkt, zum anderen konnten sich die Frauen vor Schwangerschaft schützen. Die Rolle der Frau in der Gesellschaft beschränkt sich deshalb nicht mehr auf das Austragen und Großziehen von Kindern. Dennoch scheint das Verlangen der Frauen nach gleichen wirtschaftlichen und sozialen Rechten teilweise eine Illusion zu sein. Warum? Die Antwort liegt in der Tatsache, daß Frauen zur Erfüllung ihrer sexuellen Bedürfnisse – die zu einem wesentlichen Teil aus dem Wunsch nach Paarbildung und Paarbindung bestehen – mitunter (absichtlich oder unabsichtlich) schwanger werden.

Bei den Frauenrechten ist schon vieles erreicht worden, viele soziale Ungleichheiten gehören mittlerweile der Geschichte an. Wieviel sich bereits verändert hat, läßt sich anhand der Parlamentsdebatten über die Reform des Scheidungsrechts in Großbritannien im Jahre 1857 anschaulich nachvollziehen. Diese fanden statt, ehe das Gesetz über Familienangelegenheiten (Matrimonial Causes Act) verabschiedet wurde.[33] Es wurde festgestellt, daß zwischen einem Ehebruch des Ehemannes und einem Ehebruch der Ehefrau ein erheblicher Unterschied bestehe, da der Ehebruch des Mannes nicht zu einer „Unklarheit der Abstammung" führe. Während der Debatten wurde die Ansicht vertreten, daß diese Tatsache einen wesentlichen und wichtigen Bestandteil dieses Vergehens ausmache, weswegen der Ehebruch der Frau „krimineller" sei als der Ehebruch des Mannes. Die Kluft zwischen dem heutigen biologischen Wissen und der Verfügbarkeit biologischer Informationen in der zweiten Hälfte des neunzehnten Jahrhunderts kurz vor der Veröffentlichung der *Darwin*schen Schriften ist verblüffend. Und doch haben sich die Grundhaltungen, die in den Gesetzen der meisten Gesellschaften zum Ausdruck kommen, relativ wenig geändert, wenn man einmal vom westlichen Scheidungs- und Sorgerecht absieht.

Wie bereits erwähnt, haben wirksame Empfängnisverhütungsmethoden die Chancen der Frauen für gleiche wirtschaftliche und politische Rechte erhöht. Sie ermöglichten es den Frauen, die Anzahl und den Zeitpunkt ihrer Geburten zu bestimmen und so den Fluß von Vermögen und elterlicher Sorge für die Kinder zu steuern. Auch die Disassoziation von Sex und Reproduktion wurde jetzt möglich. Es ist zumindest teilweise auf diesen Umstand zurückzuführen, daß neue Gesetze in den Vereinigten Staaten und anderen Ländern es der Frau ermöglichen, wichtige biologische Entscheidungen zu treffen, etwa sich gegen die Fortsetzung einer Schwangerschaft zu entscheiden, wenn die Wünsche der Frau und des Kindesvaters im Widerstreit liegen.[34] Wenn der Fötus jedoch an einen bestimmten wichtigen Punkt seiner Entwicklung gelangt ist, entscheidet die Gesellschaft und nicht mehr die Frau, ob die Schwangerschaft fortgesetzt wird.[35]

Angesichts des äußerst bitteren Konflikts zwischen den Pro-Wahlfreiheit- und Pro-Leben-Gruppen, sollten sich die Gesetzgeber und Richter, aber auch die Öffentlichkeit die Zeit nehmen, das statistische und historische Material zu untersuchen, das sich mit der Beziehung zwischen Empfängnisverhütung und Abtreibung befaßt. Wenn Abtreibungen vorkommen, so sagt dies etwas aus über die Verfügbarkeit, die Qualität und die Verwendung empfängnisverhütender Mittel und Medikamente. In der Sowjetunion ist die Qualität der Empfängnisverhütungsmittel gering, und wir finden dort die weltweit höchste Abtreibungsrate pro Kopf der Bevölkerung.[36] Japan steht an dritter oder vierter Stelle.[37] Es ist eine beunruhigende Erkenntnis, daß die Vereinigten Staaten mit ihrer Zahl von Jugendschwangerschaften und Jugendabtreibungen unter den Industrienationen die erste Stelle einnehmen.[38] Für diese Situation bei den Jugendlichen könnten Mißstände auf mehreren Ebenen verantwortlich sein: auf der erzieherischen, ethischen (moralischen) und praktischen Ebene (die Jugendlichen werden in einem Alter Situationen und Versuchungen ausgesetzt, in dem sie nicht in der Lage sind, verantwortlich damit umzugehen). Die Situation wird noch dadurch verschlimmert, daß es in den Vereinigten Staaten an adäquaten Empfängnisverhütungsmitteln fehlt. Die Einführung steroider oraler Empfängnisverhütungsmittel in den frühen 60er Jahren machte die Pille in den Vereinigten Staaten zur beliebtesten Geburtenkontrollmethode. Im Jahre 1970 wurde sie von fast 10 Millionen Amerikanerinnen verwendet. Wegen ihrer Nebenwirkungen und physiologischen Wirkungsmechanismen ist sie jedoch nicht für alle Frauen, die eine Schwangerschaft verhüten wollen, die ideale Methode.[39] Seit der Mitte der 70er Jahre erörtern die Wissenschaftler alternative Formen der weiblichen Empfängnisverhütung. In den Vereinigten Staaten gab es jedoch in den letzten beiden Jahrzehnten keine größeren Neuentwicklungen auf dem Gebiet der Empfängnisverhütung. Die Entwicklung mußte in europäischen Forschungsfirmen stattfinden. Die Situation in den Vereinigten Staaten spiegelt die Verwirrung wider, die durch Gerichtsentscheidungen, Kongreßverfahren[40] und Rechtsstreitigkeiten entstanden ist. Für die pharmazeutische Industrie ist es extrem kostspielig geworden, Empfängnisverhütungsmittel zu entwickeln oder herzustellen. Die Kosten der Rechtsverteidigung sind für die Firmen und Versicherungsgesellschaften in erheblichem Maße eskaliert. Außerdem hat sich die wissenschaftliche Forschung weitgehend von der Entwicklung neuer Empfängnisverhütungsmittel abgewandt, was großenteils darauf zurückzuführen ist, daß die Hauptsubventionsstellen in den Vereinigten Staaten minimale Unterstützung für diesen Forschungsbereich zur Verfügung stellen. (Das Studium der Unfruchtbarkeit lockt mehr Talente an, wahrscheinlich wegen der besseren finanziellen Unterstützung[41].)

Die Auseinandersetzungen über die Sexualität und ihre Kontrolle erweisen sich zwar oftmals als intensiv und konfliktreich, dennoch wäre es klug, nicht die Tatsache aus den Augen zu verlieren, daß zahlreiche alternative Möglichkeiten bekannt sind, um eine Änderung der Bevölkerungszahlen in Grenzen zu halten oder zu ermutigen. Zur Begrenzung der Bevölkerungszahlen gibt es unter anderem folgende Mittel: späte Paarung, Zölibat, Verbot des Ehebruchs, Monogamie, Stillen und Abstände zwischen den Geburten beim Menschen sowie Abtreibung. Mittel zur Steigerung der Bevölkerungszahlen sind unter anderem: frühe Paarung, Promiskuität, Polygamie, Konkubinat, leichte Scheidung, Leviratsehe, Verbot bevölkerungsbegrenzender Mittel und besondere Zahlungen für den Nachwuchs. Jedes Rechtssystem enthält in der Regel eine Mischung dieser beiden Institutionen. Dies weist darauf hin, daß die Debatte über eine Gesetzgebung zugunsten des Lebens oder zugunsten der freien Wahl die Thematik so hoffnungslos eingeengt hat, bis ein Punkt erreicht wurde, an dem eine vernünftige und intelligente Auseinandersetzung nicht mehr möglich ist. Es steht zu hoffen, daß die Gruppen, die für das Leben oder für freie Wahlmöglichkeiten eintreten, bewußter werden und sich mit dem erklärten Ziel über die komplexe Thematik äußern, ein gemeinsames Anliegen zu finden und den Frauen im Rahmen der komplexeren Themen, die die Sexualität umgeben, verschiedene sichere Empfängnisverhütungsmittel anbieten zu können (vom Intrauterinpessar bis zur Pille danach, die die Einnistung verhüten und abbrechen kann).

Der wachsende Einfluß der Frauen

Es ist wenig zweifelhaft, daß die wachsende Entscheidungsmacht der Frauen die heutige Gesetzgebung, die sich mit den familiären und sozialen Rollen der Frau befaßt, stärker beeinflussen wird, als dies zu irgendeiner Zeit in der jüngsten Vergangenheit der Fall war. Es zeigen sich bereits weitreichende Wirkungen, was die individuellen Rechte der Frauen anbelangt. Solche Rechte stehen oft in Konflikt mit dem Konzept der Familie oder des Paares als Einheit, mit den Interessen der Kinder und manchmal auch mit den Interessen des Staates. Die sich neu entwickelnde Situation wird neue Konflikte schaffen, was die Rechte der einzelnen Frau, das beste Interesse des Kindes, das Interesse des Ehemannes (oder Samenspenders oder Samenverkäufers) und der Familie anbelangt.

Ähnliche Konflikte lagen dem vorher erwähnten Urteil des Obersten Gerichtshofs von Massachusetts vom März 1973 zugrunde, das zugunsten einer 23jährigen Frau entschied. (Diese Entscheidung wurde vom Obersten Gerichtshof der Vereinigten Staaten bestätigt.) Der Anwalt der Ehefrau argumentierte, daß in diesem besonderen Fall die verfassungsmäßigen Grundrechte der Ehefrau höher zu bewerten seien als die Rechte des Ehemannes: „Die Entscheidung des Gerichts, das der Ehefrau die Abtreibung verwehrt, verletzt die verfassungsmäßigen Grundrechte der Ehefrau, eigene Entscheidungen zu treffen, und beraubt sie ihrer Freiheit. Dies ist in der Tat eine unfreiwillige Sklaverei." Der Anwalt des Ehemannes argumentierte, daß der Ehemann und Vater das Recht auf eine Beziehung zu dem Kind habe, das er gezeugt hat: „Wir versuchen die Beziehung zwischen Vater und Kind zu schützen."[42] Aus biologischer Sicht ist dieses Urteil jedoch keineswegs klar. So überrascht es nicht, daß diese und ähnliche Entscheidungen weiterhin das Thema von Debatten und Konflikten sind.

Biologische Fakten können keine unbestreitbaren Anweisungen im Hinblick auf die Rechte geben, die der einzelne in einer menschlichen Familienbeziehung hat. Sie können aber wichtige Einsichten vermitteln. Aus der Beobachtung anderer Arten können wir lernen, daß jedes Individuum innerhalb der Familieneinheit soziale und biologische Rollen und Funktionen hat. Werden diese Funktionen nicht erfüllt, so kann dies die geistige und physische Gesundheit der Kinder gefährden. Kinder, die in Familien mit zwei Elternteilen aufwachsen, sind deutlich weniger anfällig für geistige Störungen, als diejenigen, die in Familien mit nur einem Elternteil aufwachsen. In der jeweiligen kulturellen Umgebung werden die verschiedenen Familienfunktionen im allgemeinen in Erwartungen an die Rollenfunktionen innerhalb der Familieneinheiten umgesetzt. Von jedem einzelnen wird erwartet, daß er innerhalb eines bestimmten Verhaltensspielraums handelt und reagiert, eine bestimmte Verantwortung übernimmt und dabei Beständigkeit zeigt. Handlungen, die einem Beobachter als Machtausübung oder Übergehung der Rechte anderer erscheinen mögen, können vielleicht auf Verantwortlichkeiten zurückzuführen sein, die den zwischenmenschlichen Aspekten der individuellen Rolle immanent sind. Die Individualrechte werden in diesen Fällen durch reziproke Arrangements oder Verpflichtungen ausgeglichen.

Im allgemeinen sind die vom Menschen geschaffenen Gesetze, die sich mit der Eltern-Kind-Beziehung befassen, zu allen Zeiten den Richtlinien gefolgt, die durch biologische Fakten vorgegeben waren. Die biologische Mutter wurde immer als solche anerkannt, wenn sie ein Kind zur Welt brachte. In der modernen Gesellschaft wird das Kind rechtlich seinen biologischen Eltern zugeschrieben, wenn beide bekannt sind, in fast allen Fällen aber wird es seiner biologischen Mutter zugeschrieben. Diese Praxis steht in wichtigen Punkten in Kontrast zu der psychologischen und rechtlichen Bedeutung der biologischen Vaterschaft, einem Konzept, das in der sozialen Evolution des Menschen noch relativ neu ist. Erwachsene Männer waren in verschiedenen Rollen Teil der Familiengruppe, seit der Homo sapiens als eigene Spezies hervortrat. Die Beziehung des Mannes zum Kleinkind, Kind oder Jugendlichen hing sowohl von der Rolle des Mannes innerhalb der Familiengruppe, als auch von den männlichen Neigungen ab. Im allgemeinen entwickelten sich Bindungen zwischen Vater und Kind, wenn der Vater die Mutter des Kindes als Mitglied der Gruppe oder Familie anerkannte, in der er lebte (oder bei matrilokalen Gesellschaften, wenn er im elterlichen Haus der Frau lebte), wenn seine Familie oder Gruppe die Frau akzeptierte oder er ein Kind als seinen Abkömmling erkannte und anerkannte. Die genannten Unterteilungen können unbefriedigend sein, zumindest in Fällen, in denen sie die Komplexität und (oft auch) die Intensität der Vaterschaft nicht in adäquater Weise zum Ausdruck bringen. Es gibt Beweise, die die Ansicht stützen, daß Väter die meisten der Rollen übernehmen können, die traditionellerweise von den Müttern wahrgenommen werden (z. B. das Aufziehen und Versorgen des Nachwuchses), und daß die Väter diese Pflichten sehr gut erfüllen.

In den meisten menschlichen Gesellschaften schreibt das Gesetz dem Ehemann der Mutter die Vaterschaft zu. Viele Jahrhunderte lang schien die Maxime „ubi matrimonium ibi pater" ein gesundes Prinzip für rechtliche Entscheidungen darzustellen. In unserer Zeit der sexuellen Freiheit könnte dieses Prinzip eine ganze Reihe vorteilhafter Konsequenzen haben. In einer Zeit, in der die biologische Vaterschaft bestritten oder mit einem hohen Maß an Sicherheit ausgeschlossen werden kann, könnte dieses Prinzip einen günstigen Einfluß auf die Stabilisierung der Beziehungen zwischen Eltern und Kindern haben. Aber auch andere Tendenzen beginnen sich abzuzeichnen, und es wird einige Zeit dauern, ehe die Folgen, die sich aus den Veränderungen der reproduktiven Methoden ergeben, vollständig bewertet werden können.

Sorge für die Nachkommenschaft

Die Rolle, die die Biologie bei der Aufzucht des Nachwuchses spielt, ist älter als die Geschichte der menschlichen Spezies, während die Rolle, die das Recht bei der Regulierung elterlichen Verhaltens spielt, ebenso alt sein könnte wie das Recht selbst. Aber erst vor kurzem haben die Wissenschaftler die Biologie des Verhaltens bei der Erziehung der Nachkommen untersucht. Bei der Erörterung dieses Gegenstandes möchte ich mich auf einige der jüngsten Erkenntnisse beziehen, zu denen die Studien an nichtmenschlichen Primaten geführt haben. Mit ihrer Hilfe konnten viele der neuen Einsichten über die Beziehungen zwischen Eltern und Nachkommen entwickelt werden.

Mutter-Kind-Beziehung

Die Mutter-Kind-Beziehung bei nicht-menschlichen Primaten wurde unter einer Vielzahl von Bedingungen untersucht. Dazu gehörte die Beziehung zwischen dem Kind und seiner biologischen Mutter, dem Kind und einer Ersatzmutter und dem Kind und einer Adoptivmutter. Die Experimente, die *Harry Harlow*[43] mit Rhesusaffen durchführte und die erstmals 1959 veröffentlicht wurden, weisen darauf hin, daß der Körperkontakt mit der Mutter eine Hauptrolle bei der Entwicklung kindlicher Zuneigung spielt. Ein mit Stoff umwickelter Draht konnte den ganz Kleinen teilweise die Mutter ersetzen. Als die von Stoffmüttern großgezogenen Affen jedoch erwachsen wurden, wurde ihr Verhalten anormal: Sie saßen in Ecken, wiegten sich hin und her und waren außerstande, bei sozialen Begegnungen mit anderen Affen zu interagieren. Als sie die Geschlechtsreife erlangten, waren sie nicht fähig, sich auf normale Weise zu paaren. Wenn die Weibchen künstlich befruchtet wurden, gebaren sie. Diese „mütterlosen Mütter" neigten jedoch dazu, ihre Kinder zu mißhandeln, was in vielen Fällen zum Tode des Kindes geführt hätte, wenn die Pfleger nicht eingegriffen hätten.

1969, 10 Jahre nach der Veröffentlichung von „Love in Infant Monkeys", zog *Harlow* aus seinen langjährigen Experimenten den Schluß, daß es „in der frühen Phase der Sozialisierung (von Rhesusaffen) keinen adäquaten Ersatz für die Affenmutter gibt."[44] Warum?, so könnte man fragen. Die Antwort hat zum Teil mit der Entwicklung des Kleinkindes zu tun. Eine normale Mutter-Kind-Beziehung scheint die Entwicklung von Verhaltenszügen beim Kind zu katalysieren, die einen wesentlichen Bestandteil der späteren Bemutterung ausmachen. Verwandte Studien haben gezeigt, daß für die normale Entwicklung des Kindes bestimmte Interaktionsereignisse zu bestimmten entscheidenden Zeitpunkten erforderlich sind. Die Bindung zwischen Kind und Mutter muß innerhalb von Stunden nach der Geburt erfolgen. Drahtmütter oder der Ersatz der Mutter durch Gleichaltrige sind unzureichende Substitute. Später wird das Spiel mit Gleichaltrigen entscheidend, aber es kommt nur dann zu einem normalen Spielen, wenn zuerst eine Mutter-Kind-Bindung geschaffen worden ist. Die Forschungsarbeiten von *Bowlby* und anderen[45] über menschliche Kleinkinder bestätigen *Harlows* Erkenntnisse und unterstreichen die Bedeutung der frühen Mutter-Kind-Bindung und die langanhaltenden Folgen einer Schädigung, die eintritt, wenn diese Bindung aufs Spiel gesetzt wird. Eine unzureichende Bindung führt zu einer vorhersehbaren Ereigniskette: Mütter, die unter atypischen Bedingungen aufwachsen, verhalten sich anormal, Kleinkinder binden ihre Mütter auf atypische Weise, und es kommt zur Mißhandlung.

Die genannten Erkenntnisse werfen naheliegende Fragen über die sich verändernde Rolle der Frau in der Gesellschaft und die möglichen Folgen einer solchen Veränderung für die Entwicklung der Kleinkinder auf.[46] Werden die größeren Rechte der Frauen durch größere Verpflichtungen gegenüber den Kindern ausgeglichen? Das Verantwortungsgefühl, ein Ergebnis der menschlichen Evolution, könnte die Wahl der Frauen beeinflussen, denen eine steigende Zahl von alternativen Optionen zur Wahl steht: Karriere anstatt Mutterschaft, Verschiebung der Mutterschaft bis zum Abschluß der Ausbildung und der Etablierung einer Karriere und Teilzeitkarriere und Mutterschaft. Dasselbe Verantwortungsgefühl könnte auch die Arbeitgeber motivieren, die oft einen hohen Prozentsatz von Frauen beschäftigen müssen, Kindertagesstätten einzurichten und Pflege- und Besuchsdienste für die Kleinkinder arbeitender Mütter einzurichten. Das Problem der Unfruchtbarkeit und die verschiedenen neuen technologischen Wege, um kinderlosen Eltern zu Kindern zu verhelfen, werden ebenfalls in diese Diskussion miteingehen.

Harlows Beobachtungen mütterloser Affenmütter sollten uns ermutigen, uns näher mit den geforderten sozialen Veränderungen auseinanderzusetzen, bei denen Fortpflanzung und Kindererziehungsmethoden vielleicht noch nicht berücksichtigt worden sind. Bei dieser Untersuchung ist es wichtig, sich daran zu erinnern, daß Kinder bis in die jüngste Evolutionsgeschichte hinein in engem körperlichen Kontakt zu ihren Müttern standen, besonders während der ersten Lebensjahre. Selten überlebten Kleinkinder eine Trennung von ihren Müttern oder von Verwandten, die die Versorgung übernommen hatten. Sogar bis zum Alter von vier Jahren und danach gefährdete die Trennung von der Mutter oft die Existenz des Kindes. Die Mutter-Kind-Bindung ist nicht nur ein

Brauch oder eine Angewohnheit, die willentlich ohne ernsthafte Folgen verändert werden könnte. Die menschliche Physiologie entwickelte sich so, daß sie unter den in früheren Zeiten vorherrschenden Bedingungen funktionieren konnte. Drastische Veränderungen bei der Erziehung von Kindern werden daher vermutlich unerwünschte Auswirkungen auf die Kinder und Jugendlichen haben und in der nächsten Generation unerwünschte Folgen zeitigen.

Heute entscheidet sich eine steigende Anzahl von Frauen für Berufe, durch die die für den Nachwuchs verfügbare Zeit erheblich reduziert wird. Angesichts dieser Situation, so könnte man argumentieren, wäre es im besten Interesse der Gesellschaft, den Frauen das Recht zu gewähren, die Mutterschaft zu vermeiden oder die Zahl der Kinder zu begrenzen, ohne auf sexuelle Befriedigung verzichten zu müssen. Es trifft zu, daß die Regulierung der Kinderzahl jahrhundertelang durch vielerlei Methoden praktiziert wurde. Die neue kontrazeptive Technologie hat jedoch die Sicherheit und Berechenbarkeit dieser Regulierung erheblich gesteigert. Antiovulationsmedikamente oder Medikamente, die die Einnistung unterbrechen, wie sie derzeit in Europa erhältlich sind, scheinen eine noch berechenbarere und sicherere Methode der Empfängnisverhütung darzustellen. Wenn die Empfängnisverhütung fehlschlug, so standen der einzelne und die Gesellschaft stets vor der Entscheidung, ob das befruchtete Ei abgetrieben werden sollte oder nicht. Es steht fest, daß die Jahre, in denen wir Erfahrungen mit solchen Entscheidungen sammeln konnten, unsere Fähigkeit, eine für alle zufriedenstellende Lösung zu finden, nicht nennenswert gesteigert haben.

Unsere gegenwärtige Situation gibt uns eine Menge ungelöster Fragen auf. Welche Auswirkungen hat die Abtreibung beispielsweise auf den genetischen Vater, auf bereits lebende Kinder oder auf das nachfolgende Verhalten der abteibenden Frau? Wird die Paarbindung gefährdet? Führt die einseitige Entscheidung zu einer allgemeinen Mißachtung biologischer Vorgänge und vielleicht auch des rechtstreuen Verhaltens? Aber es stellen sich auch wirtschaftliche Fragen und Fragen hinsichtlich der Fürsorge für das Kind. Es mag bezweifelt werden, ob es das Beste ist, ein Kind in eine Situation zu bringen, in der nicht genügend Unterstützung zur Verfügung steht und die Mutter nicht ausreichend Zeit hat, damit sich die Mutter-Kind-Bindung entwickeln kann. Unter solchen Umständen könnten die persönlichen und sozialen Vorteile einer Abtreibung die negativen Seiten bei weitem überwiegen. Und doch ist die Reproduktion für die menschliche Existenz wesentlich. Daher überrascht es nicht, daß zu diesem Thema viele Meinungen geäußert werden. So ist es wichtig, daß wir fortlaufend die möglichen biologischen und sozialen Folgen der Veränderungen untersuchen, die wir zur Zeit erleben.

Vater-Kind-Beziehung

Jetzt kommen wir zur Vater-Kind-Beziehung. Da die meisten nicht-menschlichen Primaten offenbar kein Vaterkonzept haben, das dem menschlichen ähnelt (wenngleich einige Primatologen diesen Punkt bestreiten würden), fehlen uns Modelle, mit denen wir die menschliche Vaterschaft vergleichen könnten und die uns eine Extrapolation ermöglichen würden. Bei vielen nichtmenschlichen Primaten hat der menschliche Beobachter große Schwierigkeiten, den biologischen Vater auszumachen – von mehreren erwachsenen Männchen könnte jeder der Vater eines Neugeborenen in der Gruppe sein. Bei diesen Arten verteidigen die erwachsenen Männchen (die möglichen Väter) bereitwillig ein gefährdetes Kleinkind und tolerieren im allgemeinen das Spiel der Kleinen und Jugendlichen. Wenn es in der Gruppe nur ein Männchen gibt, etwa bei Gibbons, Marmosetten und Schmuckaffen, dann ist väterliches Verhalten anzutreffen. Beim Siamang (einer Gibbonart), der monogame Paarbindungen eingeht, trägt der Vater tagsüber das ältere Kind, das noch keine längeren Strecken bewältigen kann, während die Mutter das Kleinkind trägt. Nachts teilt auch der Vater seinen Schlafplatz mit dem Kind.

Wie schon erwähnt ist die Wichtigkeit der biologischen Vaterschaft beim Menschen ein ziemlich neues Konzept. Um die

Vater-Kind-Beziehung noch umfassender verstehen zu können, muß unterschieden werden zwischen dem Bindungsvorgang, der zwischen Mutter und Fötus und Mutter und Kleinkind stattfindet, und der Bindung, die ein potentieller Vater zu seinem Kind haben kann. Die Gefühle des Vaters können stark sein, ebenso wie die Gefühle anderer Parteien mit einer genetischen Investition im Kind, wie Großeltern und Geschwister. Sicher wird ein Vater, der während der Schwangerschaft bei der Mutter ist, ihr bei der Geburt beisteht und später das Baby versorgt und füttert, eine starke Bindung zum Kind entwickeln können. Aber auch dann ist diese Bindung nicht mit der vergleichbar, die sich zwischen Mutter und Kind während der Schwangerschaft und unmittelbar nach der Geburt entwickelt hat. Die Tatsache, daß der Vater das Kind nicht ausgetragen hat und die physiologischen Veränderungen, die zur Schwangerschaft gehören, nicht erlebt hat, bringt es mit sich, daß sich die Art der Bindung, wie sie zwischen Vater und Kind besteht, von der Bindung zwischen Mutter und Kind unterscheidet. Darüberhinaus legen neueste Erkenntnisse die Vermutung nahe, daß der Prozeß, durch den sich die Bindungen zwischen Vater und Kind entwickeln, langsamer vonstatten geht und in erster Linie sozialer oder emotionaler Natur ist. In den ersten Tagen oder Wochen nach der Geburt scheint daher die Bindung zwischen dem Kind und dem männlichen Elternteil noch nicht so fest etabliert zu sein wie mit dem weiblichen Elternteil.

Diese unterschiedlichen Bindungen wurden kürzlich anläßlich einiger Gerichtsverfahren über Leihmütter, insbesondere des kürzlich verhandelten Baby M-Falles untersucht. In seinem Urteil aus dem Jahre 1988 bestätigte der Oberste Gerichtshof von New Jersey die Rechte der Geburtsmutter (der „natürlichen" Mutter) und hob die vorgegangene Adoption von Baby M durch den biologischen Vater und die Pflegemutter auf. Bei Adoptionen folgen alle amerikanischen Staaten (vielleicht mit Ausnahme von Wyoming) dem Grundsatz, daß die vor der Geburt erteilte Zustimmung zur Adoption ungültig ist, sofern sie nicht nach der Geburt ratifiziert wird. Dieses Erfordernis trägt der Möglichkeit Rechnung, daß die Mutter und das ungeborene Kind vielleicht schon eine vorläufige Bindung entwickelt haben. Die Gerichte von New Jersey haben vor kurzem wiederum betont, daß auf Grund der Verfassung dieses Staates nicht mittels eines Privatvertrags auf elterliche Rechte verzichtet werden kann. Ebenso kann vor der formalen Adoption die Zustimmung zurückgezogen werden.[47]

Zweifellos wird die öffentliche Meinung ebenso stark und einflußreich sein, wenn die verschiedenen Rechtssysteme eine Gesetzgebung in Erwägung ziehen, die sich mit den Problemen dieser Entwicklungen auseinandersetzt. Die öffentliche Meinung wird natürlich in hohem Maße durch die Qualität und Verfügbarkeit wissenschaftlicher Informationen beeinflußt. Die kritische Frage lautet also: Inwieweit sind Gesetzgeber, Richter und Öffentlichkeit mit solchen Informationen vertraut?

Die Evolution der menschlichen Familienstruktur

In diesem Kapitel habe ich bisher die Funktionen der Sexualität bei den Primaten und die Interaktionen zwischen Sexualität, Bindung und Gruppenstruktur erörtert und verglichen. Wie schon erwähnt neigen die Gesetze dazu, unsere biologischen Neigungen und Beschränkungen widerzuspiegeln; das Recht unterscheidet also zwischen den einzelnen biologischen Funktionen und versucht, in den verschiedenen Gesetzen diesen Funktionen zu folgen. Im folgenden Abschnitt werde ich untersuchen, inwieweit diese Punkte für unsere menschliche Familienstruktur gelten, die durch unsere biologische Natur und durch Gesetze beeinflußt wird, die wir schaffen, um die verschiedenen Aspekte der Sexualität zu gestalten und zu beschränken.

Um eine Grundlage für die Untersuchung der Vielzahl von Themen, die bereits angesprochen wurden, und der Probleme, die in der Kernfamilie vorkommen, wie Unfruchtbarkeit, künstliche Formen der Reproduktion, Scheidung und Sorge für das Kind, zu schaffen, müssen wir zuerst die Evolutionsgeschichte der menschlichen Familienstruktur verstehen. Eine evolutionäre Sichtweise ist sowohl für die Behandlung der Großfamilie, in der die Sorge für die Schwachen oder Alten eine Reihe besonderer Probleme aufwirft, wichtig als auch für den Umgang mit Konflikten in intrafamiliären und extrafamiliären Beziehungen. Die Struktur der Familie und die verschiedenen biologischen Mechanismen, die zur Familienbildung beim Menschen geführt haben, sind für die Bildung und den Zusammenhalt von Verwandtschaftsgruppen oder Clans wichtig und leisten einen Beitrag zum rechtlichen Verhalten im Hinblick auf Eigentumsrechte,[48] moralische Verpflichtungen und verwandte vom Gesetz angesprochene Themen. Einer der ältesten geschriebenen Gesetzesdokumente, das Gesetz von Gortyn (400-500 v. Chr.), das auf der Insel Kreta gefunden wurde, bestätigt die Tatsache, daß die in diesem Abschnitt erörterte Thematik nicht neu ist. Dieses auf Steintafeln eingemeißelte Gesetz behandelt Eigentum als eine Funktion familiärer Unterstützung, das die Frauen und Kinder in der Verwandtschaftsgruppe begünstigt, und nicht als eine Funktion privater Rechte.[49]

Ich werde diesen Abschnitt mit der Entwicklung einiger allgemeiner Konzepte über die Familie einleiten. Die Daten sind in erster Linie der Anthropologie und Geschichte entnommen, wobei ich auf Ähnlichkeiten zwischen dem Menschen und nichtmenschlichen Primaten hinweisen werde. Vielleicht bringen die Erkenntnisse der Biologie in keinem Bereich so viel Aufklärung für das Rechtsdenken wie im Familienrecht. Ebenso gibt es keinen Bereich rechtlichen Denkens, in dem tiefer verwurzelte Werturteile anzutreffen sind als in den Ansichten über die Familie. Deshalb werden auf der Biologie basierende Informationen, die mit diesen Werten in Konflikt geraten könnten, oft nicht beachtet oder zurückgewiesen.

Biologie der Familie

Da die Familie im Grunde eine biologische Gruppe darstellt und eine so zentrale Rolle in der menschlichen Gesellschaft spielt, muß sich jede ethologische Untersuchung des mit dem Familienrecht in Zusammenhang stehenden Rechtsverhaltens genau mit dem Verhalten innerhalb der Familie auseinandersetzen. Beginnen wir mit dem offensichtlichsten Unterschied, der bei menschlichen Familien anzutreffen ist: den monogamen Familieneinheiten in Westeuropa und den polygynen Familieneinheiten, die wir in Teilen von Asien und im traditionellen Afrika antreffen. Monogamie ist keineswegs die verbreitetste Art von Familieneinheiten. Durch zwei vergleichende Studien, die in den 50er Jahren durchgeführt wurden, entdeckten die Anthropologen, daß 84% von 185, bzw. 75% von 554 untersuchten Gesellschaften legale Polygynie praktizieren.[50] Moderne Anthropologen mögen vielleicht einige der Kriterien und statistischen Techniken in Frage stellen, die bei der Ausarbeitung dieser Erkenntnisse verwendet wurden, aber auch die konservativsten und strengsten statistischen Kriterien können die Ergebnisse dieser Studien nicht negieren: Die Mehrheit der untersuchten Gesellschaften praktiziert Eheschließungen zwischen einem Mann und mehreren Frauen.

Eine Erklärung für die verschiedenen Existenzformen der Familie findet sich in der Beziehung zwischen Religion und Familienstruktur. Religiöser Glaube und religiöse Praktik haben das Ehe- und Familienrecht in hohem Maße beeinflußt. Und doch lebten unsere hominiden Vorfahren in zusammenhängenden Gruppen und bildeten Familieneinheiten, lange bevor die modernen Religionen ihren Anfang nahmen. Großenteils entwickelten sich die Religionen um bereits bestehende konservative Familienstrukturen herum und folgten wie das Recht dem existierenden Verhalten. Die Religion kann daher nicht in erster Linie für die Unterschiede der verschiedenen Familienstrukturen verantwortlich gemacht werden. Die Informationen, die wir durch die historische Rekonstruktion früher Familieneinheiten und durch einen Vergleich zwischen Menschen und nicht-menschlichen Primaten gewinnen, können hier aufklärend wirken. Vermutlich war die Mutter-Kind-Beziehung die Basis dieser frühen Familiengruppen (diese Beziehung besteht auch heute noch bei allen bekannten menschlichen Gruppen). Die Mutter mit ihrem Kind wurde als Einheit betrachtet, so wie dies heute bei den nicht-menschlichen Primatengruppen ebenso der Fall ist. Darüberhinaus scheint diese Grundbindung zwischen Mutter und Kind in verschiedenen Umgebungen zu ähnlichen Wahrnehmungen und Werten geführt zu haben. Diese Ausführungen bringen uns jetzt zu der Frage nach den Bedingungen und Ursachen für die verschiedenen Familienstrukturen.

Der moderne Mensch formt wie der antike Mensch – wobei das Ausmaß fast so unterschiedlich ist wie die Art der Einflußnahme – seine Umgebung durch Technologie und reagiert seinerseits auf Veränderungen, die vorangegangene Generationen in Gang gesetzt haben. Um mit diesen Veränderungen leben zu können, waren Verhaltensanpassungen erforderlich, auch im Bereich der Familienstruktur. Das Verhalten ist zweifellos die anpassungsfähigste Eigenschaft aller Tiere.[51] Diese Formbarkeit ist nicht nur eines der Merkmale des Homo sapiens, es hat sich vielmehr herausgestellt, daß Verhaltensänderungen für das Überleben erforderlich sind, was uns zu einer offensichtlichen Schlußfolgerung führt: Geht man von einer Spezies mit adaptivem Verhalten aus und nimmt man an, daß sich die Bindungsstruktur entsprechend den Umweltvariablen verändert, dann muß die Annahme hinterfragt werden, daß eine Art von Bindungsbeziehung für eine große Anzahl verschiedener Umweltbedürfnisse optimal wäre.[52]

Umwelteinflüsse und Werturteile

Die Umwelt alleine vermag jedoch das Verhalten nicht vollständig zu erklären. Die Gruppen, die sich an unterschiedliche Umweltbedingungen anpassen, entwickeln im Hinblick auf die Familienstruktur unterschiedliche Werte. Die menschliche Spezies kennt Beispiele von Monogamie, Polygamie, Polygynie und gelegentlich auch Polyandrie – ein System brüderlicher Polyandrie, bei dem mehrere Brüder eine Ehefrau teilen, findet man in Teilen von Indien und in Tibet.[53] Nach *Eibl-Eibesfeldt* löste die Knappheit an Nahrungsmitteln und Land die Entwicklung verschiedener Formen von Familienstrukturen aus.[54] Er vermutet desweiteren, daß Polyandrie eine Möglichkeit war, die Bevölkerungszahl in einer Umgebung zu kontrollieren, in der jede Frau mehrere

Männer benötigte, die sie und ihren Nachwuchs ernährten. Andere Anthropologen lehnen diese Interpretation ab, in erster Linie deshalb, weil Polyandrie keine geeignete Basis für die Feststellung der Vaterschaft bietet, die, so argumentieren sie, in den meisten Familienrechtssystemen wesentlich ist, um die Männer an die Familie gebunden zu halten und ihnen die Kontrolle zu überlassen. Es gibt jedoch festgelegte Möglichkeiten, um mit einer unsicheren Vaterschaft umzugehen. Der Patrilinealität (pater familias, der die Macht über Frau und Kinder ausübt) begegnen wir oft in Situationen, in denen die Vaterschaft in hohem Maße sicher ist. Sie erhält den sozialen Status und die Kontrolle über die Ressourcen, besonders in vielschichtigen Gesellschaften. Die Matrilinealität hat ähnliche Auswirkungen und ist oft dort anzutreffen, wo die Sicherheit der Vaterschaft nur gering ist. Hier geht es um die Versorgung des Kindes, um den Wohnsitz, die Macht über den Nachwuchs und die Übertragung und Kontrolle von Eigentum. Auch hier gibt es ökologische Varianten. Mit großen Landbesitzungen ist meistens das Erstgeburtsrecht verknüpft. Handelt es sich um kleine Gruppen, die weit verstreut leben und oft auf Wanderschaft sind, so ist häufiger Matrilinealität anzutreffen.

Die Familienstruktur unserer hominiden Vorfahren könnte Familienvarianten ähnlich wie bei den Paviangruppen aufgewiesen haben. *Edey* schreibt:

> So wie die Paviane verschiedene Lebensstile pflegen, haben dies sicher auch die Hominiden getan, je nachdem, wo sie lebten und wie schwierig es war, an die jahreszeitlich verfügbare Nahrung und an Wasser zu gelangen. Wenn die Probleme sich verschlimmerten, wurden zusätzliche Männer wahrscheinlich für ebenso überflüssig erachtet wie zusätzliche Pavianmännchen, und es kam vermutlich zur Bildung von Einheiten mit einem Mann.[55]

Jäger und Sammler

Natürlich lassen sich die Daten der nicht-menschlichen Primaten nicht einfach eins-zu-eins auf menschliches Verhalten übertragen. Dennoch gibt es analoge Funktionen und Strukturen. So liefern uns die verschiedenen bereits erörterten Familienstrukturen der Paviane ein Modell der Familienstruktur, in der unsere Vorfahren als Sammler lebten. Bei unseren menschlichen Vorfahren gab es sicherlich die Mutter-Kind-Einheit. Die erwachsenen Männer waren vermutlich nicht aktiv mit elterlichen Aufgaben befaßt, sie fungierten innerhalb der Gruppe jedoch als Beschützer der Frauen und Kinder. Bei den Gruppen, die vom Jagen und Sammeln lebten, wurde das Teilen der Nahrung eine Notwendigkeit – das Jagen hätte nicht zu einem Hauptmerkmal der sozialen menschlichen Evolution werden können, wenn die Männer (die im allgemeinen die Jäger waren) und die Frauen (die im allgemeinen die Sammlerinnen waren) Nahrung und Nahrungsbeschaffung nicht geteilt hätten.[56] Nachdem die Verteilung der Aufgaben und die Aufteilung zwischen den Geschlechtern einmal vorgenommen worden war, wurde die Familie (in ihren verschiedenen Ausformungen) vermutlich zur gängigsten wirtschaftlichen Einheit. (Im allgemeinen ist ein Verhalten, bei dem in erheblichem Ausmaß Nahrung geteilt wird, bei anderen Primaten nicht anzutreffen. Es gibt jedoch Ausnahmen: die Nahrungsaufteilung zwischen Mutter und Kind und die Fleischaufteilung bei den Schimpansen, die je nach der Verfügbarkeit von Fleisch bestimmten Regeln folgt.[57]) Interessant ist hier die Annahme, daß es ohne den Verstärkungseffekt der Ressourcenteilung nicht zur Entwicklung der Arbeitsteilung gekommen wäre. Studien über die heutigen Jäger und Sammler haben gezeigt, daß eine häusliche Basis die Arbeitsteilung erleichtert. Frauen und Kinder sammeln in der Nähe Nahrung, während die Männer jagen. Die Familie versammelt sich dann wieder im Heim, um die Früchte ihrer Arbeit miteinander zu teilen. Jahrtausendelang konnten die menschlichen Sozialgruppen offenbar dann gedeihen, wenn die Familien über eine solche häusliche Basis verfügten, die mit dem heutigen, zur rechtlichen Definition von Familie gehörenden Haushalt vergleichbar ist.[58]

Beim Menschen basiert die Bindung zwischen Mann und Frau nicht auf rigiden Mechanismen, wie das etwa bei den Mantelpavianen zu beobachten ist, deren Männchen eifersüchtig über die Weibchen wachen und sie beherrschen. Ebensowenig wie bei den Mantelpavianen ist die Paarbindung beim Menschen auf die Zeit der Empfängnisbereitschaft beschränkt. Die menschliche Frau ist ununterbrochen fähig und in der Lage, sexuell aktiv zu sein und physisches Wohlbehagen zu schenken, was vermutlich entscheidend zur Einführung und Bewahrung von Paarbindungen und nebenbei noch dazu beigetragen hat, für die Mutter und ihren Nachwuchs Nahrung und Schutz sicherzustellen. Das Menschenkind braucht, um überleben zu können, eine erhebliche Zeitlang ständigen, engen Kontakt zur Mutter. Die Menschenmutter dürfte also auch bei relativ günstigen Umweltbedingungen von der Hilfe der Männer profitiert haben. Die Anwesenheit des Mannes als Familienvater und nicht nur als bloßem Paarungspartner wurde noch wichtiger, als spezielle Fertigkeiten erlernt werden mußten, um das Überleben des Nachwuchses zu sichern.

Die beständige sexuelle Empfänglichkeit der Menschenfrau zog zwar den Mann an und stärkte vermutlich auch die Paarbindung. Ständig praktizierte Sexualität konnte aber auch das Leben des Kindes gefährden, wenn der Geschlechtsverkehr kurz nach der Geburt zu Schwangerschaft oder Krankheit führte. Eine Schwangerschaft konnte die Stillfähigkeit beenden. Eine Krankheit konnte dem Leben ein Ende setzen. In den meisten primitiven Gesellschaften – auch dort, wo man vermutet, daß der Kausalzusammenhang zwischen Geschlechtsverkehr und Schwangerschaft nicht vollständig bekannt ist, regeln starke Tabus den Geschlechtsverkehr vor und nach der Geburt. Bei den meisten polygynen Familien werden diese Tabus streng befolgt.[59] Aus diesem Grund haben sich polygyne Strukturen dann als adaptiv erwiesen, wenn die verfügbaren Nahrungsmittel nicht genügend Eiweiß enthielten, um dem Kleinkind auch ohne Muttermilch das Überleben zu ermöglichen.

Seßhaftigkeit der Familie

In den letzten 10 000 Jahren entwickelte sich auf der Grundlage des Ackerbaus ein relativ neuer Lebensstil. Die Wissenschaft postuliert, daß nach heutigen Erkenntnissen der moderne Mensch vor etwa 10 000 Jahren die Domestizierung von Pflanzen und Tieren erlernte, um Nahrungsmittel produzieren und auf Vorrat halten zu können. Den Ausgrabungen zufolge fand die Entwicklung der Landwirtschaft im Bereich des Crescent Valley im Mittleren Osten statt, wo die ältesten auf eine Domestizierung hinweisenden Pflanzen und Tierfossilien gefunden wurden. (Neuere Beweise weisen darauf hin, daß sich die Landwirtschaft unabhängig davon auch in der Neuen Welt entwickelt haben könnte.) Von diesem oder einigen anderen Gebiet(en) aus griff die landwirtschaftliche Revolution auf andere Teile Asiens, auf Afrika und schließlich auf Europa über.[60] Während dieser Zeit der Verbreitung entwickelte sich die typische Familieneinheit wahrscheinlich bis zu dem Punkt, an dem es zur Bildung von Großfamilien kam, die mehrere Familien umspannten, zu denen ein(e) oder mehrere erwachsene Männer und Frauen, Kinder und Jugendliche gehörten und die wahrscheinlich auf matrilinearer Abstammung beruhten.[61] Alle Primaten neigen dazu, anders mit denjenigen umzugehen, die nicht der Familie angehören und ihre Vorlieben und Abneigungen zeigen.[62] Diese Tendenz könnte durch die Immobilität verstärkt worden sein, die mit der Kultivierung des Landes einherging, und durch den Wunsch, das Land (als vorhersehbare Nahrungsquelle) zu besitzen, das man kultiviert hat. Das Land wurde gegenüber denjenigen, die man nicht mochte oder kannte, verteidigt.

Die agrare Wirtschaft benötigte die Arbeitskraft von Kindern, Jugendlichen und jungen Erwachsenen. Die erwachsenen Männer haben vielleicht einige Zeit außerhalb mit Jagen verbracht, es mußte jedoch immer eine ausreichende Anzahl von Männern zuhause bleiben, um das Land gegen Nomadengruppen zu verteidigen, die auf die Plünderung von Vorräten und Menschen aus waren. Die Verteidigungserfordernisse beschränkten die Größe des Territoriums, was wiederum die Menge verfügbarer Nahrung und die Zahl von Menschen, die ernährt werden konnten, beschränkte. Es ist zu vermuten, daß sich unter diesen Bedingungen die Großfamilie, vielleicht in monogamer Form, wahrscheinlich aber in polygyner Form als adaptiv erwiesen hat.[63]

Unter diesen Umständen haben zwei Faktoren die Paarbindung beeinflußt: der relative Zuwachs an Zeit, die die Männer in der Nähe der Frauen und Nachkommen verbrachten, und eine größere Vertrautheit mit dem eigenen Nachwuchs. Als Ergebnis wurden stärkere elterliche Bindungen möglich. Der Vater konnte seine Söhne in den Aufgaben unterweisen, die Männer zu erfüllen hatten. Mögliche Vorläufer für ein solches Verhalten lassen sich bei den nicht-menschlichen Primaten beobachten. Eine entspannte und beschützende Haltung des erwachsenen Mannes gegenüber den Jungen ist Teil unseres Primatenerbes. Erwachsene Schimpansenmännchen zeigen große Toleranz gegenüber den Kleinen, sogar dann, wenn diese das Männchen bei der Kopulation stören.[64] *Wickler*[65] beschreibt das „Kindschema" (ein Begriff, den *Konrad Lorenz* geprägt hat), zu dem bestimmte Charakteristika der kindlichen Physiologie und Verhaltensweise gehören, die Brutpflegereaktionen hervorrufen. Diese Reaktionen kann man sowohl bei Männern als auch bei Frauen beobachten.

In vielen menschlichen Gruppen werden etwas mehr Männer als Frauen geboren. In bestimmten Gebieten lassen sich auch geschlechtsbezogene Unterschiede bei den Sterbeziffern feststellen.[66] In einigen Gruppen starben vermutlich mehr junge Männer bei der Jagd nach Nahrung und im Kampf gegen Raubtiere als erwachsene Frauen, die ein behüteteres Leben führten. *Hoebel* weist darauf hin, daß es in den traditionellen Eskimogruppen eineinhalb Mal soviele Frauen wie Männer gäbe, wenn nicht die weibliche Kindstötung praktiziert würde.[67] In anderen Gruppen tragen frühe oder unsterile Geburten und das Fehlen gutentwickelter Sexualtabus nach der Geburt vermutlich wesentlich zu einer hohen Sterberate bei jungen Frauen bei. Entsprechend dem Verhältnis zwischen jungen Männern und Frauen wurde die Paarbindung in Form von Monogamie, Polygynie oder sogar Polyandrie institutionalisiert.

In der Zeit zwischen dem Jahr 10 000 und dem Jahr 5 000 v. Chr. wurden Ackerbau und Tierhaltung in immer größerem Umfang zu einem integralen Bestandteil der wirtschaftlichen Umwelt des Menschen. Diese signifikante Veränderung des menschlichen Lebensstils beeinflußte auch die Familienstruktur. Die soziale Ordnung, die am ehesten die Fortpflanzung und Erziehung der Jungen bis zum Erwachsenenalter in einer hortikulturellen Situation sicherstellen konnte, unterscheidet sich etwas von den Strukturen, die für Jäger- und Sammlergesellschaften optimal sind. Anfänglich scheinen Familienbeziehungen durch Tabus, Gebote und Regeln gelenkt und gesteuert worden zu sein, die sich großenteils auf die Religion gründeten. In dieser Zeit erschuf die menschliche Vorstellungskraft Mythen und entwickelte einen starken Glauben an das Übernatürliche. Das Gleichgewicht zwischen Anreiz und Einschränkung wurde durch Erfahrung und die bei den Führern – Personen von höchstem Status und größter Dominanz – liegende Autorität geformt. Unter diesen Gegebenheiten wurde die Gesellschaft noch stärker strukturiert und die Familie durch Gesetz und Religion sanktioniert. Dies half den reproduktiven Erfolg derjenigen zu sichern, die einen hohen Status innehatten und ihr Vermögen und ihren Status an ihre Nachkommen weitergeben konnten. In einigen Fällen diente die Adoption diesem Zweck (z. B. im Gesetz von Gortyn).[68] Die Ähnlichkeit mit den Verhaltensweisen nicht-menschlicher Primaten ist auch hier wiederum auffallend. Wie beim Menschen kann auch bei den Schimpansen der Status bis zu einem gewissen Grad übertragen (oder vererbt) werden. Die Kinder der Weibchen mit höherem Status entwickeln gewöhnlich Verhaltensweisen, die ihnen während der Adoleszenz und im erwachsenen Alter ebenfalls einen höheren Status sichern.[69]

Dorfgemeinschaft

Ein einflußreicher neuer Wirtschaftsfaktor entwickelte sich um das Jahr 5 000 v. Chr. Die ländliche Dorfgemeinschaft, die aus etwa 400 bis 500 Menschen bestand, hatte sich über mindestens

1 500 Jahre hinweg stabilisiert. Nun nahmen diese kleinen Gemeinschaften mit verschärfter Geschwindigkeit an Größe zu und erlebten eine entscheidende Strukturveränderung. Die Gemeinschaften wurden größer und nahmen urbanen Charakter an. Im nahen Osten erreichte diese Entwicklung in den sumerischen Stadtstaaten, mit zehntausenden von Einwohnern, ausgefeilten religiösen, politischen und militärischen Einrichtungen und umfangreichen Handelsabkommen ihren Höhepunkt.[70]

Diese entscheidende kulturelle und soziale Veränderung wurde möglich, weil die Landwirtschaft so ertragreich war, daß sie Überschüsse produzierte. Um das Jahr 3 000 v. Chr. hatten die wichtigen Städte im unteren Teil Mesopotamiens einige Morgen Land innerhalb ihrer Befestigungsmauern. Die Stadt Uruk beispielsweise erstreckte sich über 1 100 Morgen Land und wurde von 50 000 Menschen bewohnt. Innerhalb von 5 000 bis 8 000 Jahren hatte sich der menschliche Lebensstil auf radikalere Weise gewandelt als in den vorhergehenden 100 000 Jahren. Die Menschheit hatte gelernt, Nahrung zu produzieren und Vorräte zu speichern, anstatt sie nur zu jagen und zu sammeln. Diese Veränderung setzte menschliche Energien für die Spezialisierung und ein ganzes Spektrum neuer Aktivitäten frei. Als die Städte die Größe von Uruk erreicht hatten, könnten die Bevölkerungsdichte und der verstärkte Kontakt zu Fremden physiologische und psychologische Prozesse in Gang gesetzt haben, die das aggressive und sexuelle Verhalten beeinflußten – wir wissen, was die Bevölkerungsdichte bei vielen Spezies und so auch beim Homo sapiens anrichten kann.[71] Hochentwickelte Kulte und Zeremonien der neu urbanisierten Bevölkerung und ein starker Glaube an das Übernatürliche lieferten vermutlich die Ventile für unterdrückte Emotionen. Sie dienten dazu, Aggression umzuleiten und latente Hemmungen zu verstärken. Im Rechtssystem dieser sozialen Gruppen mußten sich diese drastischen Veränderungen des Lebensstils wiederspiegeln. Die Regeln und Gesetze, die das Verhalten der Menschen regulierten, nahmen vermutlich die Form religiöser Gebote an. Und doch befaßten sich diese Regeln mit Rechtskonzepten wie Eigentum, Erbschaft, Rechten und

Pflichten. Möglicherweise veränderten territoriale Forderungen das Eigentumskonzept im Hinblick auf das Landeigentum. Der urbane Lebensstil könnte das Konzept des individuellen Eigentumsrechts begünstigt haben, das so zu einem Teil der westlichen Rechtssysteme werden konnte.[72]

Die urbanen Lebensbedingungen gaben Anlaß zur Schaffung eines Klassensystems, in dem es wirtschaftlich vorteilhaft und wohl auch emotional befriedigend war, eine beschränkte Anzahl von Angehörigen zu haben. Dies könnte einer der Gründe gewesen sein, der die Monogamie attraktiv machte, so daß schließlich einige Religionsführer[73] (die in den sumerischen Stadtstaaten zu einer mächtigen Klasse innerhalb des Systems sozialer Schichten aufstiegen) sie als die einzig zulässige Familienstruktur proklamierten. Diese Entwicklung erstreckte sich sicherlich über einige Jahrhunderte. Und wenn sie auch nicht überall stattfand, so erklärt sie doch die überwiegend monogamen Familienstrukturen der jüdisch-christlichen Gesellschaften des Westens.

Die monogame Familie, mag sie nun konstruiert worden oder zufällig zustandegekommen sein, erwies sich als adaptiv. Verstärkt durch religiöse Gebote verbreitete sich das Ehesystem der Monogamie zusammen mit dem Christentum in der gesamten westlichen Welt (die großenteils bereits monogam war). Elemente der Großfamilie blieben jedoch erhalten. Die Versorgung von Alten, Kranken oder Behinderten, von Witwen und den von diesen abhängigen Kindern blieb ein Teil der Familienfunktion bis weit ins neunzehnte Jahrhundert, in einigen, meist ländlichen, Gebieten sogar bis ins zwanzigste Jahrhundert hinein.

Kernfamilien

Als Technologie, Mobilität und moderne Urbanisierung wiederum drastische und rasche Veränderungen mit sich brachten, verschob sich die Familienstruktur besonders in den hochentwickelten Ländern erneut in Richtung auf die Kernfamilie. Diese Tendenz wurde noch durch die steigende Lebenserwartung des frühen zwanzigsten Jahrhunderts beschleunigt. Die Industrialisierung und Ausbeutung der Ressourcen in der Neuen Welt fand vielleicht deshalb so schnell statt, weil der Westen so großes Gewicht auf die Monogamie legte, eine Familienstruktur, die verglichen mit der polygynen Struktur zu größerer Mobilität fähig ist. Das Christentum schrieb vor, daß eine Frau ihre Eltern verlassen solle, um ihrem Ehemann – auch in ein fremdes Land – zu folgen. Diese Tatsache vermag vielleicht zum Teil erklären, warum die Industrialisierung in christlichen und besonders in protestantischen Staaten schneller einsetzte und fortschritt, denn dort wurde viel Gewicht auf die Pflicht des einzelnen gelegt, auf Erden erfolgreich zu sein, um im Himmel belohnt zu werden.

Die steigende Lebenserwartung sorgt heute dafür, daß die bestehenden Familienstrukturen oft nicht mehr mit den Veränderungen mithalten können, die sich in so langen Zeiträumen abspielen. So weist die Kernfamilie eindeutig sehr schwerwiegende Mängel hinsichtlich der derzeit in der Entwicklung begriffenen neuen sozialen Umwelt auf. Die Kernfamilie kann oft nicht in ausreichendem Maße für das Heranreifen und die emotionale Unterstützung der einzelnen Familienmitglieder sorgen. Die raschen sozialen Veränderungen verursachen ständig Konflikte in den sexuellen und familiären Beziehungen. Einzelne Personen und soziale Gruppen erheben Forderungen nach individuellen Rechten, ohne damit die Vorstellung reziproker Verpflichtungen zu verbinden. Dies liegt zum Teil daran, daß viele glauben, die Dienstleistungen, die mit solchen Verpflichtungen einhergehen, könnten von den bestehenden Institutionen erbracht werden, von der Wohlfahrt, den Kinderhilfsdiensten und Gesundheitseinrichtungen. Ob sich die Kernfamilie weiterhin als adaptiv erweisen wird, hängt zum Teil von den Werten ab, die in der aktuellen und künftigen Gesetzgebung zum Ausdruck kommen, wenngleich das Recht den Veränderungen eher folgen, als diese einleiten wird. Obwohl neue Familienstrukturen, wie die Familie mit einem Elternteil oder die Stieffamilie, zunehmend rechtliche Aufmerksamkeit erfahren, so können sie doch die individuellen Bedürfnisse nur unzureichend befriedigen. Die Konflikte zwischen individuellen Rechten und Pflichten wachsen. Die Abhängigen der Gesellschaft, die Kinder, sind oftmals die Opfer.

Die Rechtssysteme haben verschiedene Unterteilungen entwickelt, um mit den zahlreichen Konflikten umgehen zu können, die im Bereich der Familie auftreten: Das Familienrecht, das Jugendrecht und das Adoptionsrecht sind die traditionellen Bereiche. Erst vor kurzem hatte sich die Gesetzgebung mit neuen Problemen auseinanderzusetzen, die sich aufgrund der Fortschritte der modernen Biotechnologie im Bereich der extrauterinen Konzeption und anderen Formen künstlicher Reproduktion gestellt haben. Wenn es überhaupt eine Möglichkeit gibt, die Wechselwirkungen zwischen den evolutionären Einflüssen der Biologie, den Umweltveränderungen, die der Mensch aufgrund der technologischen Entwicklungen ausgelöst hat, und den Werturteilen, die sich in menschlichen Gesetzen ausdrücken, zu verstehen, dann muß man diese Informationssysteme als Ganzes betrachten.

Geht man von einer weitgefaßten Definition der menschlichen Familie aus, so stellt man sehr schnell fest, daß die verschiedenen Disziplinen zwar das gleiche Wort verwenden, sich die Bedeutungen jedoch jeweils unterscheiden. So wird in *Blacks* Rechtslexikon die Familie beispielsweise definiert als „kollektive Gesamtheit von Personen, die unter der Führung und häuslichen Leitung einer Person einen Haushalt bilden und reziproke natürliche und moralische Pflichten der gegenseitigen Unterstützung und Fürsorge haben."[74] Diese Legaldefinition liefert zwar eine korrekte Beschreibung der menschlichen Familie, bezieht aber nicht die neuen Erkenntnisse über die Bedeutung der Familie mit ein, die aus den fortlaufenden Forschungen von Anthropologen, Soziologen und anderen Wissenschaftlern gewonnen werden. Auf dem Boden anthropologischer und ethologischer Daten können wir in der Familie nicht mehr nur ein räumliches Konzept sehen, wie es in dem Wort Haushalt zum Ausdruck kommt. Ein starker Faktor innerhalb des Familienkonzepts ist die Verwurzelung der Familie in der verwandtschaftlichen Gruppe.

Neue Familienformen

Es gilt als fundamentales Prinzip der Familie, daß die Familie eine Verwandtschaftsgruppe darstellt. In den meisten Fällen lebt sie in einem Haushalt räumlich zusammen, kann aber auch andere Formen annehmen, was sie besonders in der westlichen Gesellschaft auch getan hat. In den Vereinigten Staaten lebt heute ein hoher Prozentsatz aller Kinder in Familien mit nur einem Elternteil oder in Stieffamilien. Diese Kinder können eine Vielzahl von Beziehungen haben, in denen Rollen und Pflichten nicht klar definiert sind. Halbbrüder und Halbschwestern aus den verschiedenen Ehen der Eltern leben zusammen. Stiefgeschwister, Stiefonkel und -tanten und auch die Verwandten aus der Erstehe interagieren vielleicht weiterhin als eine Familie. Das Familienrecht muß sich mit den Problemen auseinandersetzen, die aus dieser Situation erwachsen, und dennoch beschreibt die Legaldefinition die Familie nicht als eine Verwandtschaftsgruppe. Die Gerichte mußten sich beispielsweise mit den Besuchsrechten von Großeltern auseinandersetzen, deren Enkelkind bei der verwitweten Stiefmutter lebt, die sich vom biologischen Vater des Kindes scheiden ließ. Oder man denke an all die Komplikationen, die sich aus der Leihmutterschaft, der offenen Adoption oder anderen Wahlmöglichkeiten im Bereich der Familie ergeben.

Familienangelegenheiten nehmen in allen bestehenden Rechtssystemen einen wichtigen Platz ein, nicht nur wegen der biologischen Wichtigkeit der Familie, sondern auch weil die Familien ein integraler Bestandteil des Gruppenlebens sind. Wie bereits an früherer Stelle in diesem Kapitel erwähnt wurde, variieren die Familienstrukturen und reagieren damit auf vielerlei Faktoren historischer, ökologischer, religiöser und biologischer Natur. Trotz all dieser Schwierigkeiten sind die Familienstrukturen und intrafamiliären Verpflichtungen überall dort, wo Familien anzutreffen sind, definiert und reguliert. Ob die Definitionen und Regeln von alten Tabus, religiösen Geboten, alten und modernen Gesetzen oder Verträgen herrühren, es gibt immer Definitionen und Regeln. Darüber hinaus sind Familienangelegenheiten in primitiven Gesellschaften der häufigste Grund für Rechtsverfahren, in den technologisch fortgeschrittenen Gesellschaften sind sie der Hauptgegenstand jeder Gesetzgebung und richterlichen Entscheidung.[75]

Seit Jahrzehnten sind Anthropologen und Soziologen alarmiert über das, was sie als wachsende Familiendesintegration betrachten, die sich in Scheidung, Gewalt, Mißhandlung des Ehepartners und Kindesmißbrauch äußert. Für diese Desintegration wurden viele Gründe angeführt. Manche Theoretiker schreiben diese Situation der Änderung von Familientypen, der wachsenden Größe und Komplexität der Gesellschaft, den raschen wirtschaftlichen und technologischen Veränderungen oder dem langanhaltenden Ressourcenüberfluß zu. Andere sehen in der Desintegration eine Folge der steigenden Erwartungen hinsichtlich dessen, was die Familie ihren Mitgliedern geben sollte. Aus der Sicht der Verhaltensökologie vermindern Überfluß, ein vorhersehbarer Fluß von Ressourcen und Sicherheit die Notwendigkeit zusammenzuarbeiten, um die täglichen Minimalbedürfnisse nach Nahrung und Unterkunft befriedigen zu können. Welcher Sichtweise man sich auch anschließen mag, die üblichen Folgen der Desintegration – die Vernachlässigung von Kindern und Schwachen – führen zu besonderen rechtlichen Erwägungen.

Die Gesetzgebung und die Kommissionsberichte über Scheidungen aus den 60er und 70er Jahren betonen alle die Wichtigkeit der Familienstabilität.[76] Der Widerstand gegen eine leichte Scheidungsmöglichkeit war oftmals durch den Glauben motiviert, daß eine solche Politik unweigerlich zur Zerstörung der Institutionen Ehe, Familie und Gesellschaft führen würde. Ist dieser Glaube berechtigt? Wir können uns fragen, ob die modernen Scheidungsgesetze wirklich die Instabilität der Familie fördern oder ob sie die bestehende Instabilität anerkennen, und in welchem Ausmaß das Recht Verhaltensweisen wirksam lenken oder unterstützen kann. Um dies beantworten zu können, ist es erforderlich, sich auf die Frage zu konzentrieren, inwiefern Änderungen der die Familienbeziehungen betreffenden Gesetze Änderungen im Verhalten der Menschen und ihrer Interaktion mit verschiedenen Umweltbedingungen widerspiegeln. Wenn sich die Umwelt verändert, verändern sich auch die Verhaltensweisen, und die Geschichte hat gezeigt, daß sich schließlich auch die Gesetze ändern, um das neue menschliche Verhalten widerzuspiegeln.

Heute sehen wir den Zusammenbruch der grundlegenden Familienbindungen, also der Paarbindung und der Eltern-Kind-Beziehung, als ein Hauptsignal für die Familieninstabilität an. Zwar sind die Ursachen dieser Ereignisse komplex und noch kaum geklärt, es besteht jedoch Einigkeit über die Folgen, die dies mit sich bringt. Die ständig steigende Zahl der bei den Jugendgerichten anhängigen Fälle, das Ansteigen der gewalttätigen Verbrechen im Bereich der Familie und des Kindesmißbrauchs (dieses Ansteigen kann real sein oder von denjenigen übertrieben worden sein, die sich als neue Gruppe beruflich mit Familienangelegenheiten befassen; es kann aber auch zumindest teilweise darauf beruhen, daß in früheren Zeiten nicht in adäquater Weise über diese Dinge berichtet worden ist), geistige Störungen (die im Steigen begriffen zu sein scheinen), die Vernachlässigung der Alten und die damit zusammenhängenden sozialen Übel haben allesamt eine gewisse Verbindung zur Familienstabilität und -struktur.

Betrachtet man die genannten Punkte, so überrascht es nicht, daß stark auf eine Reform der Familiengesetze gedrängt wird. So sind beispielsweise seit den 60er Jahren die staatlichen Gesetzgeber und Bundesgerichte besonders aktiv mit der Revision dieser Gesetze befaßt. In den frühen 60er Jahren schickte sich der Oberste Gerichtshof der Vereinigten Staaten an, die bestehenden Gesetze neu zu interpretieren, um den widersprechenden neuen Forderungen nachkommen zu können. Im Fall Griswold gegen Connecticut stützte der Oberste Gerichtshof sein Urteil aus dem Jahr 1965, das verheirateten Paaren das Recht zusprach, Empfängnisverhütungsmittel zu verwenden, nicht auf den 14. Zusatz zur Verfassung, sondern auf ein „Recht auf Intimsphäre, das älter ist als die Bill of Rights" (Zusatz zur Verfassung der USA; Anm. d. Ü.).[77] Im Fall Eisenstadt gegen Baird (1972)[78] gewährte das Gericht unverheirateten Personen das Recht, Empfängnisverhütungsmittel zu verwenden. Im Falle Roe gegen Wade (1973)[79] gewährte das Gericht ein umfassendes Abtreibungsrecht, und 1976 entschied es, daß man von einer verheirateten Frau im ersten Drittel der Schwangerschaft nicht verlangen könne, die Zustimmung ihres Ehemannes zu einer Abtreibung einzuholen, und erklärte, daß „der Staat keine Blankovorschrift vorsehen dürfe ..., die die Zustimmung eines Elternteiles oder einer person in loco parentis als Voraussetzung für die Abtreibung bei einer unverheirateten Minderjährigen während der ersten zwölf Schwangerschaftswochen vorsieht."[80] Im großen und ganzen hat der Oberste Gerichtshof der Vereinigten Staaten in seinen Entscheidungen immer wieder die Konflikte der verschiedenen Bewegungen berücksichtigt, die hinsichtlich der Rechte und Pflichten von (verheirateten oder unverheirateten) Paaren, besonders was die Abtreibung anbelangt, unterschiedliche Positionen vertreten. Zur Zeit wird diese Art der Urteilsfindung vehement angegriffen. Kernpunkt der Angriffe ist die Entscheidung Roe gegen Wade aus dem Jahr 1973. Der Ausgang dieser Konfrontation ist noch ungewiß.

Zusammenfassung

Die Ethologie schickt uns einen Hoffnungsstrahl, was die Klärung vieler der in diesem Kapitel erörterten Konfliktbereiche anbelangt. Die Ethologen sind sich völlig über die Probleme im klaren, die mit der Tatsache zusammenhängen, daß moderne Männer und Frauen ihre Umwelt in einem Maße durch die Technologie gestalten, wie das in der menschlichen Geschichte noch niemals der Fall gewesen ist. Ihre Erkenntnisse zeigen, daß die Menschen fähig sind, ihr Verhalten und auch ihre Familienstrukturen den Veränderungen anzupassen, die durch die neuen Technologien geschaffen werden. Viele Ethologen sind der Ansicht, daß das Verhalten das formbarste Charaktermerkmal der Tiere ist, wobei sich die Formbarkeit sowohl auf Bindungen und Familienorganisationen als auch auf die Handlungsweise des einzelnen bezieht. Der Konflikt zwischen individuellen und gesellschaftlichen Interessen liegt jedoch unseren meisten Problemen zugrunde. Es fehlt an einer allgemeinen Übereinstimmung über das, was in einer Gruppe gut ist. Dies stellt ein Haupthindernis auf dem Weg der Gesellschaft zur Anpassung und zum Überleben dar.[81]

Anmerkungen

1 In den Vereinigten Staaten wurde ebenso wie in allen westlichen Nationen jede Form von Polygamie (oder Bigamie), ob sie aus religiösen oder anderen Gründen praktiziert wurde, vom Gesetz nicht nur als illegal, sondern sogar als kriminell eingestuft. In den Vereinigten Staaten führte der Staat Virginia im Jahre 1788 das Statut von James I. ein, das auch die Todesstrafe vorsah. 1862 erklärte der Kongreß die Bigamie im Gebiet von Utah, in dem die Polygamie von der dem mormonischen Glauben anhängenden Bevölkerung praktiziert wurde, zu einem Verbrechen. Noch immer gibt es in Utah zahlreiche Fälle dieser Praxis, und sogar in jüngster Zeit wurden solche Verstöße gerichtlich verhandelt. (Siehe *Fox, R. N. d.* In the matter of plural marriage, Reynolds v. USA 1879 und Cleveland v. USA 1946.)
Ein weiteres Beispiel für die Art, wie das Spiel vor verschiedenen religiösen Hintergründen mit unterschiedlichen Regeln gespielt wird, ist die Meidung. Der Ausschluß bestimmter Mitglieder aus der sozialen Gruppe wird zwar universell praktiziert und stellt eine kulturelle Lösung für Hysterie und ein Mittel dar, das den Zusammenhalt der Gruppe schützt, die Rechtfertigung für solches Handeln aber und die für solche Situationen anwendbaren Regeln variieren je nach der herrschenden Religion oder Ideologie (siehe *Gruter* und *Masters,* Anm. 20, Kap. 1).

2 Da sich die sexuellen Gepflogenheiten geändert haben und immer mehr Paare ohne Trauschein zusammenleben, wurden viele aus einer solchen Situation erwachsenen Konflikte vor Gericht gebracht. In Marvin gegen Marvin entschied der Oberste Gerichtshof von Kalifornien im Jahr 1976, daß dem Kläger ein angemessener Ausgleich zuzusprechen sei, jedoch nicht aufgrund der Vorschriften des Familienrechts, sondern auf der Grundlage eines implizierten Vertrages, einer Vereinbarung oder aufgrund eines gemeinschaftlichen Unternehmens. (Das Gericht stellte fest, daß die

Vorschriften des Familienrechts nicht auf die Verteilung des während einer nichtehelichen Beziehung erworbenen Vermögens anzuwenden seien. Das Gericht konnte aber trotz der Behauptung, solche Verträge würden gegen das öffentliche Gemeinwohl verstoßen, formulierte Verträge zwischen nichtverheirateten Partnern durchsetzen, soweit solche Verträge nicht ausdrücklich eine Gegenleistung für prostitutive sexuelle Dienste vorsahen. Die Klägerin obsiegte und erhielt Alimentezahlungen.) Zu diesem Thema und zu den verschiedenen Entscheidungen, die in ähnlichen Fällen im Hinblick auf Eigentumsrechte, elterliche Rechte und andere Konflikte unverheirateter Paare ergangen sind, gibt es zahlreiche Veröffentlichungen. Siehe beispielsweise *Galante, M. A.*, Courts not wed to 'palimony': Who can recover? The National Law Journal 1986, 45 col in v 8 (14. July): 3 col. 3; *Reidinger, P.*, Family Law: Cohabitation confers property rights. ABA Journal 72 (Oct 1): 86 92 (2).
Es gab auch eine Vielzahl von Rechtsverfahren, bei denen es um das Sorgerecht unverheirateter Eltern ging. Hier richten sich die Gerichte nach der Doktrin: „Im besten Interesse des Kindes". Siehe *Reuben, R.* 1988. Justices to weigh custodial rights of unwed parents. Los Angeles Daily Journal 30 col in v 101 (28. Nov.): pl col 4.

3 *Wickler*, vgl. Anm. 35, Kap. 1.

4 *Kummer*, vgl. Anm. 2, Kap. 3.

5 *Wilson*, vgl. Anm. 19, Kap. 1.

6 *Lorenz, K.*, On Aggression. New York: Bantam, 1966.

7 *Beach, F. A.*, Sex and behavior. New York: E. Wiley, 1965. Das Sexualverhalten bei nicht-menschlichen Arten wurde durch Beobachtung von Handlungsweisen, aber auch in Beziehung zum Nervensystem, zu Hormonen und individueller Erfahrung gründlich erforscht und untersucht. Siehe auch *Washburn* und *Hamburg*, unten Anm. 13. Nach *Washburn* und *Hamburg* ist es bei Tieren, die nahe miteinander verwandt sind, eher wahrscheinlich, daß die internen biologischen Mechanismen, auf denen ihre Handlungsweisen beruhen, ähnlich sind.

8 *van Lawick-Goodall, J.*, In the shadow of man. Boston: Houghton Mifflin, 1971.

9 Nach *Wickler* kann sich die Funktion des sexuellen Verhaltens ändern, und Paarbindungsmechanismen können dazu verwendet werden, Aggression umzuleiten. *Wickler*, siehe Anm. 35, Kapitel 1. *Konrad Lorenz* hat dieses Muster bei Buntbarschen und Graugänsen beschrieben. *Lorenz, K.*, Das Sogenannte Böse. Wien: Borotha-Schoeler, 1963.

10 Schimpansen zeigen auch dann ein Imponierverhalten, wenn sie

Naturereignissen gegenüberstehen, die in ihnen Gefühle der Frustration zu erwecken scheinen. So vollführen sie etwa zu Beginn der Regenzeit sehr eindrucksvolle „Regentänze" (ein Ausdruck, den *Goodall* geprägt hat). Offensichtlich mißfällt ihnen der Regen, sie haben aber bei all ihrer Intelligenz niemals einen Schutz errichtet, um sich vor Regen zu schützen (neuesten Berichten zufolge tun dies die Orang-Utans).
Im allgemeinen versuchen die Schimpansen den Kontakt mit dem Wasser zu vermeiden: beim Überqueren von Flüssen verwenden sie Trittsteine. Dabei sträuben sich oft ihre Haare so wie beim Imponierverhalten. Auch vor Wasserfällen stellen sich die Schimpansen zur Schau. *Goodall* vermutet, daß das Imponierverhalten in diesem Zusammenhang als rudimentäre Form der Verehrung betrachtet werden kann, ähnlich wie frühe menschliche Gruppierungen die Naturkräfte verehrt haben. Aus solchen Vorläufern könnten sich die ersten Religionen entwickelt haben.

11 Vortrag von *Jane Goodall,* Vorlesungsreihe der Stanford Universität in Stanford, Kalifornien, im Oktober 1973.

12 *Hall, E. T.,* Beyond culture. Garden City, NY: Doubleday, 1977.

13 *Washburn, S. C.* und *D. Hamburg,* Aggressive behavior in old world monkeys and apes. In P. Dolhinow (Hrsg.), Primate Patterns. New York: Holt, Rinehart und Winston, 1972.

14 *Masters, W.* und *V. Johnson,* Human sexual inadequacy. Boston: Little, Brown, 1970. In ihren klinischen Studien über die Physiologie der menschlichen Sexualität stellten Masters und Johnson fest, daß die Intensität und Häufigkeit sexueller Reaktionen bei verschiedenen Personen und Altersgruppen variiert, jedoch nur graduell; das Fehlen sexueller Reaktionen ist behandlungsfähig. Symptome sexueller Unzulänglichkeit beim Menschen sind Impotenz und orgasmische Dysfunktionen, die durch Furcht, Druck und Unkenntnis verursacht oder verstärkt werden können. Die Forscher vermuten, daß die Hälfte aller amerikanischen Ehen durch sexuelle Dysfunktion bedroht ist, und schreiben die Ursache für das Scheitern von Ehen einer Dysfunktion des Paarbindungselements im Sexualverhalten zu.
Auch andere medizinische Publikationen betonen die Wichtigkeit der Sexualität als Paarbindungselement und betrachten sexuelle Dysfunktion als Hauptursache ehelicher Disharmonien. Sie verlangen verstärkte Ausbildungsanstrengungen an medizinischen Schulen, um die klaffende Wissenslücke bei den medizinischen Berufen zu schließen.

15 Man schätzt, daß jährlich weltweit 50 Millionen Abtreibungen – die Hälfte davon illegal – durchgeführt werden, woran 200 000 Frauen ster-

ben. (Studie von *Jacobson, J. L.,* The global politics of abortion. Worldwatch Institute, 25. Juli 1990.)

16 Die meisten dieser Regelungen sind alt. Sie sind Teil des Zivilrechts der verschiedenen Staaten. Es kam zu einigen Änderungen, weil eine steigende Anzahl von Frauen Einkünfte aus außerhäuslicher Tätigkeit erzielt und die Kinder schneller heranreifen und früher das Volljährigkeitsalter erreichen.

17 Während der letzten Jahre wurde eine größere Zahl von Fällen des Kindesmißbrauchs und des körperlichen Mißbrauchs von Frauen durch ihre Ehemänner gemeldet und verhandelt. Bisher hat man diese Steigerung den sozialen und sonstigen umweltlichen Veränderungen in der modernen Gesellschaft zugeschrieben. Die Zahl der gemeldeten Sexualdelikte, insbesondere der an Kindern verübten, ist drastisch gestiegen. 1976 wurden nach Schätzungen etwa 7500 Fälle von Kindesmißbrauch gemeldet, während die Behörden im Jahre 1983 auf annähernd 72 000 derartige Fälle aufmerksam gemacht wurden. (*Finkelhor, D.,* A sourcebook on child sexual abuse, 1986. Zitiert in Journal of Psychiatry & Law, Sommer 1988. *Straus, M. A.* und *R. J. Gelles,* Societal change and change in family violence from 1975 to 1985 as revealed by two national surveys. Journal of Marriage and the Family 48 (August) 1986: 465–479.) Die Statistiken vermeldeten im Jahr 1985 im Vergleich zum Jahr 1975 eine gesunkene Gewalttätigkeitshäufigkeit, sowohl was die Gewalt gegen Kinder als auch was die Gewalt gegen Ehepartner, in erster Linie Ehefrauen, anbelangt. Diese Schlußfolgerungen hat *T. Stocks* in einem Artikel angegriffen (Feedback. Journal of Marriage and the Family 60 (Februar), 1988: 281–291). Es besteht jedoch ein Konsens darüber, daß die Gewalt in der Familie und insbesondere der gemeldete sexuelle Mißbrauch in den letzten Jahren im Vergleich zu den 60er Jahren dramatisch angestiegen ist. Es hat sich als extrem schwierig erwiesen, solche Taten gerichtlich zu verfolgen. In jüngter Zeit geht die Tendenz dahin, die gesetzlichen Vorschriften über Psychopathie nicht anzuwenden (die sich bei der Behandlung eines Falles auf die Rechte des Angeklagten konzentrieren) und die Gesetzgebung auszuweiten, in dem Bemühen, die Möglichkeiten für eine erfolgreiche Verfolgung von Kindesmißbrauch zu verbessern und die Schwierigkeiten der kindlichen Opfer im Gerichtssaal abzubauen.

18 Allgemein siehe *Capron, A. M.,* Alternative birth technologies: Legal challenges. University of California – Davis Law Review, 1987, 20: 679.

19 17 Encyclopaedia Britannica 1008 (1964) sv. mode of reproduction.

20 *Sorenson, R.,* Adolescent sexuality in contemporary America. New York: World, 1973. Siehe Tabelle 45, S. 385.

21 Bei den Schimpansen gibt es langdauernde Mutter-Kind-Bindungen, und die Schimpansenfamilie, bestehend aus einer Mutter und ihrem Nachwuchs, bleibt oft zusammen, auch wenn die Jungen erwachsen geworden sind. Dennoch wurde kein Geschlechtsverkehr zwischen einem ausgewachsenen Männchen und seiner Mutter beobachtet, obwohl die Jungen manchmal ihre Mütter besteigen und stoßen, wenn diese eine sexuelle Schwellung aufweisen. Es gibt aber Berichte über Geschlechtsverkehr zwischen einander bekannten nicht-menschlichen Primatengeschwistern. In einem Fall versuchte das Weibchen jedoch den Versuchen ihrer zwei Brüder zu entkommen, die sie zu besteigen versuchten. Ähnliche Inzesttabus wurden auch bei japanischen Makaken beobachtet. Die Forschung über Rhesusaffen weist ebenfalls auf Paarungshemmungen zwischen Mutter und Sohn hin. Rhesusmännchen paaren sich nur selten mit ihren Müttern, teilweise deshalb, weil sie gegenüber ihren Müttern eine inferiore, kindliche Haltung bewahren. Hierin spiegelt sich eine spezielle Hemmung, die von der Rangstellung unabhängig ist, weshalb auch Männchen, die sozial über ihre Mütter dominieren, davon betroffen sind. Bei den Mantelpavianen werden die Paarungen zwischen Vater und Tochter offenbar dadurch reduziert, daß junge erwachsene Männchen die Töchter wegnehmen, ehe sie für die Väter interessant werden. *van Lawick-Goodall,* vgl. Anm. 8. *Kummer,* vgl. Anm. 2, Kap. 3.

22 *Levi-Strauss, C.,* The elementary structures of kinship. Boston: Beacon, 1973.

23 *Fox, R.,* Kinship and marriage. Baltimore, MD: Penguin Books, 1971.

24 Das Zivilrecht des Staates Kalifornien befaßt sich in Paragraph 4400 des Kapitels über nichtige Ehen mit inzestuösen Ehen und erklärt Ehen als von Anfang an nichtig, die zwischen Eltern und Kindern, Vorfahren und Abkömmlingen jeden Grades, leiblichen Brüdern und Schwestern, Halbbrüdern und -schwestern, Onkeln und Nichten oder Tanten und Neffen geschlossen wurden, unabhängig davon, ob die Verwandtschaftsbeziehung ehelich oder nichtehelich ist. Dieses Gesetz geht auf eine im Jahr 1872 erlassene Regelung zurück.

Das Strafrecht des Staates Kalifornien bestimmt in Paragraph 285: „Personen mit einem Blutverwandtschaftsgrad, innerhalb dessen Ehen gesetzlich für inzestuös und nichtig erklärt werden, die miteinander die Ehe eingehen oder miteinander Unzucht oder Ehebruch betreiben, können mit Gefängnisstrafe in einem Staatsgefängnis bestraft werden." Dieses Gesetz geht auf eine im Jahr 1850 erlassene Regelung zurück.

25 *Winick, C.* (Hrsg.), Dictionary of anthropology. Totowa, NJ: Littlefield, Adams, 1970, 280, 281; *Seymour-Smith, C.* (Hrsg.), Dictionary of anthropology, Boston, MA: G. K. Hall, 1986, 147.
26 *Feierman, J. R.* (Hrsg.), Pedophilia. New York: Springer, 1990.
27 *Boswell, J.*, Life of Johnson. R. W. Chapman (Hrsg.), Oxford UK: Oxford University Press, 1979.
28 *Gazzaniga*, vgl. Anm. 2, Kap. 1.
29 *Malinowski*, vgl. Anm. 7, Kap. 1.
30 *Essock-Vitale, S.* und *M. T. McGuire*, Predictions derived from the theories of kinselection and reciprocation assessed by anthropological data. Ethology and Sociobiology 1, 1980: 233–243.
31 Vgl. *Glendon* und *Calabresi*, Anm. 35.
32 Ehegesetz vom 6. 7. 1938 (RGB 1.I: S. 807).
33 *Boswell*, vgl. Anm. 27; *Gruter, M.*, Die Stellung der Ehefrau im englischen Scheidungsrecht. Jur. Diss., Universität Heidelberg, 1944; *Howard, G. E.*, A history of matrimonial institutions. Chicago: University of Chicago Press, II, 1904.
34 Vgl. Bellotti v. Baird, 428 U. S. 132 (1976); Antrag auf Nichtigerklärung der Anordnung wurde abgewiesen, 97 S. Ct. 251 (1976); Planned parenthood of Missouri v. Danforth, 428 U. S. 52 (1976). Dieses Gutachten wird in vielen einflußreichen Büchern der modernen Frauenbewegung ausdrücklich und vehement angeführt. *Friedan, B.*, The feminine mystique. 1963; *de Beauvoir, S.*, The second sex, 1953.
35 In ihrem Buch aus dem Jahr 1987 (Abortion and divorce in western law. Cambridge, MA: Harvard University Press) erörtert *M. A. Glendon* die Fragmentierung der Gesellschaft und ihrer Werte im Hinblick auf das Abtreibungsrecht der Frau und vergleicht die amerikanische Situation mit der entsprechenden Gesetzgebung in anderen westlichen Ländern. Interessanterweise sagt sie – was in diesem Sommer tatsächlich seinen Anfang genommen hat – die Ablehnung der Entscheidung Roe v. Wade voraus, die sie als eng bezeichnet. „Wenn das Roe-Urteil zerlegt wird, mag es vielleicht möglich sein, aus den Trümmern einige Richtprinzipien für die staatliche Gesetzgebung zusammenzusetzen …" Dies scheint derzeit zu geschehen. Sie glaubt auch, daß Richterin *O'Connor*, die als erste Frau an den Obersten Gerichtshof der Vereinigten Staaten berufen worden ist, bei dieser Entscheidung eine wesentliche Rolle spielt. *C. Gilligan* spricht in In a different voice. Cambridge, MA: Harvard University Press, 1982, dieses Problem ebenfalls an. Die Möglichkeit zu wählen und damit auch die Last der Verantwortung ist nunmehr in den privatesten Bereich der weib-

lichen Domäne eingedrungen... Jahrhundertelang verankerte die weibliche Sexualität die Frauen im Pazifismus, in einer eher rezeptiven als aktiven Haltung. Dabei konnte das Geschehen von Empfängnis und Geburt nur durch Enthaltsamkeit gesteuert werden, was erforderte, daß die Frau ihre eigenen sexuellen Bedürfnisse entweder leugnete oder opferte. Auch *G. Calabresi* erörtert im Kapitel „When ideals clash" seines Werkes „Ideals, beliefs, attitudes, and the law", vgl. Anm. 17, Kap. 4, die emotionale Auseinandersetzung, die den Fall Roe v. Wade kennzeichnet. Er sagt: „Daß die Gerichte immer entschieden haben, daß der beteiligte Mann in dieser Angelegenheit keine Rechte habe, weist darauf hin, daß es im Kern nicht um das Leben des Fötus, sondern um das Recht der Frau auf Gleichheit geht."

Es gibt eine Vielzahl gelehrter Bücher, die verschiedene Ansichten zu diesem Thema wiedergeben. Wahrscheinlich handelt es sich um den stärksten emotional besetzten Konflikt unserer Zeit. Damit wird sich das Recht zu befassen haben. Der Oberste Gerichtshof der Vereinigten Staaten verweist derzeit einige der Entscheidungen an die Einzelstaaten zurück, um so eine zentralisierte Abstimmung der opponierenden Kräfte zu vermeiden.

36 *Tietze, C.* und *S. K. Henshaw,* Induced abortion: A world review. New York: Guttmacher, 1986.

37 *Djerassi, C.,* The politics of contraception. The view from Tokyo. Technological Society, 9, 1987: 157.

38 *Trussel, J.,* Teenage pregnancies in the United States. Family Planning Perspective, 20, 1988: 262.

39 *Djerassi, C.,* The bitter pill. Science, 245, 1989: 28.

40 Kongreß der Vereinigten Staaten, Unterausschuß des Senats über das Monopol des Auswahlausschusses für Kleinunternehmen, Anhörung über Wettbewerbsprobleme der pharmazeutischen Industrie (91. Kongreß, Washington, DC, 1970), Bd. 1–3 (Orale Empfängnisverhütungsmittel).

41 *Djerassi,* vgl. Anm. 39.

42 Belotti v. Baird, vgl. Anm. 34.

43 *Harlow, H.,* Love in infant monkeys. Scientific American, 6, 1959: 68.

44 *Jolly, A.,* The evolution of primate behavior. New York: Macmillan, 1972.

45 Siehe *Bowlby, J.,* Attachment and loss, Bd. 1: Attachment. New York: Basic Books, 1969; *Hassenstein, B.,* Verhaltensbiologie des Kindes. München: Piper, 1973, zur Bedeutung der frühen Mutter-Kind-Bindung und

der langandauernden Folgen einer Schädigung, die während dieses Entwicklungsprozesses erfolgt.
Siehe auch *MacDonald, K. B.*, Social and personality development. New York: Plenum, 1988; *MacDonald, K. B.* (Hrsg.), Sociobiological perspectives on human development. New York: Springer, 1988.

46 *Lancaster, J. B., J. Altmann, A. S. Rossi* und *L. R. Sherrod* (Hrsg.), Parenting across the life span: Biosocial dimensions. New York: Aldine de Gruyter, 1987.

47 Der Oberste Gerichtshof von New Jersey, Baby M 537 A2d 1227 (1988) 109 NJ 396; vgl. auch In the matter of Baby M, Amicus Curiae Brief des Gruter-Institutes, 1988.

48 *Cooter, R.*, Inventing Property. Economic Theories of the Origins of Market Property Applied to Papua New Guinea. Olin Foundation Working Paper #88-5, University of Virginia, 1990. *Cooter* wendet Wirtschaftstheorien an, um den Ursprung von Markteigentum bei den Verwandtschaftsgruppen in Papua-Neuguinea zu erklären. Er beschreibt eine moderne Situation, in der die Eigentumsrechte am Land nach einem Gewohnheitsrecht geregelt werden, das sich aus verwandtschaftlichem Verhalten entwickelt hat; er vermutet, daß Diebstahl und systematische Mißwirtschaft auf dem Indianerland in den Vereinigten Staaten und in Kanada darauf zurückzuführen sein könnten, daß den Leuten eine Politik auferlegt wurde, die nicht mit dem Verhalten (Gewohnheitsrecht) vereinbar ist, das sich in den Verwandtschaftsgruppen des Stammesvolkes entwickelt hat.

49 *Bücheler* und *Zitelmann*, vgl. Anm. 8, Kap. 2.

50 *Beach*, vgl. Anm. 7; *Johnson, R.*, Aggression in man and animals. Philadelphia: Saunders, 1972.

51 *Wickler*, vgl. Anm. 35, Kap. 1.

52 *Wahl, E.*, Influences climatiques sur l'evolution du droit en Orient et Occident. Revue International de Droit Comparé, 1973. Der Autor führt die Entwicklung verschiedener Eigentumsrechtskonzepte im Osten und Westen auf klimatische und wirtschaftliche Unterschiede zurück, die das „Bild des Menschen" geformt haben. Ähnliche Schlußfolgerungen können im Hinblick auf die Anpassungen menschlicher Beziehungen gezogen werden.

53 *Fox*, vgl. Anm. 23.

54 *Eibl-Eibesfeldt*, vgl. Anm. 2, Kap. 2.

55 *Edey*, vgl. Anm. 44, Kap. 1.

56 *DeVore*, vgl. Anm. 1, Kap. 3.

57 *Teleki, G.,* The omnivorous chimpanzee. Scientific American (Januar) 1973: 33–42.

58 Die Definition einer Familie in *Blacks* law dictionary lautet: „Eine kollektive Gesamtheit von Personen, die unter der Führung und häuslichen Leitung einer Person einen Haushalt bilden und reziproke natürliche und moralische Pflichten der gegenseitigen Unterstützung und Fürsorge haben." 728 (4. Aufl. 1968).

59 *Malinowski, B.,* The sexual life of savages. New York: Harcourt, Brace & World, 1929.

60 *Braidwood, R. J.,* The agricultural revolution. Scientific American, 9, 1960: 131.

61 In diesen frühen Gruppen könnten auch einige Formen von Matriarchat praktiziert worden sein. Die griechische Mythologie war für eine solche Auffassung sicherlich inspirierend, und oftmals basieren Mythologien in irgendeiner Form auf historischen Daten. *Bachofen* hat sich intensiv mit diesem Thema auseinandergesetzt. Vgl. Anm. 15, Kap. 1.

62 Dieses Phänomen konnte auch bei anderen Primaten beobachtet werden: Obgleich ein Primat zu allen Mitgliedern seiner Gruppe Zugang hat, zeigt er in der Regel eine deutliche Vorliebe für einige Mitglieder, während er mit anderen kaum interagiert. Eine solche Bildung von Untergruppen basiert teilweise auf unerklärlicher persönlicher Affinität und teilweise auf Verwandtschaft und einer Vorliebe für eine bestimmte Altersgruppe ... Nicht-menschliche Primaten erkennen nur die matrilineare Verwandtschaft ... Die aus einer Mutter und ihren Kindern bestehende Untergruppe gibt den sozialen Beziehungen Gestalt (*Kummer,* vgl. Anm. 2, Kap. 3).

63 *Malinowski,* vgl. Anm. 7, Kap. 1, und *Hoebel,* vgl. Anm. 33, Kap. 1. Beide argumentieren, daß polygame Haushalte insofern vorteilhaft sind, als sie den Kindern eine ausreichend lange Zeit die Nahrung sichern und die Einhaltung nachgeburtlicher Sexualtabus erleichtern.

64 *van Lawick-Goodall, J.,* The behavior of free living chimpanzees in the Gombe stream reserve. Animal Behavior Monographs 1, 1968: 161.

65 *Wickler,* vgl. Anm. 35, Kap. 1, Infant Schema S. 255–265.

66 *Ziegenfuss, W.,* Handbuch der Soziologie. Stuttgart: Ferdinand Enke, 1956.

67 *Hoebel,* vgl. Anm. 33, Kap. 1.

68 Das Gesetz von Gortyn, vgl. Anm. 8, Kap. 2.

69 *van Lawick-Goodall,* vgl. Anm. 64.

70 *Adams, R. M.,* The origin of cities. Scientific American 9, 1960: 153, 160, 161.

71 *Washburn* und *Hamburg,* vgl. Anm. 13.

72 *Cooter,* vgl. Anm. 48. Dort wird die Gesellschaft der Papua auf Neuguinea und ihr Eigentumskonzept beschrieben.

73 Diese frühen Religionsführer in den Städten des unteren Mesopotamiens gelten als die erste Gruppe, die nicht für ihren Lebensunterhalt arbeiten mußte. Dies etablierte ihre Macht in den Tempeln, den größten und mächtigsten Institutionen in diesen frühen Städten. *Adams,* vgl. Anm. 70.

74 *Black's* law dictionary 728 (4. Aufl. 1968).

75 Während der letzten 10 Jahre mußte sich das Recht um verschiedene neue Definitionen des Begriffes „Familie" in Zusammenhang mit Fragen der Wohnung und der Aufteilung von Wohn- und Gewerbegebieten kümmern. In vielen Gemeinden gelten Rechtsvorschriften, die das Wohnen entsprechend den jeweiligen Definitionen des Begriffes „Familie" einschränken; da gibt es beispielsweise den Zonenkode für das „Leben in Sünde" in Denver, Colorado. Ähnliche Vorschriften findet man in Poughkeepsie, und in Chicago gilt entsprechendes für öffentliche Wohnungsprojekte. Die Befürworter argumentieren, daß durch diese Vorschriften starke familienorientierte Nachbarschaftssysteme entstehen, die den Kampf gegen Drogen unterstützen. Am Berufungsgericht von Massachusetts war sechs Jahre lang ein Verfahren anhängig, bei dem es um drei unverheiratete Paare ging, die von öffentlichen Wohnungen ausgeschlossen waren. Bei anderen Entscheidungen geht es um alleinerziehende Eltern oder homosexuelle Paare. In West Hollywood in Kalifornien gewährt eine im Jahr 1985 erlassene Familienverordnung jetzt unverheirateten heterosexuellen, homosexuellen oder lesbischen Paaren die gleichen Rechte wie verheirateten Paaren. All diese Konflikte betreffen nicht die „Familie" als solche, sondern den Teil der Legaldefinition, in dem von einem „gemeinsamen Haushalt" die Rede ist. Bleibt man bei dieser Auslegung, dann entfernt sich das Konzept der Familie noch weiter von der Verwandtschaftstradition. Gerade versuchen zwei Schwestern, Kim Taylor und Cam Porter, beide Angehörige des Indianerstammes der Pamunkey in King William County in Virginia, ein Stammesgesetz zu ändern, das sie aus dem Reservat ausschließt, weil sie weiße Männer geheiratet haben.

76 *Rheinstein, M.,* Marriage stability, divorce and the law. Chicago: University of Chicago Press, 1972; The Californian Governor's Commission on the Family, Report 9–11 (1966).

77 381 U. S. 479, 486 (1965). Vgl. auch *Bender, S.,* Privacies of life. Harper's (März), 1974: 63.

78 405 U. S. 438 (1972).

79 410 U. S. 113 (1973).

80 Planned parenthood of Missouri v. Danforth, 428 U. S. 52, 74 (1976). Vgl. auch Bellotti gegen Baird, 428 U. S. 132, Antrag, die verweigernde Anordnung aufzuheben, 97 S. Ct. 251 (1976). Vgl. auch Akron v. Akron Ctr. for Reproductive Health, 462 US 416, 76 Ed 2d 687, 103 S Ct 2481 (1983) und Richard Thornburgh v. American Coll. off Obst. & Gyn., 476 US 747, 90 Ed 2d 779, 106 S Ct 2169 (1986).

81 *Hardin, G. J.*, The tragedy of commons. Science 162, 1968: 1243.

6. Ethologie und Umweltrecht

Die vorangegangene Erörterung über Ethologie und Familienrecht stützte sich auf historische Daten und Erkenntnisse über prähistorische Situationen sowie auf das, was wir heute über die Evolution der menschlichen Familie wissen. Wir konzentrierten uns dabei in erster Linie auf die Erklärungen, die das rasch wachsende Wissen im Bereich der Biologie uns liefert, um ein besseres Verständnis von der Familie zu gewinnen und uns bei unseren Interpretationen und Revisionen des Familienrechts führen zu lassen. Das Wissen, das in den letzten vier Jahrzehnten in der Biologie und in verwandten Bereichen (Anthropologie) erworben worden ist, hat unsere Sicht der Familie erheblich verändert. Soweit dieses Wissen der Öffentlichkeit zugänglich gemacht und Teil des Rechtsdenkens wird, lassen sich bedeutende Änderungen des Familienrechts antizipieren – das formelle Recht wird größere Wirksamkeit entfalten, wenn es sich enger an das lebende Recht anschließt. Die Leser werden meiner Auslegung der Erkenntnisse vielleicht nicht in allen Punkten zustimmen oder nicht damit einverstanden sein, wenn ich argumentiere, daß die Erkenntnisse, die aus den Studien über nicht-menschliche Primaten gewonnen werden, in gewissem Maße Einsicht in das menschliche Verhalten zu vermitteln vermögen. Ungeachtet solcher Differenzen ist es schwierig, das Grundthema dieses Kapitels, ja tatsächlich des gesamten Buches von der Hand zu weisen: Die Evolution hat eine Spezies (Homo sapiens) hervorgebracht, die stark motiviert ist, bestimmte biologische Ziele zu erreichen, die auf vorhersehbare Weise agiert, um diese Ziele zu erreichen, und die Beschränkungen unterliegt, die sie davon abhalten, sich auf bestimmte Verhaltensweisen einzulassen.

In diesem Kapitel können wir uns nicht in gleicher Weise auf frühere experimentelle oder überlieferte Ereignisse aus unserer Vergangenheit verlassen, und doch kommt auch hier der Einfluß unserer Evolutionsgeschichte ins Spiel. Die artspezifischen Verhaltensweisen, von denen in den vorangegangenen Kapiteln die Rede war, erweisen sich als wichtige Hinweise, die auch auf die

Art von Umweltgesetzen anwendbar sind, um die es hier geht, nämlich die Gesetze, die der langfristigen Erhaltung der Umwelt dienen. Viele der Verhaltensweisen, für die der Mensch stark prädisponiert ist, führen entweder unmittelbar oder mittelbar zur Verschwendung wichtiger Ressourcen und zur Verschlechterung der Umwelt; aber es haben sich auch Verhaltensbeschränkungen entwickelt, die eine weitere Ausbeutung in der Zukunft verhindern könnten. Aus diesem Grund sind ethologische Studien auch für die Schlußfolgerungen und Vorhersagen, die schließlich zu einer neuen Politik und Gesetzgebung führen, von Wichtigkeit. Sie liefern uns die verläßlichsten Richtlinien für die ständig wachsenden Umweltprobleme und -konflikte.

Der erste Teil des Kapitels befaßt sich mit folgender Frage: Welche artspezifischen Verhaltensweisen sind für das Umweltrecht am ehesten relevant? Im zweiten Teil des Kapitels widmen wir uns der Frage: Welche Hinweise können uns diese Verhaltensweisen im Hinblick auf die Gesetze geben, die sich mit der Erhaltung der Umwelt befassen?

Artspezifische Verhaltensweisen und Umwelt

Artspezifische Verhaltensweisen sind Verhaltensweisen, die in der fernen Vergangenheit selektiert wurden, weil sie einen adaptiven Vorteil versprachen. Man bezeichnet sie als artspezifisch, weil sie durch genetische Informationen geprägt sind und bei einem normalen Entwicklungsverlauf von der großen Mehrheit aller Angehörigen der Art übernommen werden. Wie in Teil I erwähnt, ist bei Erwachsenen die Häufigkeit solcher Verhaltensweisen zum Teil von Ereignissen während der Entwicklung, zum Teil von individuellen Unterschieden bei der genetischen Zusammensetzung der einzelnen Menschen und zum Teil von umweltlichen Beschränkungen und Wahlmöglichkeiten abhängig. Diese Faktoren vermögen zum Teil die vorhandene Bandbreite zu erklären, und es ist auch von entscheidender Bedeutung, sie in unser Umweltschutzdenken miteinzubeziehen. Genauso wichtig ist es jedoch, nicht die Tatsache aus den Augen zu verlieren, daß es stark prädisponierte Verhaltensweisen gibt, die mit großer Regelmäßigkeit auftreten und weitgehend vorhersehbar sind. Innerhalb gewisser Grenzen lassen sich prädisponierte Verhaltensweisen formen (die Häufigkeit ihres Auftretens läßt sich steigern oder senken), sie können jedoch nicht zum Verschwinden gebracht werden. Betrachten wir beispielsweise die Verhaltensweisen, die mit dem Erwerb, der Kontrolle und der Nutzung materieller Ressourcen (wie Eigentum, Wasser, wertvolle Metalle, etc.) zum eigenen Nutzen oder zugunsten von Verwandten zu tun haben, oder den Wettkampf um soziale Stellungen, die mit besseren Zugangsmöglichkeiten zu den Ressourcen verknüpft sind (etwa ein hoher Status). Ein bedeutender Teil der überlieferten Geschichte dokumentiert die guten und schlechten sozialen und individuellen Folgen solcher Verhaltensweisen. Es gibt Kriege und Morde; wir heiraten, täuschen, betrügen und ändern unsere Ideologien und Religionen, um den Zugang und die Kontrolle über die Ressourcen zu ändern oder zu bewahren. Es gab rechtliche und erzieherische Versuche, diese egoistischen Verhaltensweisen einzudämmen, sie in ein kulturell eher akzeptables Verhalten umzuformen oder bestimmte anfallende Vorteile zu beschneiden (etwa diejenigen zu besteuern, die überschüssige Ressourcen erwerben). Dennoch bleiben diese Verhaltensweisen bestehen. Es scheint sogar so zu sein, daß ein hoher Prozentsatz von Leuten mit den Resultaten solcher Verhaltensweisen zufriedener ist als mit den Resultaten alternativer Verhaltensweisen. Die jüngsten Ereignisse in Osteuropa können aus dieser Perspektive betrachtet werden. Sie legen die Vermutung nahe, daß das Scheitern der sozialistischen Wirtschaftssysteme zum Teil auf die Unwilligkeit des Menschen zurückzuführen ist, mehr als einen gewissen Teil seiner persönlichen Bemühungen dem allgemeinen sozialen Wohl auf Kosten des eigenen materiellen Erfolges und Status zu widmen. Die Abkehr von der sozialistischen Wirtschaft und Hinwendung zur Marktwirtschaft signalisiert gleichzeitig die Abkehr von den sozialistischen und die Hinwendung zu individuellen Zielen im Hinblick auf den Erwerb von Ressourcen.[1]

Welche artspezifischen Verhaltensweisen sind für die Umweltschutzgesetze am meisten von Interesse? Die meisten wichtigen Verhaltensweisen wurden bereits erörtert und sollen nun aus der Sicht des Umweltrechts nochmals kurz betrachtet werden.

Eigeninteresse

Ein grundlegendes biologisches Axiom besagt, daß Organismen aus Eigeninteresse handeln. Dieses Axiom gilt im gesamten Tierreich von den Protozoen bis zu den Menschen. Ein Verhalten kann unmittelbar oder mittelbar eigennützig sein. Die Menschen arbeiten hart, befolgen Regeln, manipulieren und täuschen und warten darauf, eigennützige Ziele erreichen zu können. Das eigennützige Verhalten von zwei oder mehr Einzelpersonen führt jedoch oftmals zu Konflikten. Die Konflikte können eskalieren, Warnungen und Drohungen können ausgestoßen werden. Der Mensch kennt viele Wege, um solche Konflikte beizulegen (Kompromiß, Kompensation, Entschuldigung und Verhaltensänderung). Diese Möglichkeiten werden jedoch oftmals nicht genutzt, und die Konflikte bestehen weiter, was manchmal soweit führt, daß das Leben der Beteiligten gefährdet wird.

Dem eigennützigen Verhalten liegt eine starke Motivation zugrunde, und es ist äußerst schwer zu eliminieren.[2] Dieser Punkt ist für das Umweltrecht ebenso relevant, wie für jedes andere Rechtsgebiet auch: Gesetze, die die Stärke und Wichtigkeit eigennützigen Verhaltens nicht berücksichtigen, werden scheitern und ihr gesetztes Ziel nicht erreichen (etwa die Formung umwelterhaltenden Verhaltens).

Nepotismus

Der Mensch handelt nepotisch. Er investiert in Nachkommen und Verwandtschaft. Er schafft bestimmte Regeln, die nur für Familienmitglieder Gültigkeit haben. Er hinterläßt sein Vermögen seinen Nachkommen und Verwandten. Manchmal betrügt er und beutet andere aus, um die wirtschaftlichen und sozialen Vorteile für seine Familie zu vergrößern. Die Prädisposition zu nepotischem Verhalten ist ein zweites biologisches Axiom, das einen unmittelbaren Bezug zum Umweltrecht aufweist.[3] Die Bemühungen, solche Verhaltensweisen mit sozialen Mitteln, durch Gruppenregeln oder formale Gesetze zu beschneiden, zeigten stets nur eine marginale Wirkung. Jeder Versuch einer langfristigen Verhaltensbeschneidung würde eine intensive und fortgesetzte Kontrolle erforderlich machen.

Die Bedeutung dieses Axioms für das Umweltrecht besteht darin, daß nepotische Verhaltensweisen wahrscheinlich weiterbestehen werden, unabhängig davon, welche Gesetze eingeführt werden. Es gibt jedoch verschiedene Abstufungen dieses Verhaltens. Es wäre vorstellbar, Gesetze zu schaffen, die den destruktiven Nepotismus im Umweltbereich einschränken (z. B. bei den in Familienhand liegenden Hummerfischgründen in Neuengland)[4], vorausgesetzt, zwei Bedingungen sind erfüllt: Die Gesetze beschränken sich großenteils auf Umweltthemen, und sind nicht dazu bestimmt, alle Formen des Nepotismus zu beschränken; und die Gesetze erleichtern es dem einzelnen und seinen Verwandten, unmittelbar oder mittelbar Vorteile zu erlangen, wenn er die Gesetze befolgt.

Man betrachte beispielsweise das Problem, das in der Tragödie des Gemeinschaftslandes (Tragedy of the Commons) liegt.[5] Dabei handelt es sich um folgendes Szenario: Ein einzelner oder einige wenige weiden ihre Kühe auf dem Gemeinschaftsland, und das Vieh gedeiht. Andere, die das beobachten, beginnen das Gleiche zu tun. Schließlich gibt es, gemessen an der verfügbaren Nahrung und dem vorhandenen Platz, zu viele Kühe. Die Kühe werden unterernährt, die Milchproduktion sinkt, und das Gemeinschaftsland ist ruiniert. Hier hat das gemeinsame Land eine zweifache Bedeutung: Es weist einen Bezug zum öffentlichen Eigentum auf, analog vielen Bereichen unserer Umwelt (z. B. Luft, Wasser, Parks, Straßen, etc.), und die Produkte der grasenden Kühe (Milch und Fleisch) haben Einfluß auf das Leben der Tierhalter und ihrer Verwandten. Es gibt mehrere verschiedene Lösungsmöglichkeiten. Die Betroffenen können untereinander aushandeln, wer wie viele Kühe wie lange auf dem gemeinsamen Land halten wird. Diese Lösung ist dann praktikabel, wenn die Zahl der Beteiligten und der Kühe beschränkt ist und es eine Verhandlungsformel gibt, der alle Beteiligten zustimmen, was dann am wahrscheinlichsten ist, wenn die Tierhalter miteinander verwandt sind oder sich innerhalb der Gemeinschaft zumindest vom Sehen kennen. Eine zweite Lösungsmöglichkeit besteht darin, die Nutzung des Gemeinschaftslandes auf ein paar Personen und ihre Kühe zu beschränken – etwa nach dem Motto: wer zuerst kommt, mahlt zuerst. Dies wird oft praktiziert, um den Zugang zu ausgewählten Fischgründen zu beschränken. Diese Lösung könnte sich dann als wirksam erweisen, wenn es alternative unmittelbare oder mittelbare Vorteile für diejenigen (und ihre Verwandten) gibt, denen es untersagt wurde, ihre Kühe weiden zu lassen, wenn es also entweder ungenutzte gemeinsame Ressourcen (andere Weideflächen, wie das bei der Öffnung des Westens der Fall war) oder andere Vorteile gibt. Im letzteren Fall könnten die Vorteile für diejenigen, die kein Vieh halten, zum Beispiel darin liegen, daß Milch und Milchprodukte preiswert angeboten werden und mehr Zeit bleibt, sich auf alternative wirtschaftliche Unternehmungen einzulassen. Ein anderes Erfordernis ist das Vorhandensein irgendeines Marktsystems, das als Medium für die wechselseitige wirtschaftliche Abhängigkeit der Tierhalter und Nicht-Tierhalter fungiert. Außerdem muß es Mittel der Durchsetzung geben. Eine dritte Möglichkeit besteht darin, Rechte (Nutzung von Gemeinschaftsland für Weidezwecke) zu verleihen und Pflichten (eine begrenzte Anzahl von Kühen pro Gebiet) aufzuerlegen und so Teile des Gemeinschaftslandes abzutrennen und den Menschen zu gestatten, ihre Rechte und Pflichten zu kaufen und zu verkaufen.[6] Dies wird oft als Privatisierung bezeichnet und funktioniert dann am besten, wenn das Gemeinschaftsland in private Eigentumsanteile aufgeteilt werden kann. In diesem Fall müssen jedoch die Rechte am Gemeinschaftsland definiert sein, und es ist wichtig, einen Durchsetzungsmechanismus einzuführen. Diese Lösungsmöglichkeit setzt außerdem eine ideale Marktwirtschaft voraus, die aus vielerlei biologischen

Gründen (z. B. Xenophobie, Vertrauen, Territorialansprüche) niemals ganz gegeben sein wird.

Jede der genannten Lösungsmöglichkeiten könnte noch detaillierter erörtert werden. Alle Analysen führen jedoch zu derselben allgemeinen Schlußfolgerung: Lösungen sind nur innerhalb einer komplexeren Struktur möglich, in der es eine Vielzahl von Bedürfnissen und Verhaltensweisen gibt. Diese Struktur wird großenteils durch das Rechtssystem vorgegeben.[7]

Reziprozität

Der Mensch kann gegenüber Nicht-Verwandten reziproke Verhaltensweisen zeigen und soziale, Unterstützung gebende Netzwerke errichten[8]. Einer hilft dem anderen, weil der reziproke Nutzen, den er daraus zu ziehen hofft, bei Verwandten meist nicht zu erhalten ist. Mit reziprokem Verhalten sind jedoch gewisse Risiken verbunden, denn der Hilfeempfänger verweigert vielleicht die Gegenleistung. Die Tendenz, reziproke Beziehungen einzugehen, ist zwar ein stark prädisponiertes Verhalten, die Prädisposition ist jedoch vielleicht weniger ausgeprägt als bei nepotischem Verhalten. Reziproke Vereinbarungen funktionieren, wenn die Menschen erkennen können, wer Vorteile verschafft und empfängt[9], und wenn es soziale Folgen hat, keine Gegenleistung zu erbringen, und derjenige, der wiederholt betrügt oder versagt, beispielsweise gesellschaftlich geächtet wird.[10]

Indirekte Reziprozität

Die Bedeutung dieses Axioms für das Umweltrecht liegt darin, daß viele der Problemlösungen im Umweltrecht ein reziprokes Verhalten des Menschen erfordern. Wie schon erwähnt, scheint der Mensch für diese Art von Verhalten weniger stark prädisponiert zu sein als für nepotisches Verhalten. Dennoch verhält es sich meist so, daß Menschen, die einander kennen, in der Regel helfen, wenn sie um Hilfe gebeten werden, und die Hilfeempfänger meist eine Gegenleistung erbringen, wenn ihnen geholfen wird. Es ist jedoch ein sehr schwieriges Unterfangen, von den reziproken Verpflichtungen, die in der sozialen Familiensituation bestehen, zu der Art von Verpflichtung überzugehen, die das Umweltrecht verlangt: In den meisten Fällen sind die Reziprokatoren einander unbekannt. Ich werde diese Art von Reziprozität als indirekte Reziprozität bezeichnen.[11] Wenn ich beispielsweise Materialien zu Hause wiederaufbereite, damit sie nochmals verwendet werden können, habe ich keinen unmittelbaren Einfluß auf den Camper, der entscheidet, ob er einen kleinen Gebirgsfluß verschmutzt oder nicht (und umgekehrt). Damit die Erhaltung der Umwelt jedoch wirksam werden kann, ist indirekte Reziprozität wichtig – ich muß mit dem Camper kooperieren.

Eine verwandte Thematik hat mit kulturellen Traditionen und Gesetzen zu tun, die mit Reziprozität verknüpft sind. Wenn ein Wanderer stürzt und sich verletzt und von einem anderen Wanderer gefunden wird, so ist in den Vereinigten Staaten der nicht verletzte Wanderer gesetzlich nicht zur Hilfeleistung verpflichtet. In der Regel wird dennoch Hilfe geleistet, was nicht nur ein „Gesetz des Weges" ist, sondern auch eine Manifestation unserer Prädisposition, denjenigen zu helfen, die Hilfe benötigen. In anderen Rechtssystemen westlicher Länder ist diese Art der Hilfeleistung gesetzlich vorgeschrieben und die unterlassene Hilfeleistung unter bestimmten Umständen strafbar. In diesen Ländern ist das formelle Recht dem lebenden Recht gefolgt, während in den Vereinigten Staaten das Fehlen solcher Gesetze vielleicht unseren tief verwurzelten Glauben an individuelle Rechte und Freiheiten reflektiert. Das genannte Beispiel enthält im Vergleich zu den Situationen, in denen die Reziprokatoren einander nicht kennen, wieder andere Elemente. Zwischen Wanderern findet ein Augenkontakt und in gewissem Maß wohl auch eine Initialbindung statt, auch wenn keine Hilfe geleistet wird. Soweit die indirekte Reziprozität eine unerläßliche Voraussetzung für die erfolgreiche Umwelterhaltung ist, ist ihr Eintreten wesentlich unwahrscheinlicher als im Fall der beiden Wanderer. Damit indirekte Reziprozität stattfinden kann, sind zwei psychologische Schritte erforderlich: Unser Gefühl, daß wir am Wohlbefinden anderer teilhaben, muß intensiviert werden, etwa dadurch, daß wir handeln, um die Umwelt zu bewahren; und unsere Fähigkeit, uns für umweltschützendes Verhalten zu engagieren, muß angeregt werden.

Ausbeutung der Umwelt

Zwei andere Punkte, die zwar noch nicht als Axiome bezeichnet werden können, können der allgemeinen Kategorie des artspezifischen Verhaltens zugerechnet werden. Dabei geht es einmal um die Tendenz der Primaten, ihre Umwelt auszubeuten und zu zerstören. Die meisten nicht-menschlichen Primaten zerstören in hohem Maß ihre Umwelt.[12] Dieses Verhalten ist vielleicht nicht beabsichtigt. Die meisten Primatenarten haben sich offenbar unter Bedingungen entwickelt, unter denen die Umweltzerstörung keine langfristigen Folgen hatte. In ihrer Suche nach Nahrung zerstören die Primaten Mangroven, reißen die Rinde von den Bäumen, entwurzeln Bäume, zerstören Vogeleier und ähnliches. Wenn die Umgebung nicht mehr genügend Nahrung bietet, ziehen sie in eine neues Gebiet. In der Zwischenzeit kann sich die verlassene Umwelt wieder selbst erneuern. Beim Menschen begegnen wir extremeren und dauerhafteren Formen der Zerstörung. Manchmal erfolgt die Zerstörung gezielt (etwa als im Krieg Großbritannien und Deutschland bombardiert wurden; oder wenn heute nährstoffreiches Ackerland asphaltiert oder der südamerikanische Regenwald zerstört wird), obwohl es meist eine ganze Reihe von Rechtfertigungsgründen für ein solches Verhalten gibt. Manchmal erfolgt die Zerstörung unabsichtlich (etwa wenn atomarer Müll ohne Kenntnis der Folgen beseitigt wird oder wenn Exxon Valdez auf Felsgestein stößt). Es gibt Bemühungen, die Häufigkeit von Fällen gezielter und unabsichtlicher Umweltzerstörung einzuschränken. In einigen Fällen haben diese Bemühungen zum Erfolg geführt. Die großen Seen sind heute weit weniger verschmutzt als noch vor zehn Jahren, und in den meisten der vielen Flüsse Neuenglands schwimmen zum ersten Mal seit drei Jahrzehnten wieder Fische. Dennoch verschlechtert sich der Zustand der Umwelt auch weiterhin.

Der Wirtschaft kommt im Bereich der Umweltzerstörung oft eine Schlüsselrolle zu. Es ist leicht, eine einzelne Sägemühle, die die Umwelt verschmutzt, in einem weit entfernten Teil der Erde ausfindig zu machen und ein Gesetz zu verfassen und durchzusetzen, das die Verschmutzung untersagt. Eine andere Sache aber ist es, wenn man versucht, die Umweltzerstörung zu reduzieren und die Umwelterhaltung zu verstärken, indem man die Luft in einer Stadt wie Los Angeles reinigt. Zur Verschmutzung der Luft tragen viele bei. Um eine Lösung herbeiführen zu können, bedarf es oft größerer Veränderungen bei den industriellen Verfahren, und es müssen teure neue Anlagen erworben werden. Zudem müssen sich die täglichen Gewohnheiten derjenigen ändern, die die Verschmutzung verursachen. Die Lösungen führen oft auch zu wirtschaftlichen Härten, wie Arbeitslosigkeit, Investitionsverluste, Preiserhöhungen bei Gebrauchsartikeln und so weiter. Die Städte und Staaten sind dann wiederum aufgefordert, Mittel für die Unterstützung und Umsiedlung Arbeitsloser zu investieren. Folglich werden die Lösungen oft hinausgeschoben. Es werden Ausnahmegenehmigungen erteilt, der zeitliche Rahmen verlängert. Die Konflikte zwischen denjenigen, die sich um die Umwelterhaltung bemühen, und denjenigen, die dem nicht oder nur in minimalem Umfang folgen, wachsen. Am bedeutendsten ist, daß die Zerstörung der Umwelt anhält und die Erhaltungsbemühungen hinausgeschoben werden.

Die Luftverschmutzung in Los Angeles liefert insofern ein anschauliches Beispiel, weil die Umweltverschmutzung dort weiterging, die indirekte Reziprozität gescheitert ist und die Gesetze zur Reduzierung von Smog keine klaren Anreize boten. 1970 schätzten die mit der Kontrolle der Luftqualität beauftragten Beamten, daß Los Angeles im Jahr 1976 smogfrei sein würde. Im Jahre 1980 wurde diese Schätzung auf das Jahr 1985 hinausgeschoben. Jedes Jahr konnten kleinere Erfolge in ausgewählten Bereichen der Smogkontrolle erzielt werden. Doch im Jahr 1990 war der Smog schlimmer als im Jahr 1970, und es wurde beschlossen, wieder von vorne zu beginnen. In der Zwischenzeit wurden Personenkraftwagen, Verbrennungsanlagen, Fabriken, Barbecues, alte Lastwagen – also buchstäblich alles, was Rauch und Dämpfe entläßt – miteinbezogen. Nach heutiger Vorstellung sind die Personenkraftwagen die Hauptquelle der Umweltverschmutzung. Als Reaktion auf diese Erkenntnis wurde die Öffentlichkeit aufgefordert, weniger zu fahren, besonders während der kritischen Stunden. Als Antwort auf diese Aufforderung sind heute mehr Fahrzeuge auf den Straßen von Los Angeles unterwegs als jemals zuvor. Die indirekte Reziprozität hat versagt. Wahrscheinlich werden die Gesetze immer strenger werden, ebenso wie die rechtlichen Bemühungen, die gegen diese Gesetze gerichtet sind. Da die Gesetze zur Smogkontrolle keine Anreize bieten, steht zu erwarten, daß in großem Umfang versucht werden wird, diese zu umgehen.

Kurzfristige Ziele

Der zweite Punkt bezieht sich auf kurzfristige Ziele. Es gibt kaum Hinweise darauf, daß wir als Spezies unser Handeln auf andere als auf kurzfristige Ziele ausrichten würden.[13] Gewiß investieren Eltern in ihre Kinder, um Vorteile zu erlangen, die sich erst nach einigen Jahrzehnten zeigen werden. Wir investieren sogar in unsere Enkel. Aber dies ist doch deutlich anderes, als jetzt bereit zu sein, in etwas zu investieren, was vielleicht erst im Jahr 2500 oder noch später zum Tragen kommen wird. Für eine auf indirekte Reziprozität beruhende Investition in die ferne Zukunft, die sowohl unbekannten Fremden, wie auch den eigenen Verwandten zugute kommen wird, finden wir in unserer Evolutionsgeschichte keine Grundlage. Als Gegenargument ließe sich anführen, daß wir noch immer die Früchte von Dingen ernten, die vor Jahrhunderten ihren Anfang genommen haben, etwa die Errichtung der Universitäten und die Entwicklung der Rechtssysteme. Dies tut der allgemeinen Richtigkeit dieses Punktes keinen Abbruch. Diese Institutionen müssen irgend jemandem kurzfristig einen Vorteil erbracht haben, und sei es nur den Mächtigen. Selbst wenn feststünde, daß die Menschen sich in Kenntnis der langfristigen Folgen so verhalten haben, wäre eine solches Verhalten ebenso oft die Ausnahme wie die Regel.

Was wir aus den vorgenannten Punkten folgern können, ist ganz klar: wenn auf die Umwelt bezogene Gesetze die erhoffte Wirkung erzielen und eine angemessene Zeitlang befolgt werden sollen, müssen sie so verfaßt werden, daß sie die Verhaltensweisen, Motivationen und Beschränkungen in Betracht ziehen, die unsere Spezies in die Interaktion mit der Umwelt einfließen läßt.

Umformungsprozeß und Umweltschutzgesetze

Ich möchte diesen Abschnitt mit der folgenden Frage einleiten: Zeigt die Geschichte der Landwirtschaft, daß wir fähig sind, die Umwelt zu erhalten? Man könnte mit gutem Grund argumentieren, daß die Landwirtschaft ein Modell der Landerhaltung darstellt, das auf andere Probleme der Umwelterhaltung ausgedehnt werden könnte. Ackerland wird zum Anbau von Produkten verwendet und natürlich oder künstlich regeneriert, um dann wiederum für die Produktion verwendet zu werden. Läßt man das Thema Kunstdünger und die Wirkung der entsprechenden Chemikalien auf den Boden, die Organismen im Boden und die nähere Umgebung einmal beiseite, kann man die oben gestellte Frage aus biologischer Sicht so betrachten: Es ist unwahrscheinlich, daß irgendeine bedeutende Selektion stattgefunden hat, seit der Mensch vor circa 10000 Jahren begonnen hat, das Land zu bebauen. Es ist damit auch unwahrscheinlich, daß die Erfahrungen, die unsere jüngsten Vorfahren mit der Landwirtschaft gemacht haben, die genetische Basis des sozialen menschlichen Verhaltens, wie es in den vorhergehenden Kapiteln beschrieben worden ist, ausgelöscht hätten. Diese Sichtweise muß gegen die Aspekte unserer Geschichte abgewogen werden, die eindeutig darauf hinweisen, daß wir als Spezies über die Fähigkeit verfügen, unsere Lebensweise zu verändern und unsere Ziele neu zu setzen, wenn wir darin einen Vorteil erkennen.[14]

Zweifellos brachte die Einführung der Landwirtschaft größere Veränderungen mit sich, was die Muster der Völkerwanderungen, die Nutzung alternativer Lebensstrategien und die verschiedenen Formen der Territorialität anbelangt. Die wichtigsten Punkte, die hier angesprochen werden müssen, beziehen sich jedoch auf das Überleben, das Feedback und die wirtschaftlichen Faktoren, die mit der Landwirtschaft verknüpft sind, denn diese Faktoren gewähren uns einen Einblick in das Potential, aber auch in die Grenzen des landwirtschaftlichen Modells.

Die Motivation, die den landwirtschaftlichen Bemühungen zugrunde lag, bezog sich auf das persönliche Überleben und das Überleben der Verwandten. In Situationen, in denen unser Überleben oder das Überleben unserer Verwandten von der Nahrung abhängt, die wir produzieren, werden wir die Erhaltung des für die Nahrungserzeugnis verwendeten Bereichs der Umwelt für wichtig erachten. Die Landwirtschaft hing geschichtlich außerdem mit dem Entstehen großer Gemeinschaften, dem Bau von Bewässerungssystemen zur kollektiven Versorgung mit Gütern und der Schaffung des zentralisierten Staates zusammen. Dies zeigte sich deutlich bei den alten Zivilisationen des Nahen Ostens, die sich entlang Tigris und Euphrat entwickelten, und bei ähnlichen Ereignissen im präkolumbianischen Amerika.[15] Soweit die Umwelterhaltung also von Überlegungen getragen wird, die das eigene Überleben und das Überleben der eigenen Verwandten betrifft, kann uns das landwirtschaftliche Modell als wertvoller Wegweiser für die Erhaltung der Umwelt dienen. Die mögliche Anwendung dieses Modells auf städtische Bereiche vermag man sich jedoch nur schwer vorzustellen. Um nochmals auf den Smog von Los Angeles zurückzukommen: Schon seit Jahren wissen Eltern, daß die Emissionen der Fahrzeuge zum Teil die Ursache der immer häufiger auftretenden Infektionen der Atemwege bei kleinen Kindern, vielleicht auch anderer Lungenkrankheiten, wie Emphyseme und Krebs sind. Dennoch fährt jeder ein Auto. Im Augenblick scheint es so, als wäre die Verknüpfung zwischen dem persönlichen Überleben und dem Überleben der Verwandten und der Erhaltung der Umwelt für die meisten Menschen nicht zwingend genug, um sie dazu zu bringen, Verhaltensweisen aufzugeben, die eindeutig umweltzerstörend sind.

Ein ebenso wichtiger Gesichtspunkt betrifft die Beziehung zwischen Landwirtschaft und Feedback. Bei fast allen landwirtschaftlichen Tätigkeiten zeigen sich die Früchte des Bebauens, Düngens und Pflanzens innerhalb von einigen Monaten. Natürlich gibt es Ausnahmen. Obstbäume benötigen mehrere Jahre, bis sie tragen. Aber auch Obstbäume oder andere Bäume, wie etwa die Korkeichen, die 50 Jahre brauchen, bis sie zufriedenstellende Ernten ermöglichen (woraufhin es wiederum 10 Jahre dauert, ehe die Korkrinde abgelöst werden kann), wachsen von Jahr zu Jahr. Wenn auch die Landwirte in den vergangenen Jahrhunderten bereit waren, eine längere Zeitspanne zwischen der Pflanzung und dem Ernten der Früchte ihrer Bemühungen in Kauf zu nehmen, so hielt sich diese Zeitspanne doch im Rahmen der Erinnerungsfähigkeit der an der entsprechenden Tätigkeit Beteiligten. Soweit die Umwelterhaltung in der Gegenwart Bemühungen verlangt, deren Früchte erst Generationen später geerntet werden können, scheint das landwirtschaftliche Modell nicht viel Hilfe zu leisten, aber auch hier könnten wir uns auf bestimmte Elemente stützen.

Es geht einmal um die wirtschaftliche Thematik. Wegen der Kosten für Land, Wasser, Dünger und Arbeitskraft unterliegt die Landwirtschaft immer mehr wirtschaftlichen Beschränkungen. Überschüssige Produkte müssen veräußert werden, um die Produktionskosten wettzumachen; das Land muß mit Hypotheken belastet werden, damit Samen und Dünger gekauft und die Arbeiter bezahlt werden können. Das System der Landwirtschaft wird durch eine massive wirtschaftliche und politische Infrastruktur unterstützt und geformt, die sich manchmal vorteilhaft, manchmal destruktiv auf die Landwirtschaft auswirkt. Der Kernpunkt für die Landwirtschaft bleibt jedoch unverändert: Man gibt im vorhinein bestimmte Ressourcen aus, in der Erwartung, dafür künftig gewisse Belohnungen zu erhalten. Auch ist die Umschlagzeit für diese Ereignisse relativ kurz. Soweit die Umwelterhaltung in der Gegenwart Ausgaben erfordert, die erst dann Vorteile einbringen, wenn die Lebensspanne des Gebenden und seiner Nachkommen bereits abgelaufen ist, bietet uns das landwirtschaftliche Modell wenig Hilfe. Aber auch bei der Landwirtschaft forderte der unternehmerische Erfolg seinen Tribut und brachte in der Folge eine enorme Umweltverschmutzung vor Ort mit sich.[16]

Bei der hier entwickelten Betrachtungsweise stellt sich die Thematik der Gesetze, die sich mit der Erhaltung der Umwelt befassen, etwa so dar: Um die Umwelt zu erhalten und zu verbessern, ist es erforderlich, sich jetzt auf bestimmte Verhaltensweisen einzulassen; diese Verhaltensweisen sind oftmals kostspielig, sowohl was Zeit als auch was Ressourcen angeht; viele dieser Verhaltensweisen werden zu Lebzeiten der Person, die sich auf solches Verhalten einläßt, nur minimale Auswirkungen (Vorteile) erkennen lassen. Ist der Homo sapiens zu so einem Verhalten überhaupt fähig? Ich will versuchen, diese Frage zu beantworten, indem ich einige der Vorschläge erörtere, die andere in Zusammenhang mit Biologie und Recht gemacht haben. Diese Untersuchung führt zu dem interessanten Ergebnis, daß eine Kombination aus indirekter Reziprozität und Gesetzen, die die Veränderungen bestärken sollen und Anreize für die wirtschaftlichen und erzieherischen Systeme geben, den vielversprechendsten Weg darstellen, um eine Verhaltensänderung der Art zu bewerkstelligen, wie sie erforderlich ist, damit die Umwelt erhalten werden kann.

Erziehung der Öffentlichkeit

Erziehung der Öffentlichkeit bedeutet, die Öffentlichkeit über die Folgen zu informieren, die ein bestimmtes Verhalten oder Unterlassen auslöst. Es ist zweifellos möglich, sich der Sache auf diese Weise zu nähern, und diese Methode wird auch immer mehr für die Formung von Verhaltensweisen eingesetzt.[17] In der Regel sind erzieherische Bemühungen bei den Jungen, die nicht durch wirtschaftliche Notwendigkeiten eingeschränkt sind, am erfolgreichsten. Diese beeinflussen wiederum das Verhalten ihrer Eltern. Bei Verhaltensweisen, wie exzessivem Wasserverbrauch, dem Sammeln von besonders seltenen Materialien (z. B. Redwood), der Verwendung von umweltschädlichen Materialien im Haushalt (z. B. Farbverdünner für Ölfarben) und der Müllproduktion hat sich diese Methode als wirksam erwiesen.

Der Erziehung der Öffentlichkeit sind jedoch Grenzen gesetzt. In ihrer heutigen Form scheint die Erziehung keinen wirksamen Weg zu dem Ziel darzustellen, folgendes zu reduzieren: die Anzahl von Kraftfahrzeugen, den größten Teil der Produkte auf Ölbasis, das Fällen seltener Bäume, die Anzahl der Bewohner in sehr dicht besiedelten Gebieten, Fahrzeuge, die mit nur einer Person besetzt sind, das Abschlachten der Wale (wie es von einigen Ländern praktiziert wird) und so weiter. Die Grenzen der Wirksamkeit scheinen weitgehend die Folge wirtschaftlicher und anderer Formen von Eigeninteresse zu sein. Holzverarbeitungsfirmen wollen im Geschäft bleiben, General Motors ist bestrebt, schnelle Fahrzeuge zu bauen. Zudem hängt das wirtschaftliche Wohlergehen der Vereinigten Staaten und vieler ihrer Bürger zum Teil von der Anzahl der Fahrzeuge ab, die gebaut und verkauft werden. Einige von uns schlafen gerne länger als die anderen, was die gemeinsame Fahrzeugbenutzung unbequem macht.

Mit harter Strafe bewehrte Gesetze, verlockende Vergünstigungen und attraktive Zuschüsse

Jede dieser Alternativen (harte Strafen, verlockende Vergünstigungen und attraktive Zuschüsse) ist bereits erprobt worden. Jede der Alternativen repräsentiert auf die eine oder andere Weise eine bestimmte wirtschaftliche Sichtweise. Jede hat sich in bestimmten Bereichen als erfolgreich erwiesen. Mit harten Strafen bewehrte Gesetze verbieten es heute, bestimmte Arten von Materialien an anderen als den dafür vorgesehenen Stellen abzuwerfen. Bei einer Übertretung dieser Gesetze haftet der Zuwiderhandelnde für den Reinigungsprozeß, und es kann ihm ein Bußgeld auferlegt werden. Vergünstigungen werden denjenigen Einzelpersonen, Gruppen und Institutionen gewährt, die bestimmten Zielen der Umwelterhaltung am nächsten kommen. Manchmal werden Zuschüsse an Gesellschaften oder andere Personen oder Einrichtungen vergeben, die bestimmte Handlungen unterlassen.

Die Grenzen dieser Methode liegen darin, daß es sich als schwierig erweist, nach anfänglichem Enthusiasmus diese Verhaltensweisen aufrechtzuerhalten. Die Reaktion auf strenge Gesetze und der Wettbewerb um Belohnungen und Zuschüsse halten oft nur kurze Zeit an, tragen sich aber nicht selbst. Auch die Gesetze, die besonders hart zu sein scheinen, etwa die, die in immer stärkerem Umfang für die Öltransportindustrie gelten, führen in der Industrie nicht zu schnellen akzeptablen Lösungen (z. B. Doppelverkleidungen für Öltanker), und es kommt immer wieder zu Verstößen. Hier könnte wiederum eine eigennützige Wirtschaftspolitik im Spiel sein.[18] Eine verwandte Thematik, nämlich der fortgesetzt exzessive Gebrauch von Ölprodukten, scheint ein klarer Fall der Umweltausbeutung durch die Hersteller zu sein, gepaart mit der Illusion der Verbraucher, es würde sich schon eine andere Energiequelle auftun, ehe es diese Produkte nicht mehr gibt.

Gesellschaftliche Unterstützungssysteme

Gesellschaftliche Unterstützungssysteme und soziale Ächtung können ein Mittel sein, um diejenigen zu beeinflussen, die sich nicht an die Regeln halten. Diese Methode hat sich in Gesellschaften als wirksam erwiesen, in denen der soziale Zusammenhalt sehr ausgeprägt ist und sich die Öffentlichkeit über die unliebsamen Konsequenzen im klaren ist, die bei einer Nichtbefolgung der informellen Regeln oder Gesetze zu tragen sind. So können die einzelnen Gemeinschaften selbst auferlegte Praktiken für die Wiederaufbereitung und Vermeidung von Müll einführen, die oft in weitem Umfang befolgt werden. Das kurzfristige Ziel der Beteiligten ist die Anerkennung der Verhaltensänderung durch die Gemeinschaft. Verhaltensrestriktionen sind in den Gesellschaften besonders wirksam, in denen jeder den anderen vom Sehen kennt[19]. Je größer die Gemeinschaft aber wird, um so weniger verläßlich ist diese Methode.

Diese Vorgehensweise scheint nur zu funktionieren, solange die Gemeinschaft einen bestimmten Charakter beibehält. In Kalifornien haben sich die gesellschaftlichen Unterstützungssysteme als sehr wirksam erwiesen, wenn es einen stabilen Stamm von Gemeindeangehörigen gab.[20] Die Systeme funktionieren aber nur schlecht, wenn die Gemeindezugehörigkeit fluktuiert. Hier können direkte und indirekte Reziprozität impliziert werden. Bei der direkten Reziprozität dauert es eine gewisse Zeit, bis sich reziproke Beziehungen entwickelt haben und der Neuankömmling sich mit den Nachbarn angefreundet und sich an die in dieser Nachbarschaft geltenden Werte angepaßt hat. Erst wenn dies eingetreten ist, kann erwartet werden, daß der Betreffende den Erwartungen der Gemeinschaft entspricht.

Verschacherung der Umwelt

Eine der gängigsten Vorstellungen darüber, wie sich die Ausbeutung der Umwelt in Grenzen halten läßt, ist die „Verschacherung der Umweltverschmutzung". Diese Vorstellung geht davon aus, daß die Menschen bereit sind, miteinander darüber zu wettstreiten, wer das Recht haben soll, die Umwelt zu verschmutzen (oder eine genügend hohe Summe bezahlen wird, damit die anderen die Verschmutzung dulden). Wenn die insgesamt zulässige Verschmutzung beschränkt wird, so läßt sich im Prinzip die Verschmutzung eingrenzen. Außerdem könnten die für die Verschmutzung bezahlten Mittel zur Wiederherstellung der Umwelt verwendet werden.

Hier sind mindestens drei Einschränkungen zu machen.[21] Um die Einhaltung sicherzustellen, bedarf es einen hohen Maßes an Überwachung; wirtschaftliche Ungleichheiten sind unvermeidlich; und was zur Zeit am entscheidendsten ist, diese Vorstellung ist politisch nicht akzeptabel. Die Firma A könnte das Recht zur Verschmutzung erwerben. Werden die Kosten für den Erwerb dieses Rechts zu den Produktkosten hinzugerechnet, so könnte die Firma ein Produkt für Z Dollar herstellen. Die Firma B, die die Umweltschutzbestimmungen erfüllt (weil sie zur Verschmutzung nicht berechtigt ist), muß Mittel aufwenden (z. B. neue Anlagen kaufen), um erfolgreich im Wettbewerb zu bleiben; der Preis für das Produkt der Firma B wäre in unserem Beispiel Z+ Dollar. Die wahrscheinliche Folge ist, daß die Firma B die Befolgung der Vorschriften einschränken wird, um ihre kurzfristigen wirtschaftlichen Ziele zu erreichen. Ein ernsthafteres Problem betrifft die Nebenwirkungen der Privatisierung. Der Bürger fühlt sich als durchschnittliche Einzelperson vielleicht nicht verpflichtet, die Umwelt zu schützen, wenn die Reichen das Recht zur Verschmutzung erwerben können.

Reduzierung des Wettbewerbs

Es sind schon viele alternative Vorgehensweisen vorgeschlagen worden, die in einigen Fällen auch erfolgreich waren. Die Reduzierung des wirtschaftlichen Wettbewerbs und damit vermutlich auch des Bedürfnisses, die Umwelt zu verschmutzen, um einen Wettbewerbsvorteil zu erlangen, wäre ein solcher Vorschlag. Vermutlich ist er nur dann zu verwirklichen, wenn der Staat stark regulierend eingreift. Im Prinzip wird eine solche wirtschaftliche Lösung bereits bei bestimmten Arten landwirtschaftlicher Zuschüsse praktiziert. Aufgrund des Eigeninteresses führen solche Systeme aber letztlich zu einem Bumerangeffekt; denn das individuelle Interesse wendet sich von der Einschränkung der Produktion zur Ausbeutung der Bezuschussungsmöglichkeiten (z. B. wenn jemand ohne Produktionsabsicht Land erwirbt, um Zuschüsse zu erhalten).

Beschränkung der Bevölkerungsdichte

Die Begrenzung der Bevölkerungsdichte stellt eine andere Alternative dar. Es ist die Meinung vertreten worden, daß das explosive Wachstum der Weltbevölkerung jede Umweltschutzstrategie zum Scheitern verurteilt, die nicht auch darauf abzielt, die Reproduktion des Homo sapiens selbst einzuschränken.[22] Einige Umweltgebiete sind nur schwer zu erhalten, weil sie einfach überstrapaziert sind – es befinden sich zu viele Menschen auf dem vorhandenen Raum. Die Verminderung der Bevölkerungsdichte (etwa indem man die Leute ermutigt, woandershin zu ziehen) hat die Wirkung, daß das Gebiet weniger benutzt wird. Damit wird das Problem der Umweltausbeutung jedoch nur hinausgeschoben und wenig für die Erhaltung der Umwelt getan. Diese Lösung kommt nur in Frage, wenn die Bevölkerung selbst kontrolliert wird. Andernfalls werden diejenigen, die Zurückhaltung üben, durch die zuwandernden Neuankömmlinge aus Gebieten ohne vergleichbare Ressourcen ausgebeutet. Die Logik, die in der Tragödie des Gemeinschaftslandes liegt, gilt für die Kinder des Bauern ebenso wie für seine Kühe. Ein weltweites Nullwachstum der Bevölkerung ist vielleicht der wichtigste Umweltschutzfaktor.[23]

Ideologische/religiöse Lösungen

Bei der dritten Alternative geht es um ideologische und religiöse Bewegungen, die sich mit der Umwelterhaltung befassen. In gewisser Weise sind sie sehr erfolgreich, was die Verhaltensänderung der Anhänger solcher Bewegungen anbelangt. Der Sierra Club und der World Wild Life Fund sind Beispiele dafür. Diese Gruppen stoßen dort auf die größte Opposition, wo die Menschen jetzt oder künftig wirtschaftlich zu leiden haben, wenn die von diesen Gruppen vertretene Politik akzeptiert wird. Diese Zusammenschlüsse haben zwar durchaus Wirkungen erzielt, sie sprechen jedoch nur eine begrenzte Anzahl von Themen an. Für die Erhaltung der Umwelt ist es beispielsweise nicht damit getan, ein Stück Land zu erwerben und seine Nutzung zu beschränken. Dies wäre eine kurzsichtige Betrachtungsweise. Ereignisse, die außerhalb dieses bestimmten Landstückes eintreten, können einen erheblichen Einfluß auf das betreffende Land ausüben und die Erhaltungsbemühungen relativ unwirksam machen (z. B. Tschernobyl).

Zusammenfassung

Unser Evolutionsweg hat eine Spezies hervorgebracht, die weit davon entfernt ist, ideal zu sein, besonders was unsere Fähigkeit anbelangt, die umweltlichen Herausforderungen anzugehen und zu meistern, denen wir uns zur Zeit gegenübersehen. Viele Vorschläge zur Erhaltung der Umwelt sind vorgelegt und ausprobiert worden. Viele machen Hoffnung, wenn auch in begrenztem Rahmen. Keine der Möglichkeiten reicht für sich genommen zur Erhaltung der Umwelt aus, was zum großen Teil auf widerstreitenden Verhaltensweisen beruht, von denen viele in den Genomen unserer Spezies wurzeln.

Wir stehen also vor der folgenden Situation: Wir suchen nach Wegen, um das Verhalten einer Spezies umzuformen, die in ihrer phylogenetischen Geschichte die Umwelt aus Eigeninteresse ausgebeutet hat, die in erster Linie auf der Grundlage kurzfristiger Zielsetzungen handelt, nepotisches Verhalten an den Tag legt, vorsichtig mit direkter Reziprozität und noch vorsichtiger mit indirekter Reziprozität umgeht und sich selten auf unterschiedslosen Altruismus einläßt. Was also kann getan werden und welche Rolle sollte das Recht in diesem Umformungsprozeß spielen?

Um die wichtigsten der erforderlichen Veränderungen erreichen zu können, muß bei der Erziehung angesetzt werden. Die indirekte Reziprozität muß ermutigt werden, und Wirtschaftspolitik und die wirtschaftlichen Prioritäten müssen verändert werden.

Ein in die Tiefe gehender Unterricht an Schulen und Universitäten und durch die Nachrichtenmedien ist erforderlich, der sich mit den kurzfristigen und langfristigen Folgen bestimmter Verhaltensweisen auseinandersetzt und die kurzfristigen Vorteile der Umwelterhaltung sowie alternative Wege zur Erreichung wichtiger Ziele aufzeigt. Man könnte für den Anfang daran denken, diesen Unterricht 50 Jahre lang durchzuführen, so daß mindestens zwei Generationen des Homo sapiens mit der Thematik vertraut werden. Es ist wichtig, sich bei solchen Bemühungen auf folgendes zu konzentrieren: Das jetzige Verhalten stellt eine Investition in noch ungeborene Verwandte und in eine verbesserte Lebensqualität für Verwandte dar; das ist der Nutzen, der jetzt aus den Bemühungen gezogen werden kann. Nicht zuletzt muß ein solcher Unterricht auch die Bevölkerungsgröße ansprechen.

Ein zweiter Bereich betrifft die Bemühungen, unser Verhalten auf eine ausgeprägtere direkte und indirekte Reziprozität hinzulenken. Der Schlüssel liegt darin, eine Sichtweise zu entwickeln, nach der wir als einzelne Verpflichtungen gegenüber uns unbekannten anderen haben und umgekehrt. Wie die Gesetze der direkten Reziprozität auf einen Wanderer angewendet werden könnten, der einen Verletzten findet und gesetzlich zur Hilfeleistung verpflichtet ist, ist ziemlich offensichtlich. Es ist vielleicht weniger offensichtlich, wie die Erhaltung des Wassers in Nordkalifornien den Eskimos von Nutzen sein kann. Hier ist indirekte Reziprozität im Spiel. Damit die indirekte Reziprozität die Chance hat, wirksam zu werden, müssen wir die unterschiedlichen umweltzerstörenden Verhaltensweisen in den verschiedenen Gebieten ändern. Dazu ist erforderlich, daß wir verstehen, wie relevant das veränderte Verhalten für das Leben in anderen Gebieten ist. In Nordkalifornien ist es also vielleicht das wichtigste kurzfristige Ziel, den Wasserverbrauch einzuschränken, weil ein übermäßiger Verbrauch schädliche Folgen für die Vielfalt der Arten hat. Für die Eskimos könnte das wichtigste kurzfristige Ziel darin bestehen, die Tötung der Seehunde einzustellen, weil sich dies störend auf die Biologie des Meeres auswirkt. Diese Methode impliziert auch, daß die kurzfristigen Ziele häufig geändert werden müssen, weil sich die Umwelt verändert. Für Erfolg oder Niederlage solcher Bemühungen wird das Recht eine wichtige Rolle spielen. Wegen der Konflikte zwischen eigennützigem Verhalten und einem Verhalten, das mittelbar andere begünstigt, wird den Gesetzen eine wichtige Rolle bei der Formung und Steuerung des Verhaltens und der Bestrafung derjenigen, die sich nicht an das Gesetz halten, zukommen. Dies impliziert, daß wir im Vergleich zu den heute bestehenden Systemen ein wesentlich flexibleres und verständigeres Rechtssystem brauchen (das zum Beispiel auch die Wirkungen einer Reduzierung der Artenvielfalt kennt). Desweiteren ist zu folgern, daß Anreize für die indirekte Reziprozität geschaffen werden müssen. Die Empfehlung, neue Arten von Gesetzen zu schaffen, welche die indirekte Reziprozität belohnen, wird wohl nur insoweit Früchte tragen, als gleichzeitig eine intensive Schulung über diese Gesetze, ihre Funktion und die Befolgung der Gesetze durch andere erfolgt.

Dies bringt uns zum Thema der wirtschaftspolitischen Veränderungen und zu dem Dilemma, dem wir uns gegenübersehen, wenn es darum geht, die verschiedenen Marktwirtschaften mit den Einschränkungen des kurzfristigen Eigeninteresses und des Wettbewerbs in Einklang zu bringen. Wir wissen jetzt, daß die Art von Marktwirtschaft, wie sie in den Vereinigten Staaten vorherrscht, mit einer erheblichen und in einigen Fällen irreparablen Zerstörung der Umwelt einhergeht. Wir wissen auch, daß die Tendenz, die Umwelt aufgrund eigennütziger Ziele auszubeuten, seien dies persönliche oder Gruppenziele (etwa einer Körperschaft), nicht verschwunden ist. Wir sind heute Zeugen der anhaltenden rechtlichen Auseinandersetzungen über Zugangsrechte zu bestimmten natürlichen Ressourcen und erleben die Opposition gegenüber offensichtlich auf Umweltschutz ausgerichteten Bemühungen. Wir wissen auch, daß die Ausbeutung und Zerstörung der Umwelt in den sozialistisch geführten Ländern sogar noch schlimmere Ausmaße angenommen haben. Wirtschaftliche Lösungen alleine werden daher wahrscheinlich nicht ausreichen, um die Beziehung zwischen der menschlichen Natur und der Umwelt zu heilen. Was zur Zeit möglich erscheint, wäre eine Änderung der Wirtschaftspolitik, die deutliche Anreize für die Umwelterhaltung vorsieht. Um nur ein gut durchführbares Beispiel anzuführen, die Körperschaftsteuer könnte demjenigen der größeren Automobilproduzenten 5 Jahre lang erlassen werden, der einen smogfreien Motor entwickelt. Es geht hier darum, das Eigeninteresse anzuerkennen und durch wirtschaftliche Anreize umzusetzen, damit es in umwelterhaltende Bemühungen hineingelenkt und von kurzfristigen wirtschaftlichen Erwägungen weggeführt werden kann, bei denen die Folgen erfolgsorientierten Verhaltens für die Umwelt nicht berücksichtigt werden.

Dieser Ansatz müßte sich in sehr hohem Maße auf das Gesetz stützen können und würde eine informierte Regierung und eine informierte Öffentlichkeit verlangen. Die Gesetze müßten zeitgemäß sein und sich mit den wichtigsten Umweltthemen befassen. Die Resultate müßten überwacht und die Gesetze je nach Erfolg oder Mißerfolg ohne lange Verzögerungen geändert werden können. Eine informierte Regierung setzt voraus, daß diejenigen, die Gesetze schaffen und anwenden, wesentlich bessere Kenntnisse über artspezifische Verhaltensweisen und die Umwelt haben, als dies jetzt im allgemeinen der Fall ist. Es würde auch bedeuten, daß die Betreffenden motiviert sind, ihren Entscheidungen dieses Wissen zugrundezulegen. Dies würde unter anderem erfordern, daß die Betreffenden mit den grundlegenden Erkenntnissen aus biologischen (ethologischen) Studien vertraut sind. Nur wenn der Umweltschutz Teil des lebenden Rechts wird, also des Rechts, das im menschlichen Verhalten zum Ausdruck kommt, wird das formelle Recht sein Ziel erreichen.

Anmerkungen

1 *Flint, J.* et al. (Hrsg.), Tearing down the curtain. London: Hodder & Stoughton, 1990.

2 *Aronson, E.* (Hrsg.). The social animal. San Francisco: W. H. Freeman, 1981.

3 *Hamilton, W. D.*, Journal of Theoretical Biology, 7, 1964: 1–64.

4 *Reader, J.*, Man on Earth. Austin: University of Texas Press, 1988, Kapitel 6.

5 *Hardin*, vgl. Anm. 81, Kap. 5.

6 *Cooter, R.* und *T. Ulen*, Law and economics. Glenview, IL: Scott, Foresman, 1988.

7 *Dorfman, R.* und *N. S. Dorfman* (Hrsg.), Economics of the environment. New York: Norton, 1977.

8 *Trivers*, vgl. Anm. 7, Kap. 2.

9 *Axelrod*, vgl. Anm. 10, Kap. 4. *Rodgers, W. H.*, Jr., The evolution of cooperation in natural resources law: The drifter/habitue distinction. University of Florida Law Review, 38, (Spring) 1986: 2.

10 Vgl. *Gruter* und *Masters*, Anm. 20, Kap. 1.

11 *Alexander, R. D.*, The biology of normal systems. New York: Aldine de Gruyter, 1987.

12 *Krebs, J. R.* und *N. B. Davies*, An introduction to behavioral ecology. Sunderland, MA: Sinauer Associates, 1987.

13 *Dawkins, P.*, The blind watchmaker. New York: Norton, 1986.

14 *Dubos, R.*, Man adapting. New Haven, CT: Yale University Press, 1980.

15 *Wittfogel. K.*, Oriental despotism. New Haven, CT: Yale University Press, 1957; *Hirth, K.*, Xochicalco: Urban growth and state formation in Central Mexico. Science, 255, 1984: 579–586. Bezüglich der Verbindung zwischen Evolutionsbiologie, Landwirtschaft und dem Ursprung schriftlich niedergelegter Rechtssysteme vgl. *Masters, R. D.*, The nature of politics. New Haven, CT: Yale University Press, 1989, Kap. 5–6.

16 Z. B., National Academy of Sciences, Board of Agriculture, Pesticide resistance: Strategies and tactics for management. Washington, DC: National Academy Press, 1986.

17 *Roper Poll*, New York Times (16. Juli 1990); „Eine neuere Umfrage zeigte beispielsweise, daß Amerikaner, die eine Ausbildung am College genossen haben, viel eher bereit sind, die Erhaltung der Umwelt zu unterstützen, als diejenigen, die das College nicht besucht oder die Hochschule nicht abgeschlossen haben."

18 *Polinski, A. M.,* An introduction to law and economics. Boston: Little, Brown, 1989.

19 *Gruter, M.,* Ostracism on trial. In Gruter and Masters, Anm. 20, Kap. 1.

20 *Ellickson, R. C.,* Of Coase and cattle: Dispute resolution among neighbors in Shasta County. Stanford Law Review, 38, 1986: 623; *Coase, R. H.,* The problem of social cost. Journal of Law & Economics, 3, 1960: 1.

21 *Hahn, R. W.* und *G. L. Hester,* Where did all the markets go? An analysis of EPA's emissions trading program. Yale J. Reg., 6, 1989, 109.

22 *Ehrlich, P.,* Population explosion. New York: Simon & Schuster, 1990.

23 Ebd.

Schlußbetrachtung

Dieses Buch führte uns von allgemeinen Konzepten, Ideen und Wissensinhalten aus der überlieferten Geschichte über Teilbereiche der Biologie bis hin zur Anwendung solcher Vorstellungen und Erkenntnisse auf das Familienrecht und das Umweltrecht. Der geschriebene Text umfaßt zwar keine 200 Seiten, aber dennoch war die Reise lang und ziemlich anstrengend. Ich möchte an dieser Stelle innehalten und einen Blick auf einige der Höhepunkte dieser Reise werfen.

Mir ist klar, daß die vorangegangenen Kapitel nur die Oberfläche eines äußerst komplexen und anspruchsvollen Themas berühren konnten – die Beziehungen zwischen Recht und Biologie in all ihren Facetten sind zum Teil noch immer ungeklärt. Es gibt noch keine detaillierten Rezepte, die man den im Rechtsbereich Tätigen an die Hand geben könnte. Ausgehend von dem heutigen Wissen, das ich in über 20 Jahren der Untersuchungstätigkeit gewonnen habe, fühle ich mich eher berufen, das anzuführen, was meiner Meinung nach nicht funktionieren wird, anstatt auf Methoden zu verweisen, die wirksam sein könnten. Es liegt in unserer Reichweite, Vorschläge zu machen, die zur Verbesserung der Situation beitragen können, und die weniger schädlichen oder besseren Alternativen auszuwählen. Ich möchte dieses Buch mit einigen Fragen abschließen, die noch unbeantwortet bleiben. Mit Blick auf die Zukunft werde ich einige Rechtsbereiche anführen, in denen ethologische Studien unser Verständnis des Rechts und der Funktionsweise des Rechts bereichern können. Bei einem der Hauptthemen der vorhergehenden Kapitel ging es darum, daß viele Merkmale der vom Menschen geschaffenen Gesetze auf (prädisponierte, erlernte oder sowohl prädisponierte als auch erlernte) Regeln zurückzuführen sind, die schon das Verhalten der frühen Menschen und ihrer Vorfahren beeinflußten. Obwohl wir keine genauen Einzelheiten über das Sozialleben der frühesten

Hominiden kennen und wohl auch nie kennen werden, lassen sich auf der Grundlage archäologischer Funde und eines Vergleichs zwischen dem heutigen menschlichen Verhalten und dem Verhalten der nicht-menschlichen Primaten einige Vermutungen anstellen.

Als wir diesem Weg folgten, stießen wir auf ein Bild, das uns zeigte, wie die Verhaltensweisen des einzelnen und der Gruppe sich allmählich zusammen entwickelten und die Fähigkeit verfeinert werden konnte, die für das Überleben notwendigen Regeln zu befolgen. Im Verlauf vieler Jahrtausende entwickelten sich diese Regeln weiter zu Geboten, Tabus und rudimentären Gesetzen. Als die Gesellschaften größer und komplexer wurden, wurden viele Gebote, Tabus und rudimentäre Gesetze zu geschriebenem Recht. Unser Ansatz führte zu dem Schluß, daß sich die Rechtsforschung nicht nur mit den Theorien und Hypothesen der Biologie auseinandersetzen kann, sondern dies auch tun muß, um Untersuchungen über die Relevanz vorgeschlagener Gesetze, die Vorhersehbarkeit rechtlichen Verhaltens und die Wirksamkeit bestehender Gesetze formulieren zu können. Die Erwägungen, die zu diesem Schluß führen, sind sehr geradlinig und meiner Ansicht nach schwer von der Hand zu weisen: Die Interaktionen zwischen Familie und Umwelt bestimmen die Gestaltung und Organisation der sozialen Gruppen; die Adaption der Gruppen findet durch Verhaltensänderungen bei einzelnen Gruppenmitgliedern oder genauer gesagt durch Veränderung der individuellen Funktionen in der Gruppe statt. Diese Verhaltensmuster, die beim Menschen zwar weitgehend „kultiviert" worden sind, werden aufgrund unserer biologischen Natur aktiviert und gleichzeitig eingeschränkt.

Die Ergebnisse zahlreicher Studien weisen auf drei Punkte hin, die für die Entwicklung einer Gruppenstruktur und die Entstehung von Gruppenregeln von primärer Bedeutung sind: Verwandtschaft (Familienbindungen), reziproke Beziehungen und Hierarchie. Die Kultur überdeckt die Tatsache, daß es sich hierbei um wesentliche – vielleicht die allerwesentlichsten – Faktoren handelt, auf die sich die menschliche Gesellschaft und Sozialordnung stützt. Nur wenn die Verwandtschaftsbeziehungen klar sind und es reziproke Systeme unter Nicht-Verwandten gibt, ist es möglich, fernerliegende, aber noch biologisch begründete Organisationsprinzipien zu gestalten, wie dies beispielsweise bei komplexen Verträgen und Eigentumskonzepten der Fall ist.

Die Verwandtschaft bringt eine Reihe biologischer Bindungen mit sich, die aus der wechselseitigen Abhängigkeit entspringen und in diese hineinführen. In den Verwandtschaftssystemen wird die Forderung des einen als Verpflichtung des anderen betrachtet. Das Wesentliche in diesen Systemen sind die Verbindungen von Mensch zu Mensch, vom Menschen zur Gruppe und von der Gruppe zum Menschen. Fehlen in einer Vereinigung diese Bindungen, weil es an Reziprozität fehlt oder andere Gründe vorliegen, so wird das System sich verschlechtern. Wenn die Bindungen für das Überleben erforderlich sind, wie dies bei verwandtschaftlichen Bindungen der Fall ist, so werden diese stark durch Antriebe unterstützt, die auf neurochemischen Prozessen beruhen, wie dies etwa bei sexuellen Verbindungen oder der Mutter-Kind-Beziehung zu beobachten ist. Wenn bestimmte Arrangements, wie etwa die indirekte Reziprozität, für das Überleben (unter Nicht-Verwandten) erforderlich ist, sehen wir uns jedoch einer komplexeren und unstabileren Situation gegenüber.

Zu irgendeinem Zeitpunkt der Evolution der vom Menschen geschaffenen Gesetze mußte eine Lösung des Konflikts zwischen persönlichem Eigeninteresse und dem Wohlergehen der Gruppe gesucht werden, und so wurde eine soziale Maschinerie entwickelt, die die Konflikte des Gruppenlebens lösen sollte.[1] Wenn eine Durchsetzung oder Naturalrestitution nicht möglich war, mußten Vertragsbruch und Mißachtung von Eigentumsrechten (oder andere der sozialen Ordnung abträgliche Handlungen) anders behandelt werden, was meist durch Bestrafung geschah. Die Bestrafung derjenigen, die die Regeln nicht befolgt hatten, konnte das erwünschte Resultat – Gruppenordnung – herbeiführen, weil die Bestrafung ebenso wie die Regelbefolgung eine Konfliktlösung bewirkte und innerhalb der Gruppe ein Sicherheitsgefühl entstehen ließ. Die Wirkung der Bestrafung kann „lohnend" sein, wenn sie Genugtuung schafft und den in die Irre gegangenen einzelnen wieder zu seiner Position innerhalb der Gruppe zurückführt. Bei den Schimpansen folgt auf die drohende Geste des „Rechtsvollstreckers" eine unterwürfige Geste des Abtrünnigen, die im allgemeinen beim Rechtsvollstrecker eine bestätigende Geste auslöst und damit die Wiederherstellung normaler Beziehungen signalisiert – man könnte fast sagen, es wurde „Genugtuung" geleistet.

Die Familie ist für viele Rechtsbereiche von zentraler Wichtigkeit, und wir konnten in den letzten hundert Jahren viele Veränderungen erleben, was die Zuweisung von familienbezogenen Rechten anbelangt. Dennoch sind noch einige Fragen unbeantwortet. Gehen wir in der Zeit zurück, so ist es bemerkenswert, daß der Frau durch die Jahrhunderte hindurch nicht nur das Sorgerecht für die Kinder gewährt wurde, die sie gebar, sie war auch für das Wohlergehen der Kinder verantwortlich, wenn die Normen der Gesellschaft den Frauen die Verpflichtung auferlegten, alle oder bestimmte neugeborene Kinder am Leben zu erhalten.[2] Die Mutter, nicht der Vater wurde vor Gericht gestellt, wenn ausgesetzte Kinder gefunden wurden. Berühmte Dramen, wie Goethes Faust (1808), und die Berichte über spektakuläre Prozesse zeigen die Bedeutung, die den Pflichten der Mutter beigemessen wurde.[3] Noch heute erregt ein ausgesetztes Neugeborenes das Interesse der Öffentlichkeit. Die Nachrichtenmedien berichten über den Vorfall, und in den meisten Fällen wird die Suche nach der Mutter eingeleitet. Findet man die Mutter, so wird sie vor Gericht gestellt.[4] Auch wenn sie wegen ihres Verhaltens heute nicht mehr den äußerst grausamen Strafen der letzten Jahrhunderte ausgesetzt ist, so hat sie dennoch eine Strafe zu erwarten. Nur selten wird in der öffentlichen Meinung der Vater verantwortlich gemacht. Besonders wenn uneheliche Kinder ausgesetzt wurden, haben die Gerichte selten in Erwägung gezogen, nach dem Vater zu suchen und ihm eine Schuld nachzuweisen.

Bei diesen Anschauungen über die Pflichten von Müttern und Vätern läge der Schluß nahe, daß die Gesellschaft der Frau, der sie die Verantwortung für das Wohlergehen des Neugeborenen auferlegt, auch das Aufsichts- und Sorgerecht über das Kind verleiht, wenn sie es wünscht. Aber hat diese Sichtweise noch immer Gültigkeit? Es kommt immer häufiger vor, daß Väter ihre Kinder großziehen und daß nach der Trennung der Familie die Verantwortung für die Versorgung des Nachwuchses gemeinsam übernommen wird. Die moderne Technologie (künstliche Milch) und Kinderpflege schafft neue Komplikationen, weil sie die Mütter von Kinderpflegeaufgaben entlasten, denen sie früher nicht entgehen konnten. Es drängt sich die Frage auf: Wo bleibt die Biologie in diesem sich verändernden Bild? Die Antwort ist weniger darin zu suchen, wie der Nachwuchs technisch im einzelnen am Leben erhalten wird, sie liegt vielmehr in der Organisation der Familie. Diese Einheit hat einen sehr starken Einfluß auf das wachsende Gefühl des Kindes für Richtig und Falsch. Starke Familienbande haben beispielsweise Einfluß darauf, wie das heranwachsende Kind Respekt vor Besitz erwirbt. Die Komponenten oder Determinanten der sozialen Interaktion – Verwandtschaft, Hierarchie und Konfliktlösung – haben ihren Ursprung in den Familienbeziehungen. Wenn wir also den sich verändernden Charakter der Familie betrachten, ist es wichtig, außer der Mutter-Kind-Bindung auch noch andere biologische Merkmale zu berücksichtigen. Die Mutter mag zwar für die anfängliche Bindung des Kindes die entscheidende Person sein, aber der Vater spielt bei der Sozialisierung des Kindes, bei der Verfeinerung reziproker Systeme und der Entwicklung rechtstreuen Verhaltens eine wichtige Rolle.

Die Punkte, die im Familienrecht angesprochen wurden, erstreckten sich bis in den Bereich der Umwelterhaltung hinein. Die Folgen der sich ändernden Familiengesetze können nach etwa einer Generation Früchte tragen oder neue Probleme schaffen. Das kann tatsächlich beängstigend und unausweichlich sein, wenn wir an das Wohlergehen unserer Nachkommen denken. Wenn es um das Umweltrecht geht, so haben wir es mit Zeiträumen zu tun, die mehrere Jahrhunderte umspannen. Wir sind aufgefordert, jetzt in das Wohlergehen von Generationen zu investieren, die in einer Zukunft leben werden, die so fern ist, daß unser Verstand sich dies kaum ausmalen kann. Es ist schwierig, für

Menschen, die in so entfernter Zukunft leben werden, wenigstens soviel Mitgefühl aufzubringen, daß wir Opfer für sie erbringen wollen.

Wenn wir unser eigenes Leben betrachten und Belohnungen für unser Verhalten erwarten, wenden wir uns meist mehr oder weniger intensiv der Philosophie, der Religion oder dem einfachen Glauben zu. Die Religion hat uns beigebracht, auf das Leben nach dem Tode zu warten – auf den Himmel und die Ewigkeit –, um dort die Belohnung für das altruistische Verhalten und die guten Taten zu finden, die wir in diesem Leben erbracht haben. Einige von uns könnten angesichts der neuen Erkenntnisse in der Genetik dieser Richtung folgen. Zu den Belohnungen, die wir während unseres Lebens auf der Erde nicht mehr erhalten werden, die uns vielmehr erst nach unserem Tod zukommen, können wir auch die Vorteile zählen, die unsere Nachkommen oder die Nachkommen anderer genießen werden, die Gene aus einem gemeinsamen Genpool mit uns teilen: Etwas von uns auf der Erde Zurückgelassenes wird in ferner Zukunft profitieren.

Wie kann, davon abgesehen, das Recht mit dem gegenwärtigen Dilemma umgehen, daß unsere Umwelt sich laufend verschlechtert und wir offenbar erfolglos versuchen, der ständigen Verschlechterung Einhalt zu gebieten? Abgesehen von Situationen, in denen wir in Unkenntnis der Folgen unseres Tuns handelten, läßt sich der Umweltschutz auf den fundamentalen Konflikt zwischen individuellen Bedürfnissen und Gruppeninteressen zurückführen. Dieser Konflikt ist nicht neu. Konflikte dieser Art gab es immer. Man trifft sie auch heute in den primitivsten menschlichen Gesellschaften[5] an, in denen es nur rudimentäre Formen rechtlicher Regeln gibt. Je komplexer eine Gesellschaft ist, um so schwieriger scheint es, auch nur vorübergehende Lösungen für diese Konflikte zu finden. Aber es müssen Lösungen gefunden werden, wenn unsere Spezies überleben will. Um Lösungen zu finden, müssen wir unsere Verhaltensweisen erheblich ändern, besonders im Bereich der indirekten Reziprozität. Die Familie könnte wichtiger sein, als wir wissen; die Interaktionen mit entfernt verwandten Familienmitgliedern können das erste Modell für indirekte Reziprozität liefern. Ohne solche Erfahrungen gibt es wenig, auf dem man aufbauen kann.

Wie ich in diesem Buch immer wieder betont habe, besteht eine der Funktionen des Rechts darin, die Rechte und Pflichten des einzelnen und der Gruppe in ein ausgewogenes Verhältnis zu bringen. Eine solche Ausgewogenheit der gegenseitigen Erwartungen ist die Grundlage des Gruppenlebens. Diesem Gesichtspunkt kommt in keinem Bereich mehr Bedeutung zu, als im Bereich des Umweltschutzes. Das Recht muß den Maßstab liefern, der es dem einzelnen ermöglicht, die Folgen seiner Handlungen vorherzusehen. Die Erkenntnisse, die über die Interaktion zwischen Recht und Verhalten im Hinblick auf die Familie gewonnen werden, werden sich als hilfreich erweisen, wenn es darum geht, in größeren sozialen Gruppen komplexere Themen zu beurteilen. Alle Bemühungen, die soziale Ordnung durch Gesetze zu verändern, sind ipso facto Versuche, das Verhalten zu verändern, und es ist die Familienbühne, auf der die ersten größeren Versuche, das Verhalten zu verändern, stattfinden.

Wenn wir uns anderen, in diesem Buch nicht erörterten Rechtsbereichen zuwenden, so sind Eigentum und Vertrag die Teilgebiete des Rechtssystems, die ein fruchtbares Feld für ethologische Analysen bieten. Wie wir gesehen haben, gibt es bei Schimpansen und Pavianen eine rudimentäre Form des Verhaltens, das unserer Achtung vor Besitz entspricht. Die Mantelpavianmännchen respektieren den Besitz von Weibchen, sobald eine Paarbindung eingegangen worden ist. Die Schimpansen zeigen eine bittende Geste, die auf einen gewissen Respekt vor Besitz hinzuweisen scheint. Dies ist besonders dann festzustellen, wenn ein dominantes Tier etwas von einem weniger dominanten Tier erbittet, vor allem, wenn es abgewiesen wird. Diese Art von Verhalten – eine Art von Protorespekt für den Besitz und die Ansprüche anderer – existierte vermutlich auch bei den frühen Menschen. Wie weit der Besitzer respektiert wurde, hing von der Situation und der Bereitschaft des Besitzers (unabhängig davon, ob er stärker oder schwächer war) ab, seinen Besitz zu verteidigen. Als unsere menschlichen Vorfahren intelligenter wurden, wandelte sich der

Respekt vor dem Besitzer zu einem Respekt vor dem Besitz solcher Dinge, die für den Besitzer einen besonderen Wert hatten.

Zum Abschluß dieses Buches noch ein Wort über den Gerechtigkeitssinn und die Rolle, die er beim Umgang mit den Konflikten zwischen Einzel- und Gruppeninteressen spielt. Umfangreiches Beweismaterial legt die Vermutung nahe, daß biologische Prädispositionen die Emotionen auslösen, die bei der Beurteilung von fair und unfair mit im Spiel sind. Emotionen können sich in Leidenschaft verwandeln, und oft reicht die Vernunft nicht aus, um diese in Schranken zu halten. Hier könnte das Ideal der Gerechtigkeit zu einem der mächtigsten Faktoren der Rechtsdurchsetzung werden. Manchmal kann dieses Ideal der Kitt sein, der das Rechtssystem zusammenhält. Die Menschen müssen an die Gerechtigkeit glauben, damit sie das Gesetz befolgen. Aber das individuelle Gerechtigkeitsgefühl, dieser Gehirnmechanismus, den ich in einem früheren Kapitel erörtert habe, könnte bezüglich dessen, was in einer bestimmten Situation fair ist, Signale aussenden, die nicht mit dem Gerechtigkeitskonzept übereinstimmen, das sich die Gesellschaft zu eigen gemacht hat, in der der Betreffende lebt.

Ein Ideal muß nicht mit der Wirklichkeit übereinstimmen. Das individuelle Gerechtigkeitsgefühl und der Wunsch des einzelnen, in einer Gesellschaft zu leben, die er für gerecht hält, ist jedoch nicht nur ein Ideal, sondern eine biologische Realität, die in der menschlichen Natur wurzelt.

Anmerkungen

1 Bei den nicht-menschlichen Primaten gibt es Vorläufer einer sozialen Maschinerie. Die Dias, die *D. A. Hamburg* bei einer Vortragsserie an der Stanford Universität im Oktober 1973 zeigte, veranschaulichen dies. Seine Beobachtungen haben enthüllt, daß dominante Männchen versuchen, die Gruppenregeln durchzusetzen. Sie greifen sogar mitunter in die Mutter-Kind-Beziehung ein, wenn das Verhalten der Mutter das Kind zum Schreien und Weinen gebracht hat. Im Forschungszentrum Gombe wurde einmal ein Vorfall beobachtet, bei dem ein erwachsenes Weibchen auf dem

täglichen Marsch nicht mit der Gruppe Schritt halten konnte, weil ihr Kind zu krank war, um sich an sie klammern zu können. Dies führte zu einem Konflikt zwischen zwei sehr mächtigen Trieben des Tieres: sich richtig um das Kind zu kümmern, und während des Marsches bei der Gruppe zu bleiben. Dieser Konflikt beeinflußte nicht nur das Verhalten der Pavianmutter, sondern auch das des Gruppenführers, der versuchte, sie anzuweisen. Auch als die Mutter sich bemühte, das Kind in ihrer Hand zu halten, konnte sie der Gruppe nicht folgen, ohne das Kind zu verletzen, das bei jedem Schritt auf den Boden gedrückt wurde. Das Wimmern des Kindes erweckte sofort die Aufmerksamkeit des dominanten Männchens, das sich der Mutter näherte und sie bedrohte. Die Mutter hob das Kind auf und versuchte, wieder Schritt zu halten, aber die Schreie des Kindes führten wieder zum gleichen Ergebnis. Nach einigen Versuchen löste die Mutter ihren Konflikt, indem sie das sterbende Kind zurückließ.

2 *Piers, M. W.*, Infanticide: Past and present. New York: Norton, 1978, gibt einen historischen Überblick über die Gründe, die dem Kindesmord zugrundelagen und die grausame Bestrafung unverheirateter Mütter. „Die Diskriminierung unverheirateter Mütter zieht sich wie ein roter Faden durch die Geschichte der westlichen Zivilisation."

3 *Piers* bezeichnet dies als „eine Geschichte von Verführung, Schwangerschaft, Kindstötung und Todesstrafe". Vgl. Anm. 2.

4 In der Peninsula Times Tribune war am 16. Juli 1987 zu lesen:
Der Oberste Gerichtshof des Staates lehnte es letzten Mittwoch ab, über eine junge Frau aus Vacaville eine Gefängnisstrafe zu verhängen, die für schuldig befunden worden war, ihr neugeborenes Kind getötet zu haben, um es vor ihrem Freund zu verstecken.
Keiner der Richter stimmte dafür, die Berufung der Staatsanwaltschaft gegen eine Entscheidung eines untergeordneten Gerichts zuzulassen und neu zu verhandeln, die Lisa Nakatani des Mordes zweiten Grades für schuldig befunden, aber die Gefängnisstrafe von 15 Jahren bis lebenslänglich ausgesetzt hatte.
Der Fall wurde an den Vorsitzenden Richter Dwight Ely am Kreisgericht von Solano zurückverwiesen, um ein Bewährungsurteil zu erlassen, das bis zu einem Jahr im Kreisgefängnis vorsehen kann. Superior Court (Obergericht) #C17867. Bewährungsurteil: 5 Jahre, Geldstrafe $300.00, Beratung/Behandlung, Psychotherapie.

5 *Bücheler* und *Zitelmann*, vgl. Anm. 8, Kapitel 2.

Weiterführende Literatur

Adams, R. M. 1960. The origin of cities. Scientific American 9:153, 160, 161.

Alexander, R. 1986. Biology and law. In: Ostracism: A social and biological phenomenon, Hrsg. M. Gruter and R. D. Masters. New York: Elsevier Science.

Alexander, R. D. 1987. The biology of moral systems. New York: Aldine de Gruyter.

Aronson, E. (Hrsg.) 1981. The social animal. San Francisco: W. H. Freeman.

Axelrod, R. 1984. The evolution of cooperation. New York: Basic Books.

Bachofen, J. J. 1869. Mutterrecht und Urreligion.

Beach, F. A. 1965. Sex and behavior. New York: E. Wiley.

Beauvoir, S. de. 1971. The second sex.

Beckstrom, J. H. 1985. Sociobiology and the law. Chicago: University of Illinois Press.

Bender, S. 1974. Privacies of life. (March) Harper's, 63.

Bodenheimer, E. 1988. Law as a bridge between is and ought. Ratio Juris. 1:2.

Bohannan, P. 1969. Ethnography and comparison in legal anthropology. In: Law in culture and society, ed. L. Nader, Chicago: Aldine.

Bohannan, P. 1992. We the alien. Waveland: Prospect Heights.

Boswell, J. [1799] 1953. Life of Johnson. ed. R. W. Chapman. Oxford: Oxford University Press.

Bowlby, J. 1969. Attachment and loss, Vol. 1, Attachment. New York: Basic Books.

Braidwood, R. J. 1960. The agricultural revolution. Scientific American 9:131.

Brecht, A. 1959. Political theory. Princeton, NJ: Princeton University Press.

Bücheler, F., and *E. Zitelmann.* [1885] 1974. The law of Gortyn (Das Recht von Gortyn).

Buxbaum, D. 1968. Family law and customary law in Asia. Den Haag: Martinus Nijhoff.

Buydens-Branchey, L., M. H. Branchey, D. Noumair, et al. Age of alcoholic onset. II. Relationship of susceptibility to serotonin precursor availability. Arch. Gen. Psychiat. 46:231–236.

Calabresi, G., and P. Bobbbit. 1978. Tragic choices. New York: W. W. Norton.

Calabresi, G. 1985. Ideals, beliefs, attitudes and the law. Syracuse, NY: Syracuse University Press.

Capron, A. M. 1987. Alternative birth technologies: Legal challenges. University of California – Davis Law Review, 20:679.

Cashman, S. D. 1981. Prohibition: The lie of the land. New York: Free Press.

Coase, R. H. 1960. The problem of social cost. J. of Law & Economics 3:1.

Cooter, R. 1990. Inventing property: Economic theories of the origins of market property applied to Papua New Guinea. Olin Foundation Working Paper #88-5, University of Virginia.

Cooter, R., and T. Ulen. 1988. Law and economics. Glenview, IL: Scott, Foresman.

Darwin, C. [1859] 1964. On the origin of species. New York: Atheneum.

Dawkins, P. 1986. The blind watchmaker. New York: W. W. Norton.

DeVore, I. 1972. Quest for the roots of society: The marvels of animal behavior. Washington DC: National Geographic Society.

Djerassi, C. 1987. The politics of contraception – The view from Tokyo. Technol. Soc. 9:157.

Djerassi, C. 1989. The bitter pill. Science 245:28.

Dorfman, R., and *N. S. Dorfman.* (Hrsg.) 1977. Economics of the environment. New York: W. W. Norton.

Dubos, R. 1980. Man adapting. New Haven, CT: Yale University Press.

Dworkin, R. 1977. Taking rights seriously. Cambridge, MA: Harvard University Press.

Edey, M. 1972. The missing link – The emergence of man. New York: Time-Life Books.

Ehrlich, E. [1913] 1975. Grundlegung der Soziologie des Rechts. Berlin: Duncker & Humblot.

Ehrlich, P. 1990. Population explosion. New York: Simon & Schuster.

Eibl-Eibesfeldt, I. 1972. Die !Ko-Buschmann-Gesellschaft. München: R. Piper.

Eibl-Eibesfeldt, I. 1984. Die Biologie des menschlichen Verhaltens. München: R. Piper.

Eisenberg, J. F. 1972. The elephant: Life at the top. In: The marvels of animal behavior.

Ellickson, R. C. 1986. Of Coase and cattle: Dispute resolution among neighbors in Shasta County. Stanford Law Review 38:623.

Elliott, E. D. 1985. The evolutionary tradition in jurisprudence. Columbia Law Review, 85.1.

Else, J. G., and *P. C. Lee.* (Hrsg.) 1986. Primate ontogeny, cognition and social behavior. Cambridge: Cambridge University Press.

Epstein, R. 1980. A taste for privacy? Evolution and the emergence of a naturalistic ethic. Journal of Legal Studies 9:665.

Espinas, A. 1878. Über die tierischen Societäten. Paris: Bailliere.

Essock-Vitale, S., and *M. T. McGuire.* 1980. Predictions derived from the theories of kin selection and reciprocation assessed by onthropological data. Ethology and Sociobiology 1:233–243.

Feierman, J. R. (Hrsg.) 1990. Pedophilia. New York: Springer.

Fikentscher, W. 1991. The sense of justice and the concept of cultural justice. Views from law and anthropology. American Behavioral Scientist 34:314–334.

Finkelhor, D. 1986. A sourcebook on child sexual abuse. Beverly Hills: Sage.

Flint, J. et al. eds. 1990. Tearing down the curtain. London: Hodder & Stoughton.

Fox, R. 1971. Kinship and marriage. Baltimore, MD: Penguin Books.

Fox, R. 1983. Red lamp of incest. South Bend, IN: University of Notre Dame Press.

Fox, R. N. d. In the matter of plural marriage, Reynolds v. USA 1879 and Cleveland vs. USA 1946.

Friedan, B. 1974. The feminine mystique. New York: W. W. Norton.

Friedman, L. 1969. Legal culture and social developments. Law and Society Review 4:19.

Friedrich, C. J. 1969. The philosophy of law in historical perspective. Chicago: University of Chicago Press.

Fuchs, L. H. 1972. Family matters. New York: Random House.

Galante, M. A. 1986. Courts not wed to palimony. Who can recover? National Law Journal 45 col in v8 (July 14):3 col. 3.

Gazzaniga, M. S. 1985. The social brain. New York: Basic Books.

Gazzaniga, M. S. 1988. Mind matters. Boston, MA: Houghton Mifflin.

Gilligan, C. 1982. In a different voice. Cambridge, MA: Harvard University Press.

Ginsburg, B., and *F. Carter.* (Hrsg.) 1987. Premenstrual syndrome. New York: Plenum.

Glendon, M. A. 1987. Abortion and divorce in Western law. Cambridge, MA: Harvard University Press.

Goodall, J. 1986. Social rejection, exclusion, and shunning among the Gombe chimpanzees. In Ostracism: A social and biological phenomenon, Hrsg. M. Gruter and R. D. Masters. New York: Elsevier Science.

Goodall, J. van Lawick 1971. In the shadow of man. Boston, MA: Houghton Mifflin.

Goodall, J. van Lawick 1968. The behavior of free living chimpanzees in the Gombe Stream Reserve. Animal Behavior Monographs 1:161.

Gruter, M. 1944. Die Stellung der Ehefrau im englischen Scheidungsrecht. Dissertation. Heidelberg.

Gruter, M. 1976. Die Bedeutung der Verhaltensforschung für die Rechtswissenschaft. In: Schriftenreihe zur Rechtssoziologie und Rechtstatsachenforschung, Bd. 36, Hrsg. E. E. Hirsch and M. Rehbinder. Berlin: Duncker & Humblot.

Gruter, M. 1977. Law in sociobiological perspective. Florida State Universiy Law Review 5:2.

Gruter, M. 1982. Biologically based behavioral research and the facts of law. J. Soc. Biol. Struct. 5:315–323.

Gruter, M., and P. Bohannan. (Hrsg.) 1983. Law, biology and culture: The evolution of law. Santa Barbara, CA: Ross Erikson.

Gruter, M., and R. D. Masters. (Hrsg.) 1986. Ostracism: A social and biological phenomenon. New York: Elsevier Science.

Gruter, M. 1986. Ostracism on trial. In: Ostracism: A social and biological phenomenon, Hrsg. M. Gruter and R. D. Masters. New York: Elsevier Science.

Gruter, M. S. auch *Masters, R. D.*

Gruter Institute. 1988. In the matter of Baby M, Amicus Curiae Brief.

Hahn, R. W., and *G. L. Hester.* 1989. Where did all the markets go? An analysis of EPA's emissions trading program. 6 Yale J. Reg. 109.

Hall, E. T. 1977. Beyond culture. New York: Doubleday.

Hamilton, W. D. 1964. The genetic evolution of social behavior. J. Theor. Biol.. 7:1–16.

Hamilton, W. D. 1964. J. Theor. Biol. 7:1–64.

Hardin, G. J. 1968. The tragedy of the commons. Science 162:1243

Harlow, H. 1959. Love in infant monkeys. Scientific American 6:68.

Hassenstein, B. 1973. Verhaltensbiologie des Kindes. München: R. Piper.

Hirshleifer, J. 1980. Privacy: Its origin, function and future. J. Legal Stud. 9:649.

Hirth, K. 1984. Xochicalco: Urban growth and state formation in Central Mexico. Science 255:579–586.

Hoebel, B. G. 1983. The neural and chemical basis of reward. In Law, biology and culture, Hrsg. M. Gruter and P. Bohannan. Santa Barbara, CA: Ross Erikson.

Hoebel, E. A. 1954. Law of primitive man. Cambridge: Harvard University Press.

Hof, Hagen. 1983. Verhaltensforschung zum Recht. 14 Rechtstheorie: 349–376.

Hofstader, R. 1955. Social Darwinism in American thought rev. ed. Boston: Beacon Press.

Howard, G. E. II. 1904. A history of matrimonial institutions. Chicago: University of Chicago Press.

Hurlbut, C. 1968. Minerals and man. New York: Random House.

Johanson, D., and M. Edey. 1981. Lucy. New York: Simon & Schuster.

Johnson, R. 1972. Aggression in man and animals. Philadelphia: W. B. Saunders.

Jolly, A. 1972. The evolution of primate behavior. New York: Macmillan.

Krebs, J. R., and *N. B. Davies.* 1987. An introduction to behavioral ecology. Sunderland, MA: Sinauer Associates.

Kummer, H. 1971. Primate societies. New York: Aldine Atherton.

Kyrig, D. E. (Hrsg.) 1985. Law, alcohol and order: Perspectives on national prohibition. Westport, CT: Greenwood.

Lampe, E. J. (Hrsg.) 1985. Das sogenannte Rechtsgefühl. Opladen: Westdeutscher Verlag.

Lampe, E. J. (Hrsg.) 1989. Verantwortlichkeit und Recht. Band XIV. Jahrbuch für Rechtssoziologie und Rechtstheorie. Opladen: Westdeutscher Verlag.

Lancaster, J. B., J. Altmann, A. S. Rossi, L. R. Sherrod. (Hrsg.) 1987. Parenting across the life span: Biosocial dimensions. New York: Aldine de Gruyter.

Leakey, L., and *V. Goodall.* 1969. Unveiling man's origins. Cambridge, MA: Schenkman.

Lévi-Strauss, C. 1969. The elementary structures of kinship. Boston, MA: Beacon.

Lewis, D. B., and *D. M. Gower.* 1980. Biology of communication. New York: John Wiley.

Lieberman, P. 1984. The biology and evolution of language. Cambridge, MA: Harvard University Press.

Lorenz, K. 1952. King Solomon's ring. New York. Crowell.

Lorenz, K. 1963. Das sogenannte Böse. Wien: Dr. G. Borotha-Schoeler.

Lorenz, K. 1965. Evolution and modification of behavior. Chicago: University of Chicago Press.

Lorenz, K. 1966. On aggression. New York: Bantam Books.

MacDonald, K. B. 1988. Social and personality development. New York: Plenum Press.

MacDonald, K. B. (Hrsg.) 1988. Sociobiological perspectives on human development. New York: Springer.

MacLean, P. D. 1983. A triangular brief on the evolution of brain and law. In: Law, biology and culture, Hrsg. M. Gruter and P. Bohannan. Santa Barbara, CA: Ross Erikson.

Maine, H. 1861. Ancient law. London: J. Murray.

Malinowski, B. [1926] 1972. Crime and custom in savage society. Totowa, NJ: Littlefield, Adams.

Malinowski, B. 1929. The sexual life of savages. New York: Harcourt, Brace & World.

Manheim, R. 1967. (trans.). Myth, religion, and mother right: Selected writings of J. J. Bachofen. Bollingen Series No. 84. Princeton University Press.

Marler, P. R. 1972. The drive to survive. In The marvels of animal behavior.

Massell, G. 1968. Law as an instrument of revolutionary change in a traditional milieu: The case of Soviet Central Asia. Law & Society Review II:2.

Masters, R. D. 1977. Nature, human nature, and political thought. In: Human nature in politics, Hrsg. R. Pennock and J. Chapman. New York: New York University Press.

Masters, R. D. 1989. The nature of politics. New Haven, CT: Yale University Press.

Masters, R. D., and M. Gruter. (Hrsg.) 1992. The sense of justice. Biological foundations of law. Newbury Park, London, Neu Delhi: Sage Publications.

Masters, W., and V. Johnson. 1970. Human sexual inadequacy. Boston, MA: Little, Brown.

McGuire, M. T., and M. Raleigh. 1988. Legal concepts in the face of research on the neurochemical substrates of social behavior (unveröffentlichtes Manuskript).

McGuire, M. T., M. J. Raleigh, and C. Johnson. 1983. Social dominance in adult vervet monkeys I: General considerations. Soc. Sci. Information 22:89–121.

Meijer, N. J. 1971. Marriage law and policy in the Chinese People's Republic. Hong Kong: Hong Kong University Press.

Miller Weisberger, J. 1986. Marital property discrimination: Reform for legally excluded women. In: Ostracism: A social and biological phenomenon, Hrsg. M. Gruter and R. D. Masters. New York: Elsevier Science.

National Academy of Sciences, Board of Agriculture. 1986. Pesticide resistance: Strategies and tactics for management.

Parsons, T. 1964. Introduction. In: Weber, The theory of social and economic organization.

Piaget, J. 1959. The language and thought of the child. London: Routledge and Kegan Paul.

Piers, M. W. 1978. Infanticide: Past and present. New York: W. W. Norton.

Plomin, R. 1990. The role of inheritence in behavior. Science 248:117–122.

Podgorecki, A. 1981. Living law. Law & Society Rev. 15:1.

Polinski, A. M. 1989. An introduction to law and economics. Boston, MA: Little, Brown.

Potts, R. 1988. Early hominid activities at Olduvai. New York: Aldine de Gruyter.

Raleigh, M., and *M. T. McGuire.* 1980. Biosocial pharmacology. Journal McLean Hospital 2:73–84.

Rawls, J. 1971. A theory of justice. Cambridge, MA: The Belknap Press of Harvard University Press.

Reader, J. 1988. Man on Earth. Austin: University of Texas.

Rehbinder, M. 1989. Rechtssoziologie. 2. Aufl. Berlin: Walter de Gruyter.

Reidinger, P. 1986. Family law: Cohabitation confers property rights. ABA Journal 72 (Oct 1):92(2).

Reuben,R. 1988. Justices to weigh custodial rights of unwed parents. Los Angeles Daily Journal 30 col in v 101 (Nov. 28):pl col 4.

Rheinstein, M. (Hrsg.) 1954. Max Weber on law in economy and society. Cambridge, MA: Harvard University Press.

Rheinstein, M. 1972. Marriage stability, divorce and the law. Chicago: University of Chicago Press.

Rodgers, W. 1982. Bringing people back: Toward a comprehensive theory of taking in natural resources law. Ecology L. Q. 10:205.

Rodgers, W. H., Jr. 1986. The evolution of cooperation in natural resources law: The drifter/habitue distinction. University of Florida Law Review 38 (Spring):2.

Roy, A., and *M. Linnoila.* 1988. Suicidal behavior, impulsiveness and serotonin. Acta Psychiat. Scand. 78:529–535.

Schurig, W. 1983. Überlegungen zum Einfluß biosoziologischer Strukturen auf das Rechtsverhalten. Berlin: Duncker & Humblot.

Seymour-Smith, C. (Hrsg.) 1986. Dictionary of anthropology. Boston: G. K. Hall.

Slater, P. J. B. 1985. An introduction to ethology. Cambridge: Cambridge University Press.

Smuts, B. B., u. a. (Hrsg.) 1987. Primate societies. Chicago: University of Chicago Press.

Sorenson, R. 1973. Adolescent sexuality in contemporary America. New York: World Publishing.

Strauss, L. 1953. Natural right and history. Chicago: University of Chicago Press.

Sumner, W. G. 1963. In: Social Darwinism: Selected essays of W. G. Sumner, Hrsg. S. Pearsons. Englewood Cliffs, NJ: Prentice Hall.

Taylor, C. E., and M. T. McGuire. 1988. Reciprocal altruism: 15 years later. Ethology and Sociobiology 9:2–4

Teleki, G. 1973. The omnivorous chimpanzee. Scientific American 33 (Jan.): 42.

Tietze, C., and S. K. Henshaw. 1986. Induced abortion: A world review. New York: Guttmacher.

Tiger, L. 1988. The manufacture of evil. New York: Harper & Row.

Tiger, L., and R. Fox. [1971] 1989. The imperial animal. New York: H. Holt.

Tinbergen, N. 1974. Ethologie. In: Kritik der Verhaltensforschung: Konrad Lorenz und seine Schule, Hrsg. G. Roth. München: C. H. Beck.

Trivers, R. 1971. The evolution of reciprocal altruism. Quarterly Review of Biology 46.

Trussell, J. 1988. Teenage pregnancies in the United States. Fam. Plan. Perspect. 20:262.

Waal, F. de. 1986. The brutal elimination of a rival among captive male chimpanzees. In: Ostracism: A social and biological phenomenon, Hrsg. M. Gruter and R. D. Masters. New York: Elsevier Science.

Waddington, C. H. 1967. The ethical animal. Chicago: University of Chicago Press.

Wahl, E. 1973. Influences Climatiques sur l'Evolution du Droit en Orient en Occident. Revue International de Droit Comparé.

Washburn, S. C., and D. Hamburg 1972. Aggressive behavior in Old World monkeys and apes. In: Primate patterns, Hrsg. P. Dolhinow. New York: Holt, Rinehart and Winston.

Wickler, W. 1972. The sexual code. Garden City, NY: Doubleday.

Wills, W. H. 1988. Early prehistoric agriculture in the American southwest. Santa Fe, NM: School of American Research Press.

Wilson, E. O. 1975. Sociobiology. Cambridge, MA: Harvard University Press.

Winick, C. (Hrsg.) 1970. Dictionary of anthropology. Totowa. NJ: Littlefield, Adams.

Wittfogel, K. 1957. Oriental despotism. New Haven, CT: Yale University Press.

Ziegenfuss, W. 1956. Handbuch der Soziologie. Stuttgart: Ferdinand Enke Verlag.

Zippelius, R. 1985. Rechtsgefühl und Rechtsgewissen. In: Lampe, E. J. (Hrsg.), Das sogenannte Rechtsgefühl. Opladen: Westdeutscher Verlag. 12–22.

Über die Autorin

Margaret Gruter, in Deutschland geboren, studierte Recht und promovierte an der Universität von Heidelberg. 1951 wanderte sie in die Vereinigten Staaten aus, wo sie zusammen mit ihrem Ehemann, einem Arzt, im ländlichen Ohio zwölf Jahre lang eine medizinische Einrichtung leitete. Danach widmete sie sich wieder ihren akademischen Interessen. Sie belegte Kurse auf dem Gebiet der Biologie und des Rechts und erwarb an der Stanford University Law School den gehobenen akademischen Grad eines J. S. M. Sie unterrichtete an den Universitäten in Heidelberg und Stanford und lehrte an einigen anderen deutschen und schweizerischen Universitäten. Ihre Bücher und Artikel sind in deutscher und englischer Sprache veröffentlicht worden.

Zu Anfang der 80er Jahre gründete sie das Gruter Institute for Law and Behavioral Research (Institut für Recht und Verhaltensforschung), das die Beziehungen zwischen Recht und Biologie untersucht, wobei der besondere Schwerpunkt auf der Frage liegt, was Biologie und Anthropologie zur Rechtsgeschichte, zur Rechtspraxis, zum Verständnis und zur Anwendung des Rechts beitragen können. Zusammen mit Mitarbeitern des Instituts setzt sie ihre Forschung über die Interaktion zwischen Recht und biologisch begründeten menschlichen Verhaltensweisen fort. Das Gruter Institute ist auf der Welt einmalig. Bei den Untersuchungen über Biologie und Recht wird es auch weiterhin intellektuell führend sein.

Bitte beachten Sie
die nachfolgenden Verlagsanzeigen

Wenn Sie an dem Thema „Evolution und Recht“ interessiert sind und über weitere Literatur bzw. etwa geplante andere Aktivitäten informiert werden möchten, schreiben Sie bitte an den Verlag Dr. Otto Schmidt KG, z. Hd. Herrn Dr. H. M. Schmidt, Postfach 51 10 26, 50946 Köln.

Rückmeldekarte

(Entnommen aus dem Buch von Gruter, Rechtsverhalten)

Ich bin an dem Thema „Evolution und Recht“ interessiert und bitte, mich über weitere Literatur bzw. etwa geplante andere Aktivitäten zu diesem Thema zu informieren.

Sonstige Bemerkungen:

(Datum)

(bitte lesbare Unterschrift)

Abs.: ______________________

____

____

An
Verlag Dr. Otto Schmidt KG
z. Hd. Herrn Dr. H. M. Schmidt
Postfach 51 10 26

50946 Köln